足球发展与体育强国建设

刘　兵　王江宇　著

上海大学出版社
·上海·

图书在版编目(CIP)数据

足球发展与体育强国建设/刘兵,王江宇著. —上海:上海大学出版社,2021.12
ISBN 978-7-5671-4429-3

Ⅰ.①足… Ⅱ.①刘…②王… Ⅲ.①足球运动-研究-中国 ②体育事业-发展-研究-中国 Ⅳ.①G843.92②G812

中国版本图书馆CIP数据核字(2021)第252850号

责任编辑　傅玉芳
封面设计　柯国富
技术编辑　金　鑫　钱宇坤

足球发展与体育强国建设

刘　兵　王江宇　著
上海大学出版社出版发行
(上海市上大路99号　邮政编码200444)
(http://www.shupress.cn　发行热线 021-66135112)
出版人　戴骏豪

*

南京展望文化发展有限公司排版
上海华业装潢印刷厂有限公司印刷　各地新华书店经销
开本 710mm×1000mm 1/16 印张13.25 字数223千
2021年12月第1版　2021年12月第1次印刷
ISBN 978-7-5671-4429-3/G·3417　定价 58.00元

版权所有　侵权必究
如发现本书有印装质量问题请与印刷厂质量科联系
联系电话: 021-56475919

序

中央全面深化改革领导小组第一次会议中审议通过了《中国足球改革发展总体方案》，会议同时强调：实现中华民族伟大复兴的中国梦与中国体育强国梦息息相关。发展振兴足球是建设体育强国的必然要求，也是全国人民的热切期盼。发展和振兴足球，对提高国民身体素质、丰富文化生活、弘扬爱国主义集体主义精神、培育体育文化、发展体育产业、实现体育强国梦具有重要意义，对经济、社会、文化建设也具有积极促进作用。体育强国建设与中国足球改革发展的道路充满挑战，中国足球尚需厚积薄发，坚持"路对不怕远"的实干精神，因地制宜地实现螺旋式上升突破。作为长期工作在足球实践第一线的教练员和管理者，我也深知，中国足球改革发展是一项系统性建设工程，需要多领域的人才协同共进。

"不积小流，无以成江海。"我们宜持续研究国内外足球发展的基础规律，统一思想，深化足球改革，坚持足球"立德树人"的教育根本任务，倡导积极的校园足球文化氛围，通过"教会、勤练、常赛"，做大做强足球基数，让更多的孩子享受运动乐趣、强健体质、健全人格、锤炼意志。教育部体育卫生与艺术教育司司长王登峰指出："校园足球的最终目标，是要培养一大批会踢球的优秀的数学家、物理学家、生物学家、律师、法官、警察、教师、公务员，当然也会培养少数有着扎实文化根基的优秀足球运动员。"唯有足球融入国民生活，才能凝心聚力筑牢足球强国建设的根基。

上海大学的刘兵与王江宇自2015年开始承担国家哲学社会科学基金研究项目，他们敏锐把握中国足球改革的战略发展定位，细致梳理足球发展与体育强国建设的逻辑关系,积极探索具有可实施、可操作的发展路径,历经五年成稿《足球发展与体育强国建设》专著,书中论述值得足球领域的决策者、研究者与实践者参考、借鉴与研讨。

是为序。

中国国家男子足球队原主教练、上海市足协原主席

2021 年 12 月 8 日

目 录

第一章 足球发展与体育强国建设研究目的与意义 ············· 1
  第一节 研究目的 ··· 1
  第二节 研究意义 ··· 5
  第三节 研究价值与研究框架 ··································· 7

第二章 足球发展与体育强国建设的国内外研究文献 ············· 11
  第一节 关于我国足球发展的相关文献梳理 ······················· 11
  第二节 体育强国概念及其相关内容梳理 ························· 32
  第三节 足球发展与体育强国关系的相关文献梳理 ················· 41

第三章 足球运动的价值与意义
    ——一个全球化的视角：英国、西班牙、德国、日本等
      国家足球影响力的考察与分析 ··························· 45
  第一节 英国足球影响力的考察与分析 ··························· 46
  第二节 西班牙足球影响力的考察与分析 ························· 53
  第三节 德国足球影响力的考察与分析 ··························· 60
  第四节 日本足球影响力的考察与分析 ··························· 66

第四章 足球发展与体育强国关系的辩证思考与假设推理
    ——一个基于足球组织发展和足球身份认同
      为中介效应模型构建的提出 ····························· 73
  第一节 足球发展与体育强国建设的问题识别 ····················· 73

第二节　理论基础与研究假设 …………………………………… 86
第三节　我国足球发展与体育强国建设关系的研究模型 ………… 91

第五章　足球发展与体育强国建设研究对象、研究设计与研究方法 …… 92
第一节　研究对象 ………………………………………………… 92
第二节　研究设计、相关变量概念界定及指标选取 ……………… 93
第三节　研究方法 ………………………………………………… 98

第六章　足球发展与体育强国建设研究结果 ……………………… 108
第一节　正式发放问卷相关结果 ………………………………… 108
第二节　研究数据与结果的进一步验证 ………………………… 134

第七章　足球发展与体育强国建设研究讨论与分析 ……………… 137
第一节　我国足球发展对体育强国建设的直接影响模型讨论与
　　　　分析 ……………………………………………………… 137
第二节　我国足球组织建设在足球发展与体育强国建设关系中的
　　　　作用讨论与分析 ………………………………………… 153
第三节　足球身份认同在足球发展与体育强国建设关系中的作用
　　　　讨论与分析 ……………………………………………… 160
第四节　足球组织建设和足球身份认同在我国足球发展与体育强国
　　　　建设关系中作用的讨论与分析 ………………………… 168
第五节　研究假设检验结果汇总 ………………………………… 173

第八章　足球发展与体育强国建设研究结论、局限与展望 ……… 175
第一节　研究结论 ………………………………………………… 175
第二节　研究局限 ………………………………………………… 177
第三节　研究展望 ………………………………………………… 178

参考文献 …………………………………………………………… 180

第一章
足球发展与体育强国建设研究目的与意义

第一节 研 究 目 的

一、问题的提出

2014年第二届夏季青年奥林匹克运动会开幕前夕,习近平总书记来到奥运村看望教练员和运动员,发表了"'三大球'要搞上去,这是一个体育强国的标志"的重要讲话。在"三大球"中,习近平总书记对足球的感情又显得尤为深切。他曾表示:中国世界杯出线、举办世界杯比赛及获得世界杯冠军,是自己的三个愿望。他知道,这"看起来比较遥远,但是还得讲啊,你没有这个梦想,也不去想,就根本达不到,你想了才有这可能"[1]。的确,足球发展为什么能够促成体育强国的梦想,一定要有人去想、去研究。

2018年,笔者在一所高校国际足球学院给研究生上课时,问了学生一个问题:"当前我国足球发展过程中,依据你的经历,回忆并陈述一下你曾经遇到过、觉得它可能是足球发展的一个问题。"由于是足球学院的研究生,学生对足球理解的程度肯定要高于普通足球爱好者的一般性理解,专业的程度更高。学生们纷纷结合自己的经历,在肯定了我国足球发展取得成绩的同时,谈了诸多关于足球发展的共性问题,如不重视青少年训练、足球技战术落后、缺乏对足球各项指标的评价、足球运动员的体能较差、足球开展的普及性不够、校园足球的功利性较强、足球学训矛盾突出、足球职业化与本国球员培养的脱节、足球开展氛围不

---

[1] 新浪体育.习近平:三大球要搞上去,这是一个体育强国的标志[EB/OL].[2017-01-19]. http://sports.sina.com.cn/others/others/2017-01-19-doc-ifxzuswr9364759.shtml.

浓、足球运动员职业素养缺乏等,实际上研究生们这些问题的提出与社会的普遍共识是一致的,总结起来就是,我国足球发展的组织建设较差,足球发展对推动体育强国建设缺乏广泛的价值认同①。这些客观存在的现实问题,并不能自我解决或者自我消失。从科学的足球管理视角看,解决问题必须要从战略视角考虑,也就是说为什么要发展足球?足球发展与体育强国建设有什么必然联系?足球发展和体育强国建设在国家发展层面上处在一个什么样的战略位置?需要有一个什么样的基础动力?这些问题是必须要去探寻的。足球本身只是一项运动,除了运动本身之外,这项运动的特殊之处在哪里?为什么说这项运动可以助力体育强国建设与发展?如果这些问题都清楚,那就有必要进一步探寻解决这些问题的学理核心聚焦在哪里,是沿一条怎样的路径去实现足球发展到体育强国建设的,从而形成足球发展与体育强国建设的系统思维和整体框架。

2013年10月,习近平总书记在接受印度尼西亚和马来西亚媒体联合采访时说:"足球是一项讲究配合的集体运动,个人能力固然重要,但团队合作才是决定比赛结果的关键。这是我爱好足球运动的原因之一。"讲究配合的集体运动从组织管理的视角看,无法离开两个层面的内容②,一是组织建设,如何能让这项讲究配合的集体运动有效运转起来,组织体系架构、规章制度建设、创新组织活动、提升组织能力就显得十分重要,正如习近平总书记所说,基础不牢,地动山摇;二是价值认同,缺乏价值认同的集体运动,必然无法实现有效配合,而价值认同的本身就包含了足球运动魅力和极其讲究配合的足球运动价值观。当人们对足球运动价值认可并形成相应的价值观念时,就有了这种价值认同,因此足球价值认同是什么、如何影响,便成了探讨足球运动发展影响体育强国建设绕不过去的路径验证。

二、足球发展的三个关键词

习近平总书记对足球运动阐释的朴素言语中,隐含着中华民族伟大复兴梦想实现的宝贵答案:那就是民族振兴无法离开体育强国建设,而体育强国建设蕴含在足球运动的精髓之中。总书记语言中的哲学精神,阐述了足球发展带来体育强国建设乃至民族振兴至关重要的三个关键词:

一是集体性。足球运动讲求集体性,没有蕴含长期有效组织建设和价值认同

---

① 金瑞静.集体身份认同视域下中英足球球迷文化的比较研究[J].体育与科学,2015(2):68~74.
② 斯蒂芬·P.罗宾斯,玛丽·库尔特,刘刚等译.管理学(第13版)[M].中国人民大学出版社,2017.

的集体性,足球运动绝无可能成为世界第一运动;没有蕴含长期有效组织建设和价值认同的集体性,足球就不可能成为一种信仰,缔造出运动的艺术与文化。同理,体育强国是全民族的事业,足球发展能够推动体育强国建设,那就必然关联每一个公民在足球发展中的价值认同、集体意识、责任与行动。2015 年 2 月 27 日,习近平总书记主持召开了中央深化改革领导小组第十次会议,会议审议并通过了《中国足球改革发展总体方案》。会议强调,实现中华民族伟大复兴的中国梦与中国体育强国梦息息相关。发展振兴足球是建设体育强国的必然要求,也是全国人民的热切期盼。可见,集体性不仅是足球的灵魂,也是国家战略使然,更是民族复兴的基础。

二是个人能力。从习近平总书记的言语中,可以很清晰地看到集体性与个人能力互为辩证统一。没有个人能力的集体,集体的能力和效率就会大打折扣,而个人能力的发挥又是建立在个人对组织建设与目标价值认同基础之上的,这个个人能力往往是对组织建设和集体价值观成效的诠释。因此,在历次足球外交活动中,对个人足球能力的欣赏及其背后的价值诠释也是总书记高度关注的内容。2011 年 7 月 4 日在北京会见来访的韩国民主党党首、国会议员孙鹤圭一行时,习近平总书记接受了孙鹤圭带来的韩国球星朴智星的签名球衣。意大利著名球员、世界足球巨星皮尔洛在自己的自传中评价朴智星为:在亚洲,朴智星是里程碑式的存在,他创造了亚洲留洋球员的巅峰。美国著名体育媒体 *Bleacher Report* 将朴智星视作"亚洲足球历史上最伟大的球员"。朴智星的"伟大"究竟源于什么? 韩国明知大学的教练金京来在接受采访时这样描述自己的昔日弟子,他说:朴智星对待足球的认真态度是让人难以想象的,在场下,由于长相瘦小,所以看起来很文静,但是到了场上他就像换了一个人一样,他的性格被瞬间激发了,立刻变得充满活力,不知疲倦了。加盟曼联之初,朴智星被嘲笑为蛀虫老鼠,认为他加盟曼联只是一种商业炒作,没有真正的实力,但是一个赛季后,朴智星用他的勤奋和拼命征服了所有人,在曼联阵中占据了一席之地,可见朴智星的个人能力来源于对足球和曼联这个集体的高度认同,是用勤奋和态度换来的①。2012 年习近平总书记访问美国时,接受了当时在美国踢球的英国球星贝克汉姆赠送的 10 号球衣;2013 年习近平总书记访问墨西哥,在墨西哥城演讲时,特别提到了墨西哥人米卢带领中国足球队冲击世界杯决赛圈成功的历史;2014 年访问荷兰时,习近平总书记与荷

---

① 足球 story.朴智星:韩国骄傲,亚洲之光,他的足球态度值得所有中国球员学习[EB/OL].[2019-11-20]. https://baijiahao.baidu.com/s?id=1650720617807341308.

兰门神范德萨握手时,告诉范德萨他在中国有很多粉丝,他是中国球迷的偶像。

《新编汉语辞海》把"个人能力"定义为:个体在长期的学习与生活当中拥有的想象力、记忆力、联想能力、组织能力、沟通能力、领导能力、创新能力、学习能力、号召能力以及适应能力等①。个人能力反映到足球场上,那就是个人与集体的统一,并把个人能力融入集体去实现个人能力的一种足球信仰。这种信仰体现出个人能力必然伴随集体这样的参照物,能力才会获得储备和实施的空间。无论是范德萨、贝克汉姆,还是朴智星等球星,个人能力无一不是伴随整个球队整体能力提升而显现出来的。如果单是个人能力很强,而集体能力欠缺,最终个人能力也会被埋没。因此,个人能力与集体性相辅相成,集体性造就个人能力,个人能力突显集体智慧。

三是团结配合与集体合作。足球运动成绩的好坏,不仅讲究球员个体的能力,更重要的是球员的能力能够在比赛中得到充分的发挥,也就是习近平总书记说的,只有"配合"和"合作"的集体意识,才能决定比赛的结果。足球是这样,一个国家和民族也完全能够从足球运动中找到发展的缩影。切尔西传奇人物、科特迪瓦球员德罗巴曾经说过:"在成为球员之前,我是一个普通人,一个男人。我有自己的生活,我希望生活在一个和平的国家。我的国家曾经处在战争的状态,局势紧张。我关心我的祖国,我为祖国做了我必须做的事情。国家是分裂的,唯一能将我们团结在一起的就是足球。"②足球能够让一个分裂的国家找到信仰,能够让一个和平的国家找到激情。

足球运动中的团结配合和集体合作是一个长期的修炼过程,这种过程必须建立在足球发展的组织建设和足球认同的信仰与文化根基上,这种信仰文化往往能够体现一个国家的价值观。2018年俄罗斯世界杯上,几乎所有参赛队的国家元首莅临比赛现场观摩本国国家队的比赛,这些元首通过出席世界杯足球赛事的方式来展示国家形象,说明足球运动对一国体育发展和国家认同具有极高的代表性,也只有世界杯这样的足球赛事能够做到国家元首几乎每场必到,由此可见,"足球发展—体育强国—国家复兴"有着鲜明的逻辑路径。

足球需要从娃娃抓起,说明对足球的理解是一个渐进的教育过程,足球运动之所以作为文化的组成部分,意在说明足球掌握过程只有通过教育的路径才能内化为孩子们的信仰,才能奠定孩子们在足球世界中的人生观与价值观,懂得足球的真谛在哪里,并以身示范积极传播足球文化,全社会才能够清晰足球发展的

---

① 路丽梅,王群会,江培英.新编汉语辞海[M].北京:光明日报出版社,2012:431.
② 德罗巴退役 曾因欠薪告别中超 不后悔来中国踢球[EB/OL].光明网,2018-11-23.

目的与意义。"少年强则中国强。"同理,体育强国建设需要依托对足球运动项目的理解,找到体育强国建设的答案是什么,找到通过足球运动发展带动认知的途径,并进而在体育发展的社会力量中,找到民族复兴的答案。Bromberger 在其论著《足球的仪式与观察》中就写道:"社会科学已经表明,足球是表达集体身份以及地方、地区和国家竞争的理想空间。"[1]言下之意,足球代表了一种集体主义的价值倾向,通过足球的发展,可以管窥社会竞争的优势。Bahamonde[2],Domínguez[3] 等在谈及西班牙国家和地区民族情感形成时指出,在 20 世纪的前三分之一时间里,足球是城市和地区崛起的化身,并为城市和地区建立起了可持久性的情感共生关系,职业俱乐部对球迷来说,不只是一个俱乐部,而是一种图腾。即使你不喜欢足球,但在心中也对它(职业俱乐部)高度认同。这进一步说明,找寻到足球发展要素的西班牙,强化了足球组织(俱乐部)成为社会公众景仰与仪式的化身,建立了民族情感的高度认同,进而推动了西班牙体育强国的形成。由此,足球发展与体育强国关系在西班牙社会中形成的路径给予了我国足球发展与体育强国建设非常好的启示,也为本课题对足球发展推进体育强国建设假设的提出及其模型的构建提供了较好的参照样本。

第二节 研 究 意 义

一、探寻足球发展与体育强国建设因果关系是新时期体育强国建设的重要命题

2019 年 9 月,新中国成立 70 周年之际,国务院办公厅颁发了《体育强国建设纲要》,明确了体育强国建设的三大目标、五大任务、六大政策保障和九大工程项目,到 2050 年全面建成社会主义现代化体育强国。足球作为全球最受欢迎、

---

[1] Bromberger, C. (2000) 'El fútbol como visión del mundo y como ritual', in M.A. Roque (ed.), Nueva antropología de las sociedades mediterráneas (Barcelona: Icaria).2000: 262.

[2] Bahamonde, A. (2011) 'La escalada del deporte en España en los orígenes de la sociedad de masas, 1900—1936', in X. Pujadas (ed.), Atletas y ciudadanos. Historia social del deporte en España 1870—2010 (Madrid: Alianza Editorial).

[3] Domínguez, A. (2011) 'La práctica de la modernidad: orígenes y consolidación de la cultura deportiva en España, 1870—1914', in X. Pujadas (ed.), Atletas yciudadanos. Historia social del deporte en España 1870—2010 (Madrid: Alianza Editorial).

普及程度最高的运动项目,体育人口数量增长、场地设施规划建设、体育消费规模扩张等均是实现体育强国的重要自变量。因此习近平总书记在多个场合都提到了把以足球为代表的三大球搞上去,推动体育强国。习近平总书记的话显然是有依据的,文学家 Vicente Verdú 曾经说过①,西方体育强国的发展历程可以从职业足球俱乐部演变历程这部发展的典籍中去探寻,这部典籍完全可以称作体育强国发展的"文献俱乐部",因为它含括了国家政治发展进程、社会关系处理、社会信仰与仪式、国家认同等完整的信息资料。这些信息资料见证了一个国家体育强国的形成。尽管西方学者也普遍认为足球与体育强国的关系是无法分离的,但足球发展如何推动体育强国建设,足球发展与体育强国之间的内涵是如何形成因果关系的,相关的研究较为碎片化。因此,探寻足球发展与体育强国建设的因果关系就成为新时期体育强国建设的重要命题。

二、建构足球发展与体育强国建设的理论模型并进行论证,为足球发展影响体育强国建设探寻理论依据

关于足球发展,以往的研究往往驻足于足球的本身,如足球运动的技战术、足球文化、职业足球、校园足球、足球教练员与运动员培养、足球的社会价值、足球发达国家经验借鉴等足球领域中的分类研究;关于体育强国建设,文献视角大多聚焦于体育强国概念的提出与具体内容、体育强国标准体系的建立、体育强国建设的战略意义、体育强国建设的国际比较、体育强国的内涵与发展等。尽管足球发展和体育强国建设在各自的研究领域中均有庞大的文献数量,也确实为本课题的研究提供了丰富的理论来源和研究基础,但体育强国建设具体的抓手是什么,足球发展能否成为体育强国建设比较好的具体前因,目前缺乏相关研究和理论支撑。正是因为足球强大的国际影响力以及足球运动是世界上最受欢迎、参与面和认知面最广的体育运动,研究足球发展与体育强国建设的关系似乎就有了一种潜在的内在关联,但这种关联需要通过科学的论证加以证明。

三、通过尝试解释我国足球发展影响体育强国建设的内在机理,为强国建设视角下更好地推动我国足球发展提供路径依据

Mark Groves② 在深入调研了西班牙职业足球俱乐部毕尔巴鄂竞技俱乐部

---

① Verdú, V. (1980) El fútbol: Mitos, ritos y símbolos (Madrid: Alianza Editorial).
② Mark Groves, (2011) 'Resisting the globalization, standardization and rationalization of football: my journey to Bilbao', Soccer and Society 12(2).

时,认为西班牙足球的成功要归功于西班牙足球的组织建设,尤其是西班牙职业足球俱乐部作为组织建设的重要内容和足球发展的载体,对整个西班牙足球文化的形成和国民足球的身份认同完全起着一种 DNA 的作用。透过毕尔巴鄂竞技俱乐部的成长历程,可以发现以俱乐部为代表的足球组织建设深刻地影响毕尔巴鄂市民的文化自信、民族团结、政治进步和身份认同。众所周知,在毕尔巴鄂竞技俱乐部的百年成长史上,没有使用过一名外援,全由本民族血统的球员青训体系所组成,也是西班牙百年甲级联赛史上没有掉出联赛的三支球队之一,堪称西班牙甲级联赛的辉煌和奇迹。在毕尔巴鄂市的餐厅和咖啡吧里到处都有这样的警示标语:"您可以在这里诽谤政治,但请一定不要诽谤足球。"在城市的公交车上播放的都是毕尔巴鄂竞技俱乐部的球队队歌;无论是孩子身上的衣着,还是城市的建筑,大多由红白两色组成,这是毕尔巴鄂竞技俱乐部的队服颜色。全民参与足球、足球组织强大的影响力和感召力,深刻诠释了足球强市和足球强国的内在机理。

包含职业足球俱乐部在内的组织建设和足球所带来的强烈身份认同,一直是足球发达国家足球治理遵循的路径,也是足球起源摒弃社会分层、共同参与治理的本质要求[①]。那么我们国家的足球组织建设现状和足球能否成为国民精神的象征?会不会形成足球发展影响体育强国建设的内在因由?上述问题目前并没有相关的研究加以证明,这是本课题需要去做的。

第三节　研究价值与研究框架

一、学术价值和应用价值

中国足球发展是在特定背景下和发展阶段中对足球运动价值的重新评估,是在推进公共体育服务、加快体育产业、促进体育消费和提升社会文化建设水平等多维条件下足球振兴的使命与任务。全球范围内,足球运动影响力最广、普及性最高、观赏性最强是一个共识,足球符号和足球形象往往是一个国家的铭牌,是普及与提高的文化诠释,是强国建设的文化力量。因此,说到梅西,人们立刻就会想到阿根廷;说到贝利,就会想到足球王国巴西;说到曼联,就会想到英超;

---

① 路云亭.表演的异化——足球的观剧本性[M].上海人民出版社,2018:71~78.

说到巴萨,就会想到西甲。足球文化的全球认知性以及足球运动所凝聚的社会价值力量都迫使我们必须思考足球发展与体育强国建设的关系。

马克思主义真理观表明,真理是客观性和价值性的统一。客观性是学术价值的标准,价值性是应用价值的标准,世界上不存在只有学术价值而无应用价值或只有应用价值而无学术价值的科学研究。我国足球发展与体育强国建设的学术价值表现在:第一,以社会学、产业经济学、教育学、传播学等学科交叉为基础,从理论上解读足球发展、体育强国的本质、含义、特征、条件、价值及其各要素之间的关系,同时也为了解我国足球发展现状影响体育强国建设的路径提供理论支撑。第二,注重理论演进的时空变化,做到返本开新和与时俱进。从时间轴看,足球发展研究的内容与生产力发展水平和国力建设密切相关,足球理论研究也必然体现这种内涵的丰富和外延的扩张,反映时间的历时之变;从空间轴看,中国足球的发展与世界足球文明的进程已经形成了共时差别。本研究将注重我国足球发展与体育强国建设这种时空关系的理论构建。第三,以科学方法论的发展为基础,在足球发展与体育强国建设两个关系变量中,辩证地看待足球文化形成与作用、足球发展环境、足球市场、足球普及与提高等影响足球发展身份认同的相关要素和足球组织现状在体育强国建设中的路径演绎和中介关系。第四,足球发展与体育强国建设关系的研究是一种本土地理环境的决定论,是生产和需求的地缘经济学,理论研究十分缺乏,研究成果也不多见,本课题的成果能够为学者们提供具有学术价值的理论参考。

发展是硬道理,足球发展和体育强国建设都是中华民族伟大复兴进程中的构成内容,是中国梦在体育发展领域中的具体落实。研究的应用价值在于:第一,足球领域中的应用价值。无论是唯物主义还是唯心主义,都会被时间型的思维方式所阻滞。在我国足球发展的历史上,足球因为拿不到金牌而成为金牌项目的附属品,游离在竞技体育的主流之外。足球作为一种文化现象,其发展根源在于人类本性使然,而人类本性又是超越历史的,需要依社会条件而改变,足球文化之所以有力量是因为它抓住了人们潜意识层面的社会发展与个人需求的释放,因而推进足球的普及和提高、积淀足球文化就有着极强的应用价值。第二,体育强国建设中的应用价值。哲学上说,"价值"属于"体用"之"用"。"用"者,主观作用于客观的动作,即马克思所说的"问题在于改变世界"之"改变世界"。体育强国建设不仅需要在国际赛场上争金夺银,更需要全民的体育参与,体育强国建设首先要从体育认知上寻找突破口,而足球运动恰恰能满足这一突破口的要求。第三,体育产业与消费的应用价值。体育产业的根基在于消费,消费是经济增长的主要驱动力之一。近些年来,以"恒大足球"为主体的"恒大现象",不仅推动足球产业的消费,而且也拉动足球相关产业链的发展,如淘宝曾入主恒大、万达购买盈方等,即使是恒大和万达,自身也是地产与足球的结合。上述现象,表明足球价值在产业发展与消费中的地位,凸显其应有的经济价值。

二、研究内容

课题组在理论和前期研究的基础上,提出以下具体研究内容。基本内容分为三大部分:

第一,理论探讨篇。该部分侧重于汇集多学科的相关研究成果,从理论上解读足球运动与发展的本质、含义、特征以及在体育强国建设中的价值,分析世界足球强国的足球文化和足球影响力,主要涵盖以下具体内容:一是足球运动的价值与意义——一个全球化的视角;二是足球运动与体育强国关系的辩证思考——基于竞技、大众和足球产业;三是足球运动对一国体育发展的影响力——英国、西班牙、德国、日本等国家足球影响力的考察与分析。

第二,调研评估篇。该部分主要阐述本课题实证研究的结果,集中反映通过问卷调查、深度访谈等方法对我国足球发展要素的构成、足球组织建设现状、足球身份认同的表达以及体育强国建设的构成要素等变量进行的论证和调研。重点在于从多个角度对收集到的数据资料进行足球发展与体育强国建设的路径分析,主要涵盖以下具体内容:一是我国足球发展在多大程度上影响着体育强国建设;二是足球组织建设在多大程度上影响着我国足球发展与体育强国建设路径的形成;三是足球身份认同在多大程度上影响着我国足球发展与体育强国建设路径的形成;四是足球组织建设和足球身份认同在多大程度上共同影响着我国足球发展与体育强国建设路径的形成。

第三,对策研究篇。该部分主要根据理论探讨和模型路径的结果,结合国内外足球发展的动态与实情,立足中国现实,以积极足球与成功足球为导向,深入分析当前我国足球发展影响体育强国建设模型结构和发展路径中存在的问题,结合足球发达国家成功的足球经验,着重从足球组织建设和足球身份认同的视角,剖析足球运动发展在我国体育强国建设中的迟滞效应,主要涵盖以下具体内容:一是足球运动发展在我国体育强国建设中的迟滞效应分析;二是体育强国建设中足球运动发展思路与建设路径;三是我国足球发展影响体育强国建设的对策、发展建议与管理启示。

三、研究框架

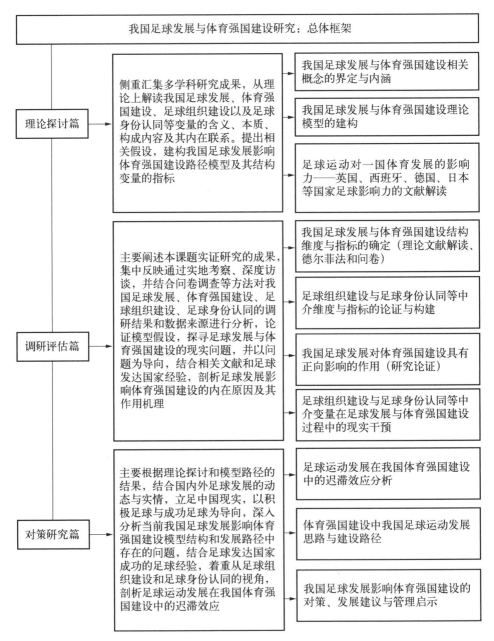

图 1-1 我国足球发展影响体育强国建设课题框架结构

第二章
足球发展与体育强国建设的国内外研究文献

第一节 关于我国足球发展的相关文献梳理

一、我国足球发展研究脉络梳理

足球发展为什么能够深刻地影响一个国家的社会文化生活？有记者在揭秘仅有33万人的冰岛足球崛起真相时，认为冰岛人的一大特点，就是会将一些细小的事情做到极致。有人说这源于他们祖先的捕鱼传统，他们要全神贯注地盯着水面，注意着水面上哪怕一毫米的上下起伏，直至鱼儿上钩。"当一个冰岛人专心致志地做某件事时，其余的同胞就会跟着他一起做，"冰岛贝雷达比历克青训队主管拉夫恩松告诉记者，"有些人会说这简直是一种病态。有时候你根本不知道他们何时才能停下来。"这里似乎存在着一种"集体意识"，而作为研究足球发展的各国学者更愿意将其理解为当地人遵从集体意识而产生的一种现象，这种意识在过去的15年里，深刻地影响着冰岛足球。这是一种需要从上到下都不能马虎的系统性工程——从政府到足协、从学校到个人，最终通过足球组织的发展和足球价值的广泛认同，形成足球发展与冰岛足球强国间的集体关联意识。

如果说冰岛足球的成功是由组织的"集体意识"塑造，并且全民给予足球价值广泛的社会认同，以此为借鉴，从我国足球发展的阶段中去探秘不同历史阶段的嬗变，发现组织问题与价值认同方面的不足，便成了逻辑的起点。

（一）第一阶段（1949—1991）：起步与探索阶段

新中国成立以后，党和政府开始着力推动足球发展。1955年，中国足球协会正式成立,中国足球开始进行有组织的活动。1956 年,《青少年业余体育学校章程(草案)》和《中华人民共和国运动竞赛制度暂行规定(草案)》等制度出台,将新中国足球发展推上了发展轨道。然而,1961—1963 年间,受自然灾害影响,我国国民经济发展遇到困难,随后十年的"文化大革命",新生的足球运动基础遭受重创,足球组织和尚未建立起来的足球价值观受到极大摧毁。1978 年,党的十一届三中全会揭开了改革开放的序幕,足球运动随之得到开展。1979 年,国务院批转了《国家体委关于提高我国足球技术水平若干措施的请示》文件,确定了北京、上海、天津、大连、广州、沈阳、长春、重庆、青岛、南京、武汉、西安、昆明、石家庄和延边朝鲜族自治州等 16 个重点开展足球活动的城市和地区,尽管当时的国家体委本着提高我国足球技术水平的动因开始布局足球发展,但在经济体制尚未转型、足球运动难以带动我国竞技体育总体发展的态势下,足球在整个体育运动发展战略中处在边缘地位。1989 年,中国足球提出了实体化建议,将由体育行政部门行使的职能逐步过渡到由中国足球协会管理,这既是对足球运动自身发展规律的一种认识,也是因为足球无法成为奥运战略关注点的无奈之举,中国足球协会尽管出现了实体化的雏形,但总体来说,"实体化"在当时来说仍是一种探索。

这一时期,关于足球发展定位的讨论不绝于耳,但总体思路不清晰,导致我国足球运动发展经历了起步、停滞和再起步的艰难发展,整体发展水平处于较为落后的状态,对足球规律的认知和对足球文化土壤的培育没有得到重视,足球发展的组织建设和社会对足球价值的认识尚未形成统一的认知。因此,如何准确把握足球运动内外在规律、提升足球发展水平成为这一阶段研究的困惑。从研究的维度上讲,这一阶段的研究普遍重视对足球基础概念的理解以及对技战术分析的把握,同时兼顾对该阶段技战术发展国际借鉴的探讨与分析。

1. 足球发展概念的理解与探讨

此类研究对足球运动的概念及细分领域进行了理论性探索。一是概念性认知。王鸿年提出足球运动一般包括技术、战术、身体训练与道德品质四个要素[1]。认为只有具备了高度的技术水平才能更好地完成战术配合并在比赛中取得良好的成绩。二是青少年训练认知。刘光标提出,做好青少年的足球训练工

---

[1] 王鸿年.足球技术动作的分析[J].山东师范学院学报(人文科学版),1958(1):25~31.

作,对加速提高我国足球运动水平十分重要①。认为青少年足球训练应注意业余性与青少年生理特点。三是女子足球运动认知。足球运动一度被认为是女子体育运动的"禁区",但随着国外女子足球运动的开展,我国女子足球发展研究也逐渐进入了学者的视野。如冯绍桢等在我国女子足球运动得到推广的背景下,围绕足球训练对女子少年身体形态和技能的影响展开了研究②。

2. 技战术的实践

为提升足球运动竞技水平,足球技战术训练和身体素质训练成为研究的主要内容,体现出理论指导实践的特征:一是技战术研究。足球比赛技战术的教学、训练和实战分析,是早期足球运动发展研究的主线并贯穿始终且成果丰硕。陈新民从实践应用需求出发,重点剖析了足球射门技术的教学方法③;麻雪田通过对第二届全运会足球比赛进行分析,提出完善射门技术的策略④;张路从世界足球战术打法的类型、发展趋势及其原因、战术与技术风格的内在联系等方向进行分析后,提出我国足球发展必须遵循百花齐放、借鉴与创造并举的做法⑤。二是身体素质训练研究。吴骏根据运动员在赛场上的跑位需要,提出速度耐力的训练将起着决定性的作用⑥;乔金通过介绍美国托斯·巴克公司设计的足球练习器具,为丰富我国足球运动员训练手段提供帮助⑦。

3. 国外技战术的借鉴

此类研究的目的是,通过现象性描述、经验性介绍和统计性分析等方法来阐述国外足球水平提升的途径与措施,以期为我国足球发展提供借鉴。如王唯真运用纪实的方式,详细介绍了巴西民间足球的基本情况⑧;瞿煜忠通过分析第十一届世界杯足球赛的录像和部分资料,介绍了世界足球运动发展情况⑨;巴兹拉夫·伊埃杰克等在捷克国家队成绩显著提升的前提下,对其擅长的全攻型打法

---

① 刘光标.谈谈青少年足球训练工作中的两个结合[J].中国体育科技,1975(18):25~28.
② 冯绍桢,张沛棠,邓沛玲,李珍妮,罗兴华.足球训练对女子少年身体形态和机能的影响[J].广州体育学院学报,1981(1):77~85.
③ 陈新民.足球射门技术的教练法[J].福建师范学院学报(哲学社会科学版),1959(A1):9~20.
④ 麻雪田.从第二届全运会足球比赛技术统计材料看如何解决射门问题[J].北京体育学院学报,1966(1):47~55.
⑤ 张路.从攻防矛盾谈我国足球的当前任务和发展方向[J].四川体育科学学报,1986(1):40~46.
⑥ 吴骏.足球运动员速度耐力的训练[J].上海体育学院学报,1960(3):25~27.
⑦ 乔金.一种新的足球训练器械[J].体育科研,1981(7):40.
⑧ 王唯真.足球在巴西[J].世界知识,1962(7):24.
⑨ 瞿煜忠.从第十一届世界杯足球赛看足球运动的发展[J].上海体育科技资料,1979(5):1~4.

和分区进攻训练法进行了介绍①。此外,周荣根②、艾伦·韦德③、乔金根④、史康成⑤分别对荷兰、英国、联邦德国、瑞士等足球强国的足球训练方法进行了阐述和分析。

4. 技战术借鉴的国际经验

在特定的历史条件下,结合我国足球阶段性发展问题,提出方向性和策略性建议是此类研究的重点。如刘国江在与联邦德国、意大利两国足球专家进行交流后提出:做好足球普及工作是避免我国足球事业发展一再碰壁的必要措施,特别是要把少年儿童参与足球运动的人数增长上去;加大教练员培训力度;制定立法保护竞赛制度与足球队伍建设⑥。都祖德在世界足球新技术的特征与趋势分析基础上,提出现代科学知识方面的贫乏和现行体制中的弊端是不利于足球事业发展和进步的环节,认为提高决策科学化水平、加速足球体制改革和科研管理是今后一个时期的重要工作⑦。王健民、张千里在世界杯、亚运会上的几次失利之后,指出体制问题和缺乏高水平教练是制约中国足球发展的主要问题,主张改革现有的举国体制,倡导走职业化道路⑧。

(二) 第二阶段(1992—2014):职业化发展与彷徨阶段

1992年6月召开的"红山口会议"是中国足球发展史上的重要里程碑。会议通过的"中国足球改革总体方案"以及确定的足球改革体制、转换机制、整顿队伍三大任务,为我国足球改革坚定不移地走职业化道路、实行俱乐部体制奠定了基础。此次会议是对长期以来计划经济带来体育封锁的一次实质性改革,并为我国整个竞技体育发展的职业化、市场化改革吹响了号角。确实,1994年开始的中国足球甲级联赛意想不到的市场兴盛,为中国体育的改革注入了强大的活力。然而,火爆的市场并没有带来对中国足球发展规律清醒的认知,没有注重足

---

① 巴兹拉夫·伊埃杰克,林朝权,杨更生.捷克足球全攻型的打法[J].体育科研,1981(10):25~26.
② 周荣根,瞿煜忠,徐金山.荷兰足球教练杨·突尼森的训练方法(下)[J].体育科研,1981(7):11~14.
③ 艾伦·韦德.英国足球协会足球教学指南(续)[J].江苏体育科技,1981(4):44~45.
④ 乔金根.西德的足球运动[J].体育科研,1981(7):14.
⑤ 史康成.瑞士提高足球运动水平的几项措施[J].江苏体育科技,1983(6):30.
⑥ 刘国江.我国足球事业发展的必由之路[J].中国体育科技,1980(17):1~4.
⑦ 都祖德.新的趋势 新的挑战——试论世界新技术革命与我国足球的开发[J].中国体育科技,1988(4):1~9.
⑧ 王健民,张千里.中国足球的出路在哪里?[J].辽宁体育,1990(Z1):32~33.

球发展的组织建设和积极推动全民对足球运动的价值认同,导致足球功利行为在职业联赛初期兴盛的光环下背离了足球发展应有的价值,很快"假球""赌球""黑哨""罢赛"等问题层出不穷,加之国家队成绩在 2002 年世界杯之后一落千丈,让足球改革毁誉参半。这一时期,伴随足球运动的风云变幻,足球内涵也在不断地引起学者们的思考,相关研究体现出延续性、组织性、问题性、对策性和发展性特征。

1. 延续性

延续性指对上一阶段研究的持续。足球训练、青少儿足球、足球教学、女子足球等研究依然占据着较高的比例。如胡晓阳通过对我国优秀足球守门员接扑球动作速度特点的定量测试和分析讨论,得出守门员防守不同高度球的难易度,探索球门各区域的客观计分值和较优分画法,用以补充教材的不足,改进现有场馆设备[1]。安铁山等从少儿足球训练体制、竞赛体制、经费使用、教练员问题和重点城市管理等五个方面,分析了我国少年儿童足球训练与竞赛体制的现状、存在问题及造成这些问题的原因,并提出了改革意见和方案[2]。陶骆定等通过足球专修课学生的实验研究,提出改进足球技术教学建议[3]。王方等通过体能评定指出,我国女子足球运动员的有氧代谢和无氧代谢能力呈下降趋势,处于较低水平,这种状态很难适应现代女子足球运动高速发展的需要[4]。

2. 组织性

足球改革与我国改革开放的大环境紧密相连,推进足球职业化改革不是一蹴而就的冲动,而是党和国家深入酝酿的果敢尝试。实施职业化改革既是足球界内部自我更新的要求,也是社会舆论及基层群众的广泛呼声。因此,中国足球职业化发展研究在这一个时期得到了不断深入与细化。如魏伯恩针对足球职业化改革过程中管理体制、竞赛体制以及俱乐部建设等方面存在的问题,提出当前中国足球职业化改革需要按照市场规律和足球规律加以改进,同时应当吸收足球发达国家的管理经验等建议[5]。黄坚雄认为健全俱乐部体制、加强俱乐部建

---

[1] 胡晓阳.足球训练墙标志门区域计分法新探[J].成都体育学院学报,1992(4):52~55+71.
[2] 安铁山,张路,吕文元,刘长信,李冬生,马冰.全国少年儿童足球训练与竞赛体制改革的研究[J].体育科学,1992(6):26~31+94.
[3] 陶骆定,张忠,黄剑.足球教学中技术顺序的研究[J].上海体育学院学报,1993(2):89.
[4] 王方,蔡向阳,杨刚.我国优秀女子足球运动员体能状况分析与评价[J].中国体育科技,1994(11):22~27+48.
[5] 魏伯恩.对我国足球改革的思考[J].解放军体育学院学报,2003(1):22~25.

设和规范管理是足球深化改革的重要内容,通过成立职业俱乐部联盟、大力开发足球无形资产、促进俱乐部资本经营是足球改革顺利进行和健康发展的基本保障[1]。孙革指出我国职业足球从起步就在理论观念和践行措施上埋下了超越发展阶段、脱离国情的潜在后患,而超前发展与基础环境的不平衡破坏了整个足球运动的协调发展[2]。寇冠、刘涛认为"关系寻租"、中西方足球和体育文化对接上的冲突是国外成熟足球制度移植到我国后,出现的低效甚至无效的根本原因[3]。

3. 问题性

在职业化改革举步维艰之际,由职业化、市场化发展而引发的足坛丑闻不断,针对"假球""黑哨""赌球""球场暴力"等恶性事件进行审视,以根除足球乱象的研究成为新的话题。周国均、王长壑针对足球"黑哨"具有的严重社会危害性,提出适应市场经济发展的内部管理机制,加强法治建设,提升法制的治理水平[4]。朱荣认为我国职业足球出现的"假""赌""黑",根本上是足球进入市场化后的法治没有跟上,导致原有职业操守的惯性思维依然用一种简单的思维来判断,实际上任何一种监管体系在市场经济条件下,首先必须满足法制的要求[5]。唯有此,才能构建长效的竞技体育职业化管理风险的防控。

4. 对策性

鉴于足球多维度融合发展的需要,我国足球运动的研究领域也不断拓宽。足球彩票、法治化、足球文化、校园足球等问题逐渐引起学者的关注。如蔡向阳、邓述之认为足球彩票是足球产业的重要组成部分,并对足球彩票的发行提出自身的构想[6]。郑家鲲等提出法治是促进和保障足球改革顺利推进的强有力手段,是调节足球改革中各种经济关系、维护改革秩序的有效杠杆[7]。郑萌运用新举国体制理论展开分析,提出我国足球发展改革应以市场化为终极目标、教育举国培育市场为阶段要务[8]。谭新莉、程彭阳子指出足球礼仪文化是足球运动发

---

[1] 黄坚雄.对中国足球10年改革的理性思考[J].体育科研,2005(1):33~37.
[2] 孙革.建国以来我国足球运动改革发展的回顾与反思[J].运动,2009(4):1~6.
[3] 寇冠,刘涛.我国足球职业化进程中的"制度移植"问题探究[J].山东体育科技,2014(6):58~60.
[4] 周国均,王长壑.足球"黑哨"问题之法律透析及其治理[J].北京体育大学学报,2005(4):445~448.
[5] 朱荣.我国足球赌球现象社会学分析[J].体育文化导刊,2010(9):43~46.
[6] 蔡向阳,邓达之.中国发行足球彩票的若干思考[J].武汉体育学院学报,2002(1):20~22.
[7] 郑家鲲,沈建华,徐金山,陈效科.中国足球职业化与法治化若干问题的研究[J].上海体育学院学报,2004(1):14~17.
[8] 郑萌.中国足球发展改革与举国体制创新思维[J].天津体育学院学报,2009(5):420~423.

展不可缺少的重要内容,足球礼仪文化的传承、发展与创新对于足球运动在世界范围内的普及与发展具有重要、积极的现实意义①。龚波、董众鸣强调现代足球是社会进程中传统与现代的相互叠加,足球后发国家往往落入重视现代化而忽视西方传统的误区,其应正视文化冲突,尊重历史及足球发展规律,以"文明长时段"的视野审视足球发展之路②。

5. 发展性

发展性相关研究将中国足球放入现代足球运动发展历程及其阶段性特征的背景下进行考察,从顶层设计的高度揭示足球运动发展的方向与对策。杨兰生指出中国足球必须从更新观念、认清现代足球发展规律与发展趋势入手,建立符合我国国情的技战术体系和风格,并高度重视青少年运动员的培养,狠抓各级教练员队伍和科研队伍的建设,才能使中国足球的发展发生划时代的变化③。万昌智指出普及程度不高、职业联赛水平低、足球管理层软弱无力是制约中国足球发展的三大瓶颈,认为大力普及足球运动、提高联赛的质量和水平、搞好足球管理机构的改革、抓好国家级队伍的梯队建设才能解决好这些问题④。赵升针对我国足球的发展阶段水平,通过从理论到实践经验的逻辑论证提出了应淡化出线足球,切实重视以青少年为重点,以大众为突破口的普及发展思路⑤。

(三)第三阶段(2015—至今):厘清足球改革思路与逐步深入阶段

2015年2月,《中国足球改革发展总体方案》颁布,方案明确了我国足球发展的指导思想、发展目标和应遵循的基本路径。从顶层设计上对我国不同层级足球发展做出了明确的规划,体现出整体性和系统性的特征。同时对突破足球组织原有边界,扩大足球草根组织,加快培育足球文化提出了新要求。有学者在评析足球文化时指出:足球文化运行的动力装置是思考、批判与创新,而不是遵守、服从与执行,但这并不是说不要遵守、服从与执行。组织由边界来定义,文化由视界来定义。组织强调秩序,文化重视拓展。文化经由思考,让视野突破原有

---

① 谭新莉,程彭阳子.全球视角下足球礼仪文化的传播与发展[J].西安体育学院学报,2011(2):178～180.
② 龚波,董众鸣.西方文明视域下现代足球的内涵及对后发国家的启示[J].上海体育学院学报,2012(1):86～90.
③ 杨兰生.我国足球运动发展的思考[J].西北师范大学学报(自然科学版),2003(1):85～87.
④ 万昌智.制约中国足球发展的瓶颈及其对策[J].山西大学学报(哲学社会科学版),2005(6):67～71.
⑤ 赵升.对我国足球运动发展现状及新思路的探讨[J].吉林体育学院学报,2009(4):34～35.

的疆域,形成视域的提升与扩大,人们在新的视域内,通过对传统的"扬弃",达成新的一致,形成新的组织,由此产生了统一意志与统一行动。在足球文化的语境里,规则是对"一致同意"的表达,而不是对"一致同意"的要求。这也就是文化自觉。同时观点鲜明地提出了组织建设不断推进,足球价值认同视域不断提升成了我国足球发展重要的社会变量①。

1. 聚焦性

2015 年发布的《中国足球改革发展总体方案》,对推进校园足球运动的改革和发展,普及校园足球,发挥足球的育人功能给予了高度重视。同年,教育部发布了《教育部等 6 部门关于加快发展青少年校园足球的实施意见》,进一步明确了现阶段校园足球的主要任务和发展方向。如何推进校园足球发展,以推动中国体育事业的健康发展成为研究的热点。在政策引导下,体育教学②、足球改革③、青少年足球④等研究逐渐聚焦到校园足球这一特定维度上来,促使研究数量激增。从足球发展的高频关键词排序不难看出,校园足球研究数量远高于其他关键词。与之前研究对比也可以发现,校园足球研究呈现出成倍式增长态势。

2. 系统性

针对《中国足球改革发展总体方案》中,举国体制与市场机制相结合的基本原则,为理顺职业足球联赛和职业足球俱乐部发展的目标与路径,围绕管办分离、公司治理等视角的研究愈发深入与系统。如梁伟将中超联赛管办分离改革这个命题放入公司治理结构优化的研究框架内进行分析,在平衡股东利益和转变政府规制方式的优化理念下,通过公司章程的控制性股东限制制度体现,优化公司制联赛的内部治理结构,通过限制或者剥离行政管理机构对联赛具体事务的管理职能,优化外部治理结构,依据优化策略形成合理的联赛管理架构,为管

---

① 方寸.足球文化的真相[EB/OL].2018-12-21. https：//mp.weixin.qq.com/s?src=11&timestamp=1601604492&ver=2619&signature=XuzPd0XIJl*wEcLv*YWEiyLv4bHmDWA4fYUyAmqpuqzAhhy94a2r6UGoiRyTNSMg6ZLzTZGk0*WKYWtb8-N1Zk6UN4oOQUbqvr40XeJrgGi8GJmN-zvAfyknbkps0u99&new=1

② 秦旸,刘志云,张娜.技术表象与思维创新：《全国青少年校园足球教学指南(试行)》编写的核心问题解读[J].北京体育大学学报,2017(6)：74~78.

③ 蒋中伟,刘露,艾志远,王大鹏.基于善治理论的我国校园足球治理机制研究[J].沈阳体育学院学报,2019(3)：22~28.

④ 张磊.社会支持对青少年足球活动参与和体质健康影响的研究[J].首都体育学院学报,2019(1)：68~74.

办分离得以真正实现提供理论支撑①。张新英、张瑞林基于公司治理理论,以广州恒大淘宝足球俱乐部股份有限公司为例,对我国职业足球俱乐部公司治理实践进行分析②。建议我国其他职业足球俱乐部应进一步完善内部治理,积极寻求市场竞争活跃的外部治理,重视母公司集团治理,发挥机构投资者在治理中的作用。

二、大众足球研究的发展现状

(一)研究文献年代分析

大众足球相关的研究大致可以分为两个阶段,划分阶段的标准主要从大众足球研究的文献量来思考,当文献量较低时,说明大众足球的组织与建设基本处于松散状态,足球活动的普及程度差,大众足球的相关问题相较于足球的职业化、市场化来说,没有凸显出来。依据这样的判定标准可以划分为两个阶段。

1. 起步探索阶段

1980—2006年为起步探索阶段,文献单年发表数量均在个位数,主要以业余足球的开展和推广为主。

2. 逐步发展阶段

2007年至今为逐步发展阶段,研究文献的数量明显增加。

(二)研究现状梳理

1. 概念模糊导致研究范畴庞杂无序

概念理应是学理研究的逻辑起点,但在大众足球这一领域,很难从几十年来的文献中梳理出清晰、公认的界定,以至于在文献检索中出现了大量形似意合却又无法准确划分的现象。目前,仅从少量的学位论文中得到些浅显的描述,概念基本集中在足球开展的群体广泛性、闲暇时间、娱乐强身等③。然而,"大众足球"在属概念和种差划分上的模糊,导致将大众足球与业余足球、青少年足球、校园足球、群众足球等概念混合使用的现象,成为"默认"的既定事实。

---

① 梁伟.公司治理结构优化下的中国足球超级联赛管办分离研究——基于对公司自治与政府规制的理解[J].中国体育科技,2015(1):36~41+49.
② 张新英,张瑞林.我国职业足球俱乐部公司治理研究——以广州恒大淘宝足球俱乐部股份有限公司为例[J].上海体育学院学报,2017(6):28~33.
③ 张振中.甘肃省大众足球的开展现状与调查研究:以兰州市校园足球和业余足球联赛为例[D].兰州理工大学,2012.

2. 足球业余训练研究向精细化发展

身体素质、基本技术和战术是足球运动中的关键要素,考虑到足球运动全球开展的广泛性和足球发展的需要,以学生业余足球训练为对象的研究率先受到学者的关注①。此后,学者们开始从实战出发,通过总结省市业余足球赛中的特点与问题来改进训练方法②。随着足球训练科学化水平的提升,足球业余训练的关注点也愈发细化,如速度训练方法探析③、训练损伤防治④等。进入21世纪后,尽管中国足坛出现了"假球""黑哨"等"假""赌""黑"现象,但职业足球发展和足球全球化认知的加快,我国大众对足球带来社会影响的认知得到进一步强化,无论在参与群体上,还是在足球项目发展空间的突破上,都有了一些新的观点,尤其是对校园足球的重视,打开了足球发展从青少年抓起的一扇窗⑤。

3. 草根足球发展的本土化关切

草根足球相对于职业足球来讲,是非主流、非精英的足球群体,在利用闲暇时间所进行的以娱乐健身为目的的、无功利性的休闲体育活动⑥。从草根足球的组织属性看,属于自组织范畴,但从荷兰等国家的经验来看,政府向草根足球提供了大量的财政和公共场地支持⑦。由于国内外草根足球产生机制的不同,我国草根足球发展并不尽如人意,公共足球场地资源紧缺、制度滞后、缺少专业人才与资金等问题突出⑧。孙科、易剑东认为草根足球的发展重点是组织培育草根足球联赛,以实验而非建构的方式对赛事细分,要引入市场机制,强化足球认同,增强中国足球的"造血"功能,进而实现中国草根足球的振兴⑨。

4. 大众足球赛事研究有待深入

开展大众足球竞赛是足球普及与提高的关键之一。从全国范围来看,各省市大众足球赛事逐渐增多,类型和形式丰富多样,在一定程度上满足了人们参与

---

① 王清哲.对中学业余足球运动基础战术训练的意见[J].辽宁体育科技,1982(6):73~75.
② 刘义生.从省"幼苗杯"足球赛看我省业余足球训练[J].江苏体育科技,1985(6):45~46.
③ 胡成志.试论业余足球运动员的速度训练[J].安徽体育科技,1999(3):25~27.
④ 哈鸿权,赵弓,刘秉成,张一兵.足球训练与儿童少年膝关节损伤[J].天津体育学院学报,2000(4):49~51.
⑤ 王君,刘先进,刘夫力.足球重点城市青少儿业余足球训练现状调查与分析[J].广州体育学院学报,2001(4):59~62.
⑥ 崔晓阳.郑州市草根足球的开展现状与对策研究[D].河南师范大学,2014.
⑦ 彭训文.中国足球需要自己的"拉玛西亚"[N].人民日报(海外版),2016-04-22(12).
⑧ 徐家林,浦少刚.10年来我国草根足球发展困境与展望[J].河北体育学院学报,2014(2):17~22.
⑨ 孙科,易剑东.中国"草根足球"面面观[J].体育学刊,2016(2):75~80.

足球锻炼的需求。但由于赛事主体间的职能定位模糊、裁判员等级和水平参差不齐、社会关注度不高等因素限制[1][2][3],大众足球赛事一度热情低迷。为此,赵升、张廷安提出尽快明晰各行政部门职责,健全制度保障,以培育社会足球骨干为组织基点依托,实施社区化、俱乐部化和产业化普及发展,从而拓宽大众足球赛事的组织途径[4]。通过文献比照不难发现,研究中提出的问题与形成的对策之间存在较大"缝隙",大众足球赛事中的社会关注、市场引入、体制完善等问题仍有待进一步深入。

5. 业余足球俱乐部研究受到关注

随着社会对足球运动的强烈关注和国家对足球事业投入的加大,参与业余足球运动的人群日益增长,许多地区从常年低层次零散足球活动逐渐发展到有规模的俱乐部组织形式[5]。尽管业余足球俱乐部包括了公益性和营利性多种模式,但均面临一系列诸如安全、资金、管理等方面的风险问题[6]。通过区域性调研分析,孙业久认为,引进高水平教练、进校园和社会自主招生、完善组织运行和管理模式将有助于俱乐部的良性发展[7]。

6. 青少年是研究的热点群体

青少年是业余足球研究的主要群体,从 20 世纪早期开始研究一直延续至今,其中包括:不同区域间的比较研究,如斯力格等通过地区间青少年业余足球开展情况进行对比,以提出青少年后备力量培养问题[8];意愿测量研究,如殷恒婵借鉴运动倾向性理论模型,对部分地区青少年足球运动员渴望和决定参加足球运动的心理状态进行测量[9];重点城市实施现状研究,如王君等对上海、大连、

---

[1] 赵升,周毅.广州市大众普及系列小型足球赛的现状调查及对策研究[J].中国体育科技,2005(2):69~72.
[2] 王京转.青岛市业余足球赛现状与情况分析[J].体育世界(学术版),2012(6):114.
[3] 张智敏,张育存.山西省业余足球联赛开展情况调查与分析——以大同市为例[J].中国体育教练员,2018(1):78~80.
[4] 赵升,张廷安.我国城市群众足球赛组织途径及策略探讨[J].北京体育大学学报,2013(1):127~133.
[5] 王壮.群众业余足球俱乐部发展状况调查分析——以忻州市水建丽宝足球俱乐部为例[J].体育科技文献通报,2018(7):102~104.
[6] 孙政,帅鹏飞,王艳琼.南京市青少年业余足球俱乐部运营风险管理研究[J].当代体育科技,2019(1):192~194.
[7] 孙业久.上海市青少年业余足球俱乐部发展现状和对策研究[J].当代体育科技,2019(8):168~169.
[8] 斯力格,张英成,刘和春.沈阳、大连地区业余足球运动开展情况的比较研究[J].辽宁体育科技,1996(3):1~3.
[9] 殷恒婵.青少年业余足球运动员运动倾向性 5 因素结构模型初探[J].体育科学,1997(5):75~79.

北京、广州等九个足球重点城市的足球协会进行调查,发现青少年足球发展的成效与政府支持的力度呈现显著的正比关系[①];市场化发展研究,如杨世东对南京市青少年业余足球培训市场进行调查后,提出规范市场准入、规范培训内容和方法、提高教练员水平等针对性的建议,以完善青少年业余足球培训市场化发展[②]。

三、校园足球研究的发展现状

随着我国足球改革的进一步深化,党和国家认识到"足球一定要从娃娃抓起",打好青少年足球工程的基础工作,对开展校园足球给予了高度认同和极度重视。从 2014 年 2 月教育部全面开展校园足球工作调研,到一年半后《教育部等 6 部门关于加快发展青少年校园足球的实施意见》(教体艺〔2015〕6 号)的颁布,校园足球开始被聚焦为青少年足球发展的主要抓手。基于理论引领与实践指导需求,校园足球发展的学术关切日渐凸显。

(一)研究文献年代分析

与校园足球相关的研究大致可以分为两个阶段:

1. 起步阶段

2014 年以前为起步阶段,研究文献总量较少。

2. 发展阶段

2015—2019 年为快速发展阶段,单年发文数量由原先的 10 篇左右直接上升至 50 篇以上。

(二)研究热点梳理

1. 顶层设计

校园足球顶层设计的核心是以足球项目为突破口,对现有学校体育课程的运行机制和管理措施进行改革,其最终目的是推动教育体制的改革,以提高青少年的身体健康水平[③]。也就是说,校园足球顶层设计的核心就是推动教育体制

---

① 王君,刘先进,刘夫力.足球重点城市青少儿业余足球训练现状调查与分析[J].广州体育学院学报,2001(4):59~62.
② 杨世东.南京市青少年业余足球培训市场调查[J].体育文化导刊,2017(2):130~134.
③ 刘米娜."足球梦"与"中国梦"——《体育与科学》学术工作坊"足球改革与社会变革"论坛综述[J].体育与科学,2015(4):1~5+13.

的改革①。针对习近平总书记提出的"搞好顶层设计"要求,毛振明等对校园足球顶层设计的诸多本源性问题进行了论证,提出应以制度创新为动力,形成新的发展机制;以国民教育为平台,打通各级升学通道;创新教体结合方式,遵循教育科学和训练规律;以大学为龙头,形成自上而下的引领和动力;以青少年足球精品赛事为热点,动员全社会的力量推动校园足球;在升学制度、经费、教练员引进与培养等方面建立保障措施②。此后,学者们通过借鉴德国青少年足球运动员的培养经验③、提出"八路突破"思路④、反思校园足球实施问题⑤、构建"一校一品"和"1+X"足球课程教学模式⑥、论证机制创新和制度建设⑦、校园足球十大成功标志和实现关键⑧,对校园足球的顶层设计进行了系统化、多维度的诠释与构建。

2. 特色学校

"校园足球特色学校"这一词语最早出现在2014年"全国青少年校园足球工作电视电话会议"上,时任教育部部长袁贵仁提出在广泛开展校园足球的基础上,重点扶持各地涌现出的足球特色学校,以点带面推动校园足球的普及。由此,如何打造校园足球特色学校开始引起学者们广泛的思考。显然,以点带面推动校园足球发展的特色学校意在体现出自主性、动态性、推广性和教育性⑨。实现我国校园足球特色学校的健康、可持续发展,需要更新学校管理理念、转变学校体育管理方式,努力加强校园足球特色学校自身的内涵式建设,逐步转变建设观念,动员最广泛的力量进行长期、自觉、持续的校园足球特色学校建设行动⑩。

---

① 沈建敏,应攽,高鹏飞.校园足球发展的顶层设计与底层回应[J].北京体育大学学报,2017(4):83~88.
② 毛振明,刘天彪,臧留红.论"新校园足球"的顶层设计[J].武汉体育学院学报,2015(3):58~62.
③ 毛振明,刘天彪.再论"新校园足球"的顶层设计——从德国青少年足球运动员的培养看中国的校园足球[J].武汉体育学院学报,2015(6):5~11.
④ 毛振明,席连正,刘天彪,李海燕.对校园足球的"八路突破"的理解与深入——论"新校园足球"的顶层设计之三[J].武汉体育学院学报,2015(11):5~10.
⑤ 毛振明,刘天彪,李海燕.校园足球实施一年来的成绩、经验与问题——论"新校园足球"的顶层设计之四[J].武汉体育学院学报,2016(3):5~10.
⑥ 钟勇,毛振明,潘建芬.论"新校园足球"的顶层设计(5)——以"一校一品"和"1+X"为灵魂的新校园足球课程教学模式[J].武汉体育学院学报,2018(1):19~23.
⑦ 王长权,毛振明,席连正."新校园足球"的顶层设计(6)——论校园足球的机制创新和制度建设[J].武汉体育学院学报,2018(11):77~81.
⑧ 席连正,毛振明,吴晓曦.论"新校园足球"的顶层设计(7)——论校园足球的十大成功标志和实现关键[J].武汉体育学院学报,2019(3):76~80.
⑨ 刘海元,冯爱民.对全国青少年校园足球特色学校建设若干问题的思考[J].体育学刊,2019(2):6~15.
⑩ 赵治治,高峰,孙亮,张磊,纪智慧.我国青少年校园足球特色学校的建设:概念、特征与反思[J].首都体育学院学报,2018(3):214~218.

但从建设现状来看,校园足球活动的认知层仍需提升、教育管理部门的职责分工尚不清晰等问题在很大程度上制约着特色学校的发展。

3. 课程与活动开展

此类研究以调查访谈为主,故具有较强的区域性特征。如黄晓灵等以川渝小学为对象,提出农村与城市不同行政区域间,足球教材使用、足球场地设施建设、足球竞赛活动开展等方面存在明显差异[1]。骆秉全、庞博对北京市校园足球竞赛体系运行资源保障现状进行分析,认为北京市已形成以中小学校市级、区级、校级和班级四级联赛体系为核心,以校内竞赛、校际四级联赛、选拔型竞赛为主要形式,以普及型赛事、交流提高型赛事为补充的多元化校园足球竞赛体系[2]。从研究结论的对比看,我国校园足球发展存在区域间显著不平衡问题。

4. 管理体制机制

针对领导体制、运行机制存在的缺陷,邱林、王家宏认为,校园足球体制革新应与国家治理体系的改革方向相一致,政府在推进校园足球体制革新过程中,应以新的治理范式寻求政府、市场、社会多元治理主体的协同发展,吸纳市场和体育社会组织参与,构建多元协同的治理格局[3]。同时,张渊、张廷安认为观念是校园足球政策执行的必要非充分条件,要加强意识与政策的统一,注重校园足球正式教育制度的完善与创新,如推动考试制度改革、推行激励机制等;加强非正式教育制度的培育,如提升校园足球社会认可度、培育文化氛围等,以此提升校园足球政策的执行效率,促进校园足球可持续发展[4]。当然,校园足球的政策执行归根到底是受利益驱使的,不同利益主体有着不同利益诉求,而这些诉求无论是在纵向上还是在横向上都存在着一定冲突,使得校园足球政策陷入了"执行难"的困境。因此,应该着眼于冲突的根源,通过相关制度的完善以规范和引领主体行为,进而推进政策的有效执行[5]。

5. 绩效评价指标体系

鉴于校园足球运行环节的复杂性和不确定性,构建校园足球绩效评价指标,

---

[1] 黄晓灵,夏慈忠,黄菁.不同行政区校园足球开展的对比研究——以川渝小学为例[J].成都体育学院学报,2018(5):113~119.
[2] 骆秉全,庞博.北京市校园足球竞赛体系运行现状研究[J].首都体育学院学报,2019(2):157~165.
[3] 邱林,王家宏.国家治理现代化进程中校园足球体制革新的价值导向与现实路径[J].上海体育学院学报,2018(4):19~25.
[4] 张渊,张廷安.我国校园足球政策执行推进策略研究[J].体育文化导刊,2018(5):108~112.
[5] 戴狄夫,金育强.我国校园足球政策执行的利益辨识与制度规引[J].武汉体育学院学报,2018(10):38~43.

实施风险防范和控制成为推动校园足球健康发展的重要保障。周兴生、谭嘉辉从绩效评估的视角,引入风险管理有关理论,以经济学和管理学相关学科理论为指导,构建出校园足球综合绩效评价指标体系,包括管理体系、人事体系、效益体系、比赛运行、安全体系和观念体系 6 个一级指标、23 个二级指标和 49 个三级指标,并确定各级指标权重,以实现对校园足球绩效水平的全面评估[①]。谭嘉辉等基于全面风险管理的理论,运用德尔菲法并邀请 10 位从事体育管理与校园足球研究的专家经过三轮问卷调查对指标进行筛选与调整,最终确立包含 6 个一级指标和 23 个二级指标的校园足球绩效评价指标体系[②]。李玲等采用德尔菲法、层次分析法等对校园足球活动评价指标体系进行研究,建立了由制度与管理保障、校园足球育人、校园足球普及、文化学习与足球技能共同发展、青少年足球人才规模化成长和师资队伍建设 6 个一级指标、18 个二级指标、31 个三级指标构成的指标体系[③]。

6. 域外经验借鉴

从足球发达国家探寻校园足球的经验与启示,是当前研究的重要内容。研究借鉴的国家多以日本、英国、德国、法国等为主。如梁斌指出,19 世纪的英国校园足球成为培养具有"古典教育价值观"现代人的重要手段。但是足球职业化和商业化发展让校园足球逐渐失去主流地位,其所推崇的足球教育理念和功能也被世俗化商业足球价值取向所代替[④]。李志荣、杨世东对英、德、法、日四国校园足球后备人才培养的特性进行分析,认为其校园足球在普及阶段具有先进的发展理念、匹配的组织竞赛体系以及多元的经费来源渠道等;在选拔阶段,选拔方式灵活,具有完善的培训体系,重视文化学习等[⑤]。针对国内关于校园足球应当承担足球青训任务的设想,喻和文等在总结日本足球学校经验后发现,校园足球青训不能越俎代庖,职业俱乐部青训要自力更生,并对业余青训加大支持[⑥]。

[①] 周兴生,谭嘉辉.我国校园足球绩效评价指标体系及构建[J].西安体育学院学报,2017(3):300~308.
[②] 谭嘉辉,陈平,郭义峰,周兴生.全面风险管理视角下我国校园足球绩效评价和治理对策研究[J].北京体育大学学报,2018(9):96~103.
[③] 李玲,方程,黄谦.校园足球活动评价指标体系的构建与应用:以陕西省为例[J].首都体育学院学报,2019(1):61~67.
[④] 梁斌.19 世纪英国校园足球兴衰与启示[J].体育文化导刊,2018(5):141~146.
[⑤] 李志荣,杨世东.英、德、法、日四国校园足球后备人才培养特点分析[J].体育文化导刊,2018(1):116~121.
[⑥] 喻和文,刘东锋,谢松林.职业足球俱乐部青训与校园足球合作探析[J].体育文化导刊,2019(2):22~27+14.

7. 实践创新

此类研究将校园足球放置在我国足球发展和社会发展的视角下,以寻求多因素、多领域互促共进的路径与方法。一方面,探索校园足球与职业足球共生发展的路径,提出两者的协同发展,可以有效解决校园足球缺乏高水平教练和专业场地设施的问题,也可以缓解俱乐部青训因"重竞轻文"而导致的就业压力问题[1];另一方面,探索社会资本推进校园足球发展的内在逻辑,提出培育社会资本、推进校园足球的策略:分层级设置布点学校,优化校园足球的社会网络;规范校园足球推进中的政策实施,赢得参与者的信任;加强校园足球文化建设,积极引导"以普及与分享为主"的发展愿景[2]。

四、职业足球研究的发展现状

自20世纪90年代中国足球步入职业化道路以来,由于对足球运动客观发展规律认识不足,我国职业联赛一度乱象丛生,国家队战绩长期低迷,职业足球发展举步维艰。面对困局和期望,党和政府高度重视,积极开展职业足球改革。随着《中国足球改革发展总体方案》《中国足球中长期发展规划(2016—2050年)》等一系列重磅文件的出台,中国职业足球再添发展新动能。多年来,探索中国特色的足球职业化发展道路,提升中国职业足球的竞技水平、实现可持续发展一直是学术界最为关心的话题。

(一) 研究文献年代分析

1992年的"红山口会议"标志着中国足球正式步入职业化发展轨道。此后,与职业足球相关的研究文献逐渐增多。从数量上看,大致可以分为两个阶段:

1. 起步探索阶段

1992—2004年为起步探索阶段,研究文献总量较少。

2. 稳步发展阶段

2005—2019年5月为稳步发展阶段,单年发文数量维持在20篇以上。

---

[1] 喻和文,刘东锋.职业足球俱乐部与足球特色学校合作长效机制探究——基于社会交易理论的视角[J].沈阳体育学院学报,2019(1):7~15.

[2] 李滨,刘兵.社会资本视域下的校园足球推进策略[J].上海体育学院学报,2018(4):31~35+61.

（二）研究脉络与热点梳理

职业足球的学术关切与中国足球职业化发展相伴而生。足球作为体育职业化发展的"试验田"，其规律性认知和可行性分析成为早期相关研究的主要内容[1]。由于职业足球发展所蕴藏的巨大商机，职业足球早期发展势头迅猛，但在改革中暴露的职业足球俱乐部管理体制、经费渠道[2]、法律组织形式、法人治理结构[3]以及职业足球运动员转会[4]等问题逐渐受到重视。面对诸多困境，学者们开始借鉴国外成功经验来寻求发展，如贾文彤、郝永朝认为欧洲职业足球发达的基础，是制定和建立起了一系列符合职业足球发展客观规律的法规和制度[5]；梁进从电视转播权合同、球场重建、俱乐部上市三方面综述了英国职业足球近10年的商业化发展经验[6]。此后，我国职业足球研究比重加大，内容涉及管理体制[7]、域外比较[8]、文化反思[9]、制度创新[10]等多个维度。2015年，国务院发布的《国务院办公厅关于印发中国足球改革发展总体方案的通知》（国办发〔2015〕11号），从主客观因素、体制性障碍、社会基础、行业竞赛风气等方面揭示了1992年以来足球改革失败的原因，并把发展足球运动纳入经济社会发展规划[11]。至此，中国职业足球进入产业化、市场化发展新时代。2016年，为适应项目发展需要，提升足球管理专业化水平，国家体育总局足球运动项目管理中心实质性撤销，管办分离改革取得阶段性成果。面对新的契机，张兵、仇军认为，培养社会资本，不仅是撬动中国职业足球联赛管办分离改革的有效杠杆，也是中国职业足球联赛

---

[1] 宋守训,张人民,魏协森,倪国英,叶国治.关于我国实行职业足球俱乐部的可行性与经验总结[J].中国体育科技,1992(9)：1～10+48.

[2] 陈林祥.对我国职业足球俱乐部发展的初步研究[J].武汉体育学院学报,1995(1)：11～16.

[3] 戴晨.中国职业足球俱乐部法人治理结构存在问题的探讨[J].体育文史,2000(3)：15～16.

[4] 袁野,魏亮.对职业足球俱乐部球员转会投资效应的分析[J].广州体育学院学报,2000(4)：16～21.

[5] 贾文彤,郝永朝.欧洲职业足球中的法律制度对我国职业足球法制建设的启示[J].天津体育学院学报,2004(3)：74～76.

[6] 梁进,因·亨利.英国职业足球近10年发展述评——经济视角[J].天津体育学院学报,2004(1)：4～8.

[7] 马志和,顾晨光,高学民.中国足球协会管理体制的制度创新[J].武汉体育学院学报,2006(10)：6～10.

[8] 石磊,贾文彤.影响欧美职业体育法制的相关因素研究[J].成都体育学院学报,2009(8)：9～12.

[9] 廉建军.中国足球职业化改革的文化学反思——清末"洋务运动"失败的启示[J].天津体育学院学报,2011(6)：477～481.

[10] 刘苏,张林.制度创新：中国足球职业化改革的新制度经济学分析[J].成都体育学院学报,2013(3)：13～19.

[11] 孙科.中国足球改革诠释——对《中国足球改革发展总体方案》的思考[J].体育与科学,2015(3)：16～19+24.

后续发展需重点培养的内容所在①。

1. 职业足球俱乐部研究

作为职业足球发展的重要参与主体,职业足球俱乐部的社会责任、利益相关者认同、品牌建设、公司治理、运营机制、青训体系等内容一直备受业界关注。梁斌认为,通过社会公共服务,职业足球俱乐部可以在各个层面上促进公民、社区和社会发展,并为自己获得良好的社会信誉和发展动力②。崔鲁祥认为,完善职业足球管理体制和运行机制,实现联赛不同利益相关者之间的协同管理,有利于职业足球健康和谐发展③。陈亚中等指出,我国职业足球俱乐部品牌的地域性特征展现明显,但是存在部分品牌在地域内的延续性不足的情况④。张新英、张瑞林以广州恒大为例,对我国职业足球俱乐部公司治理实践进行分析,认为应不断完善法人治理结构,健全股东大会、董事会、监事会和高管层内部治理机制;拓展外部治理,积极改善行业协会治理,加强产品市场治理,参与资本市场治理,发展控制权市场治理机制⑤。陈元欣等在借鉴欧洲和美国职业体育俱乐部成功经验的基础上,提出了场(馆)经营权入股俱乐部、委托俱乐部管理、长期租赁、ROT运营模式、成立合资场(馆)运营公司和俱乐部自建场(馆)等六种俱乐部参与场(馆)运营的可行路径⑥。喻和文等基于职业足球俱乐部青训与校园足球发展的问题特性,提出协同双方目标、化解学习与训练冲突、增强俱乐部社会责任意识等推进策略⑦。

2. 职业足球管理体制研究

中超联赛问题重重,俱乐部盈利困难,足协新政争议不断,这些问题将职业足球管理思想和制度体系的落后暴露无遗。张宏杰等从市场环境、管理环境、法制环境等方面入手,建议采用股份合作的方式建立董事会推进职业足球发展⑧。

---

① 张兵,仇军.管办分离后中国职业足球改革的路径选择与机制依赖[J].体育科学,2016(10):3～9.
② 梁斌.企业社会责任理论下的职业足球俱乐部社会公共服务研究[J].体育科学,2013(6):52～56+63.
③ 崔鲁祥.中国足球职业联赛利益相关者的利益冲突及治理策略[J].沈阳体育学院学报,2011(5):8～11.
④ 陈亚中,钟秉枢,郑晓鸿,陈文倩,王博.现阶段中国职业足球俱乐部地域化特征与问题探析[J].成都体育学院学报,2017(3):54～61.
⑤ 张新英,张瑞林.我国职业足球俱乐部公司治理研究——以广州恒大淘宝足球俱乐部股份有限公司为例[J].上海体育学院学报,2017(6):28～33.
⑥ 陈元欣,黄昌瑞,王健.职业体育俱乐部参与体育场(馆)运营研究[J].体育科学,2017(8):12～20.
⑦ 喻和文,刘东锋,谢松林.职业足球俱乐部青训与校园足球合作探析[J].体育文化导刊,2019(2):22～27+14.
⑧ 张宏杰,倪刚,冯维胜.我国职业足球俱乐部建立现代企业管理制度的研究[J].体育科学,2006(4):28～39.

张红华从权力制约和权利保障的角度出发,提出我国现行职业足球管理体制属于国家法团主义体制,改革应从国家制约、社会制约、内部制约三方面进行[①]。周驰、龚波通过对英格兰、德国足球管理体制特点的分析,提出我国足球管理体制改革应树立权力有限意识,重新界定政府职能,实现"全能足协"向"有限足协"的转变,并进一步厘清政府与足协的关系,进行制度创新[②]。

3. 职业运动员研究

与职业足球俱乐部相同,职业足球运动员是职业足球发展的重要参与主体。职业足球运动员的培养、训练、流动以及行为规范不仅关系到俱乐部的切身利益,其群体性规范将直接映射出职业足球发展的程度与水平。多年来,职业运动员职业意识、身体训练、道德规范、权利保障、运动损伤、转会制度、行为规范等研究受到普遍关注。吴恒祥针对运动员从非职业向职业化转变的过渡问题,提出职业意识规范的必要性[③]。龚波对我国足球运动员体能特征及其训练进行了探索,提出身体素质以速度力量组合为主、位置技术与体能特征关系密切、营养制度及特殊营养的科学实施是体能训练的重要保证等观点[④]。郑家鲲、沈建华在分析我国职业足球运动员职业道德现状的基础上,提出要加强职业运动员的职业道德和文化教育等措施[⑤]。刘兵等从运动员的角度对合同、转会、伤病及退役等方面利益进行调查,针对存在的职业足球运动员利益保障程度较低等问题,提出要加大对足球经纪人培育工作以及完善保障运动员利益的相关法律工作等措施[⑥]。汪玮琳通过测试和调查,对不同运动损伤的危险因素进行了分析[⑦]。朱文英提出职业足球运动员转会应当适用《中华人民共和国合同法》的规定,以合同法平等、自由、公平、诚实信用的基本原则为基础,对运动员转会合同和工作合同进行充分谈判和协商,实现各方的利益追求[⑧]。曹景川等基于职业运动员失范

---

① 张红华.法治视野下的职业足球管理体制改革[J].天津体育学院学报,2010(4):323~327.
② 周驰,龚波.西方职业足球管理体制研究[J].武汉体育学院学报,2012(4):23~27.
③ 吴恒祥.职业足球运动员的职业意识初探[J].上海体育学院学报,1995(S1):61~62.
④ 龚波.我国职业足球运动员体能训练研究[J].体育科学,2005(10):90~95.
⑤ 郑家鲲,沈建华.影响我国职业足球运动员职业道德的因素及对策[J].上海体育学院学报,2006(2):65~68.
⑥ 刘兵,沈佳,郑鹭宾.中国职业足球运动员利益保障调查分析[J].中国体育科技,2007(6):8~10+110.
⑦ 汪玮琳.职业足球运动员运动损伤的危险因素分析[J].西安体育学院学报,2008(4):90~92.
⑧ 朱文英.职业足球运动员转会的法律适用[J].体育科学,2014(1):41~47.

行为特征,提出伦理道德规制策略①。

4. 利益相关者及球迷研究

职业足球俱乐部的利益相关者包括球员、教练员等内部相关者和股东、管理机构、竞争者等外部相关者。利益相关者间的恶性博弈行为以及相关行为管理乏力是导致中国足球行业利益受损的根本原因②。完善职业足球管理体制和运行机制,实现联赛不同利益相关者之间的协同管理,有利于职业足球健康和谐发展③。球迷作为职业足球的直接消费者,其价值认同及购买行为是此类研究的重点。会员球迷的主场比赛消费忠诚度要高于非会员球迷,而经济和情感是造成两类球迷消费差异的主要影响因素④。此外,球迷对于俱乐部的认同感对其购买行为存在影响,球迷对俱乐部的评价、归属、俱乐部活动参与等(通过购买球票观赛)具有显著影响⑤。

5. 竞争平衡研究

竞争平衡是评估职业足球可持续发展的重要依据。刘飞、龚波运用C5ICB指标探讨了欧洲五大联赛的竞争平衡特征与内涵,认为竞争失衡有利弊两面性,在提升少数俱乐部的品牌价值和全球影响力的同时,会损害中小俱乐部的运营稳定性和联赛的长期健康发展⑥。李伟等立足于球迷偏好"结果不确定性"假设的竞争平衡理论,提出了强竞争平衡所带来职业足球赛事结果高度不确定性的新观点及其发展思路,以球员转会制度建设来引导球队竞技实力趋于均衡化发展;激励巨额"外来资金"注入的同时,兼顾缩减俱乐部之间经济实力差距的目的;取消外援上场限制,改变"限薪"思维,支付高薪报酬以吸引全球顶级球员;取消俱乐部冠名模式,调动外来资金注入的积极性,为联赛募集资金⑦。

---

① 曹景川,高鑫,张大为.法治视域下中国职业足球运动员伦理道德问题规制[J].上海体育学院学报,2017(6):23~27.
② 舒成利,周小杰.从利益相关者管理理论看我国职业足球产业的发展[J].成都体育学院学报,2006(3):21~24.
③ 崔鲁祥.中国足球职业联赛利益相关者的利益冲突及治理策略[J].沈阳体育学院学报,2011(5):8~11.
④ 徐波,岳贤峰,马冰,徐旭.职业足球俱乐部会员与非会员球迷主场比赛消费忠诚度比较[J].天津体育学院学报,2007(5):413~416+429.
⑤ 马淑琼,陈锡尧,刘雷.中超职业足球俱乐部球迷认同及其购买行为分析[J].体育文化导刊,2014(3):122~125.
⑥ 刘飞,龚波.欧洲5大职业足球联赛竞争平衡研究[J].中国体育科技,2017(4):24~33+47.
⑦ 李伟,陆作生,吴义华.强竞争平衡:我国职业足球发展的逻辑起点[J].沈阳体育学院学报,2018(3):104~110+144.

五、相关文献总结

足球运动与我国有着源远流长的历史关系——2004年初，国际足联确认足球起源于中国。现代足球已成为当之无愧的世界第一大运动项目，其在我国职业化改革30年发展进程中的兴衰起伏左右着国人的情感，并逐步成为我国体育理论工作者的重点研究对象。

通过对新中国成立后我国现有足球研究文献的梳理，为全面了解足球运动的本质内涵与社会功能提供了参考，为实现我国足球发展与体育强国建设的有机统一提供了理论支撑。

（一）我国现有足球研究成果的特点

一是从历史发展角度看，理论研究内容在时间维度上与足球发展实践具有高度契合性，足球理论研究源自足球发展实践，并指导足球实践活动的开展；二是对足球发展研究呈现出鲜明的门类划分，校园足球、大众足球和职业足球逐步演变为当代学者们研究聚焦的三个领域。

（二）我国现有足球研究成果的不足

一是根据不同足球领域实践发展活动的活跃度，相关理论研究呈现出明显差异，如我国学者在大众足球研究方面与校园足球、职业足球的研究成果相比相对匮乏；二是研究范畴跨领域融合不够，表现为对足球发展问题的研究呈现出局限于某一领域的人为割裂，忽视了职业足球、校园足球、大众足球之间的内在联系，更是鲜有将足球发展研究与我国体育事业整体发展、体育强国建设乃至中华民族的伟大复兴有机结合起来，问题导向性研究明显缺乏。发展振兴足球是建设体育强国的必然要求，那么在建设体育强国的进程中，足球运动与发展能够通过什么样的路径与之紧密相接，内含着什么样的价值统一，这些研究均无法看到。

习近平总书记强调："发展体育事业不仅是实现中国梦的重要内容，还能为中华民族伟大复兴提供凝心聚气的强大精神力量。"在新的起点上，加快体育强国建设，不断发展体育事业，不断提高人民健康水平，我们就一定能为实现伟大梦想注入源源不断的活力和动力。习近平总书记的重要指示，为足球发展影响体育强国建设找到了体育组织建设和体育价值认同的目标路径。

第二节 体育强国概念及其相关内容梳理

一、体育强国概念的文献解读

体育强国是我国体育发展到一定历史阶段的产物,是社会经济发展对体育事业发展的必然要求。依据重要历史事件的时间节点,可以将其产生和发展的轨迹划分为四个阶段:一是改革开放初期的准备阶段;二是体育强国初次提出的萌芽阶段;三是体育大国形成后体育强国的摸索阶段;四是体育强国的全面发展阶段(见图2-1)①。

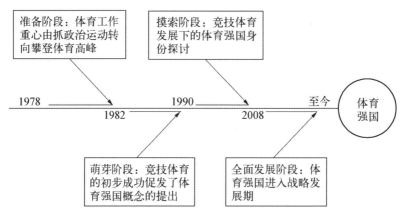

图2-1 体育强国概念历史发展阶段鱼骨图

(一)研究文献的阶段性分析

1. 准备阶段(1978—1982):改革开放初期的理念转变

改革开放初期,特别是在恢复国际奥委会合法席位之后,通过体育发展树立中国形象的诉求开始提升,但竞技水平落后与国家体育形象之间的不对称,使得竞技体育必须优先发展。1979年,原国家体育运动委员会就旗帜鲜明地提出国家体育发展要转移到竞技体育攀登高峰的顶层设计思路上来②。这一时期虽没

---

① 王智慧.迈向体育强国进程中两个重要问题的战略定位与思考[J].北京体育大学学报,2011(2):13~16+21.
② 陈玉忠.体育强国概念的缘起、演进与未来走向[J].天津体育学院学报,2010(2):142~145+157.

有明确提及体育强国,但突出奥运竞技需求的体育发展举措为日后的竞技体育快速发展奠定了基础。

2. 萌芽阶段(1983—1989):体育强国的首次提出

1983年,国务院下发的《批转国家体委关于进一步开创体育新局面的请示的通知》中首次提到"体育强国"是源于中国女排在1981年和1982年连续获得女排世界杯和锦标赛冠军。因此,当时提出的体育强国更多是倾向于女排当时给国家带来的形象诠释;继女排之后,我国体育健儿在洛杉矶奥运会上取得了优异的运动成绩,这都给国内学者们开始尝试解读"体育强国"提供了前提条件。熊斗寅指出,体育强国是一个动态的、相对的、整体的概念,涵括竞技体育、社会体育和学校体育三个方面[1],认为体育强国和体育发达国家之间既相互联系又有区别。广鉴认为,体育强国至少在很多运动项目上要跻身世界前列,并在大型综合性体育赛事中取得佳绩[2]。

3. 摸索阶段(1990—2008):竞技体育发展下的体育强国身份探讨

1990年亚运会在北京举办,这是新中国成立以来我国举办的最大型体育盛会,该届亚运会上,我国选手获得了超过金牌总数2/3以上的金牌,新中国体育发展在本届亚运会上得到集中展示。在随后的巴塞罗那奥运会、亚特兰大奥运会上,中国均获得16枚金牌,跻身奥运金牌第一集团。在悉尼奥运会上,中国运动健儿获得了28枚金牌,成功挤入前三强,此时人们围绕我国的"体育强国"身份展开了广泛的探讨。陈齐、于涌认为对体育强国的界定应取自大众的参与人数,而不是金牌总数的诠释[3]。阮永福、李峰认为仅仅几块金牌无法承受"体育强国"之重,它应当涵括包括竞技体育之外的大众体育、体育设施、体育科学、体育经费所包含的综合效应等等[4]。与此同时,"竞技体育强国"概念开始出现,田麦久将其定义为:竞技运动水平"强大的国家"[5]。

4. 全面发展阶段(2009年至今):体育强国概念深化与国家战略定位

体育强国的精准定义是什么?在北京奥运会上,中国体育健儿获得了金牌总数第一,然而对"金牌第一"是否就是体育强国的探讨开始不绝于耳,体育强国

---

[1] 熊斗寅.世界体育强国浅析[J].四川体育科学学报,1985(4):1~5.
[2] 广鉴.世界体育强国简介[J].上海体育学院学报,1986(4):77~80.
[3] 陈齐,于涌.论金牌大国不等于体育强国[J].山西师大体育学院学报,2008(1):1~3.
[4] 阮永福,李峰.对中国是"体育强国"提法的质疑[J].合肥工业大学学报(社会科学版),2006(5):170~174.
[5] 田麦久."竞技体育强国"论析[J].北京体育大学学报,2008(11):1441~1444.

的概念审视愈发多元：一是辨析性分析。徐本力通过"体育强国""竞技体育强国"和"大众体育强国"等概念的辨析，在明确各概念间的上下位关系后，提出体育强国必然包含大众体育和竞技体育，大众体育是竞技体育的基础，竞技体育又是大众体育的引领，体育强国是大众体育和竞技体育在国际上均有良好声望的国家[1]。黄莉提出体育强国涵括的内容众多，但总体来说，国民的体质状况、体育研究的水平、青少年体育发展，体育经费的投入、体育产业的运营情况以及竞技体育成绩是体育强国包含的内容[2]。二是从演进的角度看体育强国概念。通过体育强国的内涵分析，揭示其由奥运竞技为主的单维理解向综合发展的多维认识演进[3][4]。三是契合性分析。什么样的精神与文化能够与体育强国相匹配，如何通过体育强国从教育和精神上教化国民，需审慎分析和慎重把握[5]。四是本质性分析。杨辉认为体育强国的本质与内涵包括具有符合时代特征的体育发展理念和体育发展的高质量两个方面[6]。鲍明晓认为体育强国是能实现体育"两个发展"（体育自身发展与通过体育推动和实现的发展）目标并被国际社会普遍认可的国家[7]。五是反思性分析。陈华通过对体育强国内涵的政治解读和学术解读，指出探索体育强国的概念并不是最终目的，最终是要推动体育与社会经济的协调发展，真正发挥体育在社会治理和经济转型中的作用[8]。综上，多元化的体育强国概念研读使得其内涵愈发丰富，关于概念的表达更是多样，总而言之，"体育强国"概念及其内容的广度与深度得到了加强。

（二）研究文献各阶段的差异性分析

1. 数量差异

以体育强国概念产生的历史背景为依据，分别整理各阶段文献发现，在体育强国概念出现的早期阶段，学术研究鲜有涉及，萌芽阶段和摸索阶段的研究文献总量均处于个位数。在2009年后的全面发展阶段，新起点、新格局、新时代促使

---

[1] 徐本力.体育强国、竞技体育强国、大众体育强国内涵的诠释与评析[J].天津体育学院学报,2009(2):93～98.
[2] 黄莉.从体育强国内涵探究体育综合实力构成[J].上海体育学院学报,2010(4):15～20.
[3] 陈玉忠.体育强国概念的缘起、演进与未来走向[J].天津体育学院学报,2010(2):142～145+157.
[4] 汲智勇.关于体育强国认识的演变历程与发展策略研究[J].体育与科学,2010(5):26～29.
[5] 林立,李付伟,吴丽晶.试论体育强国与体育本质的契合[J].中国体育科技,2010(1):45～48.
[6] 杨辉.体育强国的内涵、本质与基本特征[J].山东体育学院学报,2012(6):16～20.
[7] 鲍明晓.体育助力"五大建设"[J].上海体育学院学报,2018(1):7～11.
[8] 陈华.体育强国内涵的再审视[J].广州体育学院学报,2014(2):9～11.

体育强国概念内涵不断丰富,研究文献数量也随之迅速增长,2010年单年达到9篇之多。

2. 视角差异

通过纵向比较可以看出(表2-1),体育强国概念首次提出后,研究文献主要是对概念的外延进行了划分,强调体育强国应包括国家重视、普及推广和竞技能力突出等几个维度。摸索阶段研究主要集中在由金牌效应引发的"竞技体育强国"与"体育强国"间的内涵辨析。全面发展阶段,"体育强国"概念的内涵与外延不断拓宽,多维性研究视角在打破视野局限的天花板之后,为体育强国建设提供了重要理论借鉴。遗憾的是,"体育强国"的研究文献大多集中于概念是什么、包含的内容是否全面等,对"体育强国"建设存在什么样的问题、影响"体育强国"建设的路径是什么、如何论证"足球发展"能够促进"体育强国"建设等,在现有文献中仍然难觅踪影。

表2-1 体育强国概念研究的视角差异分析

年代划分	研究阶段	研 究 视 角
1983—1989年	萌芽阶段	以概念外延划分为主,认为体育强国应包括竞技体育、社会体育和学校体育三个方面,并体现出国家重视、普及推广和竞技能力突出等特征
1990—2008年	摸索阶段	以思辨性论证为主,围绕"竞技体育强国"与"体育强国"间的内涵区别进行论证,认为金牌数量不等于强国,强调体育强国应包含体育人口、体育法治、体育人才等全方位的发展
2009年至今	全面发展阶段	以多元化发展为主,针对"体育强国是什么"的问题,从概念的本质内涵、历史演进、文化契合等多个维度展开论述,提出体育强国是以社会体育为基础,竞技体育为先导的体育事业发展各个领域的总体发展水平在世界上处于一流和前列的国家,强调实现体育强国应由奥运竞技为主的单维理解转向综合发展的多维认识

二、体育强国概念提出的背景和研究文献梳理

(一) 体育强国概念提出的背景

新中国成立初期,加快社会发展、重塑国际地位的时代要求,给体育事业发

展带来了动力。特别是改革开放以来,举国体制下的竞技体育发展势头迅猛。1981年,我国运动员包揽了第36届世界乒乓球锦标赛上的全部项目冠军;1982年第9届亚运会上,中国代表团力压日本,以61枚金牌的成绩成为亚洲竞技体育头号强国;1981—1984年,中国女排历史性地获得了世界杯、世界锦标赛、奥运会3座冠军奖杯,"女排精神"由此扬名;1984年,许海峰获得中国历史上的第一枚奥运会金牌。在竞技体育勇攀高峰、捷报频传之际,原国家体委提出要把我国建设成为世界体育强国的战略目标。诚然,此阶段的"体育强国"以目标性概念示人,找准差距、对标发展是其核心要义。进入新世纪后,在经济高速发展推动下,我国竞技体育取得了举世瞩目的成就。2000—2008年的三届夏季奥运会上,我国金牌总数分别位列第三名、第二名和第一名,奥运夺金项目也从乒乓球、排球、射击向跳水、举重、体操、田径等领域扩展,成为名副其实的奥运强国和体育大国。2008年9月,胡锦涛总书记在北京奥运会、残奥会表彰大会上发出了从体育大国向体育强国迈进的号召。可见,伴随着国力强盛,竞技体育得以蓬勃发展,而由此催生的体育强国战略意味着超脱竞技之上的更高追求。

(二) 体育强国概念提出背景研究的文献梳理

通过梳理相关文献发现,此类研究具有以下几个特征:

1. 一致性

关于体育强国提出的背景,国内学者的认识趋于一致。一方面,在体育强国提出的时间节点上达成共识。新中国成立至今,党和国家对体育事业高度重视,先后两次提出建设体育强国的战略目标。第一次是在20世纪80年代,国务院下发的《批转国家体委关于进一步开创体育新局面的请示的通知》和中共中央发出的《关于进一步发展体育运动的通知》中均提到了"体育强国"这个名词[1][2];第二次是在2008年,胡锦涛总书记在北京奥运会总结表彰大会上,面对取得的卓越成绩,适时地提出了要把我国体育事业的发展从体育大国迈向体育强国[3]。另一方面,在竞技体育成效助力体育强国上达成共识。田麦久认为,勃勃生机的

---

[1] 陈玉忠.体育强国概念的缘起、演进与未来走向[J].天津体育学院学报,2010(2):142~145+157.

[2] 王智慧.迈向体育强国进程中两个重要问题的战略定位与思考[J].北京体育大学学报,2011(2):13~16+21.

[3] 鲁飞,李小刚.对迈向竞技体育强国进程中几个重要问题的探析[J].武汉体育学院学报,2009(12):11~15.

竞技体育正是我国体育强国建设的巨大推动力①。刘一民等回顾过往,指出两次向体育强国进军的冲锋号,都是在竞技体育取得空前优异成绩时吹响的②。

2. 交织性

现阶段,对体育强国的理解,已经成为体育工作开展的重要逻辑依据和价值遵循,体现出多领域交织的特点。尹维增等指出,在体育强国建设进程中,竞技体育的变革应注重竞技体育与群众体育的相互融合,既保障群众体育的基础调节作用,又充分重视竞技体育在群众体育发展中的引领作用③。张春利、叶心明面对新的时代背景,提出要加快竞技体育与大众体育的协同发展,培育国家体育品牌,弘扬社会主旋律④。赵勇在习近平新时代中国特色社会主义思想引领下,提出加快建设体育强国就要对标一流体育强国、做大做强体育产业⑤。朱伟、徐卫华认为体育强国的提出,是中国特色社会主义发展中对体育工作的新认识,应着重推动全民健身事业,将全民健身需求作为体育工作的出发点与落脚点⑥。张德胜等强调,在推进体育强国建设和构建人类命运共同体的历史进程中,我国体育外交可围绕"亲、诚、惠、容"的外交理念,强化区域各国间的互信合作,以提升对区域各国的文化影响力⑦。

三、体育强国构成的要素与指标判定的梳理

(一) 体育强国内涵及其要素构成

体育强国的内涵是什么,这是界定体育强国构成要素首要的判定依据。鉴于概念认知的多元化特征,已有的要素划分同样表现出差异性,总体来说有竞技

---

① 田麦久,孙大光,田雨普,任海,许立群,李元伟,沈望舒,易剑东,金汕,姚颂平,胡光宇,郝勤,徐济成,崔乐泉,常建平,黄亚玲,鲍明晓,熊晓正,谭华,杨越.中国体育:体育强国的辨析与建设——中国科协新观点新学说学术沙龙观点摘编[J].体育文化导刊,2009(8):1~13.
② 刘一民,赵溢洋,刘翔.关于体育强国战略若干问题的思考[J].中国体育科技,2010(1):32~36+57.
③ 尹维增,张德利,陈有忠.体育强国梦构建背景下我国竞技体育发展方式转变研究[J].沈阳体育学院学报,2015(1):50~55.
④ 张春利,叶心明.新时代背景下加快建设体育强国的动力与路径——基于党的十九大报告的诠析与思考[J].南京体育学院学报(社会科学版),2017(5):11~15.
⑤ 赵勇.新时代中国体育产业发展战略路径和对策措施研究[J].体育文化导刊,2018(3):1~7.
⑥ 朱伟,徐卫华.从十九大报告解读体育强国视角下全民健身事业发展策略[J].广州体育学院学报,2018(4):1~4.
⑦ 张德胜,张钢花,李峰.体育外交在我国强国建设中的作用及实践路径[J].上海体育学院学报,2018(1):27~32.

体育和群众体育的二分法①;也有竞技体育、大众体育和体育产业的三分法;还有学者划分得更细,如把体育强国核心构成要素分群众体育、竞技体育、学校体育、体育产业、体育软实力的五分法②。辜德宏等还提出了更为具体的划分,包括体育发展理念、经费投入的比例、体育相关制度的完善、人民体质、竞技运动成绩及影响力、体育设施及场地、体育科研水平、体育人口、体育人才储备和体育保障系统的完善等方面③。在此基础上,孙德朝将"体育综合实力"引入体育强国研究中,认为体育强国的综合实力一定是由硬实力和软实力构成的,并进一步对硬实力和软实力的构成要素进行细分,最后形成六种实力要素④。在党的十九大报告发出"加快建设体育强国"动员令后,黄莉结合新时代体育发展要求,将体育强国的内涵要素确定为竞技体育、大众体育、体育产业、体育文化、体育科教五个维度⑤。鲍明晓等提出体育强国要素应含括必须是以人民为中心的体育、必须是强国体育、必须是全面协调可持续的体育三个方面内容⑥。

(二)体育强国指标设计与评价

不同历史阶段,由于存在对体育强国认知的不同,因而不同时期体育强国的评价指标也体现出时代特殊性。1985年,原国家体委组织专家研讨后提出的体育强国五个方面的核心指标,如全国要有5亿人左右参加体育锻炼、普遍增加体育活动场所、建成一批现代化的体育设施等⑦。此后,有很多学者开始归纳体育强国的评价指标,如肖焕禹、邵雪梅提出的体育强国评价七个指标⑧。鉴于体育强国评价维度的非统一性,刘一民等对世界体育强国的共性特征进行了评价,借鉴性地提出了具体的评价一级指标⑨。黄莉等针对体育强国提出"强"特征的五

---

① 田雨普.努力实现由体育大国向体育强国的迈进[J].体育科学,2009(3):3~8.
② 刘一民,赵溢洋,刘翔.关于体育强国战略若干问题的思考[J].中国体育科技,2010(1):32~36+57.
③ 辜德宏,谢明,刘云朝."体育强国"辨义及相关问题探讨[J].西安体育学院学报,2010(5):536~539.
④ 孙德朝.体育强国视域下体育综合实力要素构成及其量化分析[J].南京体育学院学报(社会科学版),2012(2):31~36.
⑤ 黄莉.体育强国的理论框架与顶层设计——从"十九大"报告中的国家大战略思考体育发展战略[J].北京体育大学学报,2018(1):9~16.
⑥ 鲍明晓,邱雪,吴卅,赵轶龙.关于加快推进体育强国建设的几个基本理论问题——基于党的十九大报告提出体育发展全局的战略性问题[J].北京体育大学学报,2018(2):1~6+16.
⑦ 熊斗寅.世界体育强国浅析[J].四川体育科学学报,1985(4):1~5.
⑧ 肖焕禹,邵雪梅.体育强国内涵的阐释[J].体育科研,2009(4):2~5.
⑨ 刘一民,赵溢洋,刘翔.关于体育强国战略若干问题的思考[J].中国体育科技,2010(1):32~36+57.

方面评价指标①。综上,体育强国的评价指标多以结构性指标为主,整体较为抽象。后来,周爱光根据体育人口、奥运金牌数以及体育产业数据提出了相对具体的量化指标②。

近十年间,体育强国的构成要素和指标判定研究一直备受关注。多维度、动态化的演变印证了体育强国与时代发展的本质契合。然而在不同背景和时代特征下,体育强国的共性要素究竟有哪些,在未来发展过程中哪些将是核心、恒定的要素,以及体育强国可操作、可量化的多级评价指标体系如何构建等问题在现有研究中鲜有涉及。

四、相关文献总结

通过以上研究文献的梳理与分析,笔者对我国学者关于体育强国的研究现状有了较为全面的认识并对现有研究文献的特点与不足作了总结。

(一) 现有体育强国研究成果的特点

一是对体育强国的研究具有鲜明的时代特征。体育强国战略是我国体育事业发展到一定阶段的必然产物,20世纪80年代初随着体育强国战略的提出,同时开启了对体育强国研究的序幕,这在一定程度上反映出学界敏锐的学术洞察力。此后,学界对体育强国的研究随着社会经济发展时代背景的转变而在不同研究阶段呈现出不同的侧重点,整体上符合与时俱进的要求。体育强国建设初期受国内外政治环境的影响,体育界对体育强国的认识存在以竞技体育为主的局限性或将体育强国等同于竞技体育强国的片面性认识。历经20世纪末、21世纪初对体育强国研究的低潮期,2008年北京奥运会后,在时任中共中央总书记的胡锦涛同志作出"进一步推动我国由体育大国向体育强国迈进"的指示后,学者对体育强国的研究开启了新篇章。面对国内外发展新形势,习近平总书记将体育强国建设与中国梦紧密相连的讲话精神,为广大学者开辟了新的研究视角,并将研究视野放大到社会全系统,体育强国建设不再被看作是纯粹的体育事业发展问题,而是成为一项关系到国计民生的社会事业。

二是对体育强国研究内容的全域性。改革开放以来,历经40余年的不断研

---

① 黄莉.体育强国与软实力建设的思考[J].运动,2010(1):1~3.
② 周爱光."体育大国"与"体育强国"的内涵探析[J].体育学刊,2009(11):1~4.

究探索，体育发展的理论体系已基本形成，体育强国研究已经打下了较为扎实的理论基础。概念与内涵是构建体育强国建设理论体系的逻辑起点，因此在体育强国建设初期，学者对体育强国"是什么"进行研究，对体育强国概念与内涵进行阐释；还对同期国外体育强国建设现状与经验展开横向对比研究，明确我国体育强国建设与真正体育强国的差距与问题。体育强国建设理论体系结构与框架，则以对体育强国建设的构成要素研究以及各要素的良性发展为主体。针对体育强国建设缺少完备的评价参考指标体系，学者还从我国体育强国建设实际出发，对体育强国判定标准进行了积极系统探索。此外，以习近平新时代中国特色社会主义思想为指引的体育强国建设成为当下学界研究的热点，习近平体育思想的内涵对体育强国理论体系的完善、对体育强国实践发展的引领亦成为今后对体育强国建设研究的重点领域。

三是对体育强国的研究视角多维化、方法多样化。现有的研究成果，多数采用多种研究方法、从多维视角对体育强国进行全面审视，将对体育强国建设的理论探索与实践发展相结合，突出研究结果的科学性与实用性。主要采用的研究方法为文献资料法、逻辑分析法、数理统计法、德尔菲法、专家访谈法、实地考察法和对比分析法等，在对体育强国概念内涵与构成要素的研究中，一般在文献资料研究基础上，采用专家访谈法、逻辑分析法；在对国外体育强国的发展现状与经验研究中，一般在文献资料研究基础上，采用实地考察法、对比分析法，直观地反映出国内外体育强国发展的差异；而对体育强国评价指标的研究中，则主要采用专家访谈法与德尔菲法相结合的研究方法，从访谈中得到更具权威性、科学性的结果。

（二）现有体育强国研究成果的不足

一是以理论研究为主，虽然部分学者意识到理论研究联系实践应用的重要意义，但相关实证研究不足是不争的事实。

二是研究成果虽已初步形成理论结构体系，但研究成果整体性上方向分散、系统性不足。

三是对体育强国的评价指标体系研究不足，鲜有学者对体育强国建设的评价指标体系引起重视，只有极少数学者对其进行初步探索，且相关成果之间联系性、统一性不够。

四是将体育强国建设纳入整个社会发展框架内进行分析的深度不够，仅局限于某一社会发展视角,没有对体育发展与其他社会系统协调发展的耦合机制展开深入研究。

第三节 足球发展与体育强国关系的相关文献梳理

一、足球发展与体育强国的关系梳理

当前我国体育事业正处于"从体育大国迈向体育强国"历史发展时期,改革开放以来社会经济改革发展所取得的成就为体育强国建设创造了前所未有的物质经济基础;人民日益增长的体育文化需求与体育有效供给不足的矛盾为体育强国建设注入了不竭的内生动力。在全面建设体育强国背景下,"振兴中国足球"的体育战略目标一定程度上已引申为体育强国建设的前因变量。习近平总书记曾说:"'三大球'要搞上去,这是一个体育强国的标志。"在这"三大球"当中,习近平总书记对足球的感情尤为深切。习近平总书记说:"中国世界杯出线、举办世界杯比赛及获得世界杯冠军是我的三个愿望。"总书记进一步强调,这"看起来比较遥远,但是还得讲啊,你没有这个梦想,也不去想,就根本达不到,你想了才有这可能"。显然,习近平总书记对足球发展的殷切期盼中,实际上给出了"如果足球搞上去了,体育强国的标志就可形成。"这样一个命题假设。从另一个角度说,体育强国发展存在的问题,可以通过足球发展的思路去解决,这样就形成了一个"体育强国问题出发,通过足球发展的思维,探索足球发展到体育强国问题解决的路径"这样一个因果闭环的结构性路径。《中国足球改革发展总体方案》(以下简称《方案》)已把足球运动的改革与发展纳入我国社会经济深化改革的总体方案中,因此,尽快探索我国足球发展影响体育强国建设的路径结构就显得尤为迫切。

建设体育强国与振兴中国足球战略是我国当下体育工作的两项艰巨任务,目前的研究文献基本处在独立的两条道路上。无论是体育强国建设背景下的振兴中国足球战略,还是习近平体育思想体系下的体育强国建设,无不包含着我国足球发展影响体育强国建设的逻辑指向性。从概念的逻辑关系角度,振兴中国足球是体育强国建设的重要内容,是推动体育强国建设的必

然选择①,也是建成体育强国的重要标志。体育强国建设中出现的问题如何从足球发展中找到解决的路径,则为研究提出了新的思路。因此,振兴中国足球去实现体育强国梦,乃至实现中华民族伟大复兴的中国梦就成为现实发展的逻辑关系②。

我国足球发展与体育强国建设内在影响的逻辑机理在于各自构成要素间的互联关系。如前文所述,我国足球事业发展的主要任务为校园足球、大众足球和职业足球发展,以及《方案》中提出的足球场地建设、足球人才培养和国家足球队建设等,这与体育强国建设的内涵——学校体育、社会体育、职业体育、竞技体育、体育文化、体育科研、体育场地设施等存在逻辑关联。从足球运动发达国家的足球社会影响力对其政治、经济、教育、文化等的渗透来看,足球运动对一个国家体育产业的促进、竞技体育水平的提升、大众健身的普及、体育文化的塑造等方面有着积极的影响,这种影响力的大小与该国足球运动发展水平、足球文化与价值的建立呈正相关关系③。由此我们可以得出如下假设:足球运动的发展与体育强国建设在价值追求与目标达成上存在较高的关联。但这种关联受相关研究文献数量稀缺的影响,尚无法通过前人研究成果来验证假设的真伪,故探寻足球运动影响体育强国建设的逻辑路径在学理上就非常重要。

校园足球增强体质、全面育人的本质功能,与体育强国建设要求相契合。学生体质下降是我国体育强国建设中学校体育工作领域久治不愈的痛点,长期以来传统的学校体育工作方针、学校体育课程体系已然无法彻底扭转我国在校学生体质下降的颓势。在此背景下,振兴中国足球战略的提出,为学校体育工作注入了新的活力——校园足球。虽然在大力推进校园足球建设过程中,出现了校园足球向着过分追求竞技成绩发展的异化现象,但校园足球以足球为运动形式的育人本质与价值内涵使得校园足球运动在改善学生生理机能、增强学生体质、促进学生心理健康、发挥全面育人功能方面有着不可替代的作用,足球作为一项全面促进青少年身心健康的运动④,与体育强国建设中学校体育工作的要求相契合。

---

① 刘波,郭振,苗争鸣.振兴足球与建设体育强国的关系[J].体育学刊,2016(4):40~44.
② 《体育教学》编辑部.校园足球实现中华民族伟大复兴的中国梦与中国体育强国梦[J].体育教学,2015(3):4~5.
③ 刘兵,郑志强.足球运动对欧洲国家体育发展的影响力分析[J].武汉体育学院学报,2019(1):6~12.
④ 刘波,郭振,苗争鸣.振兴足球与建设体育强国的关系[J].体育学刊,2016(4):40~44.

大众足球的广泛开展符合体育强国建设中普及全民健身的诉求。足球运动深受广大人民的喜爱，并以其集竞技性、观赏性、娱乐性、整体性于一身的独特魅力成为我国民众投身全民健身运动的主要运动项目。大众足球是我国全民健身的重要组成部分，其足球社团建设也对我国群众体育组织形式——体育社团的发展起着直接的推动作用。普及全民健身运动是体育强国建设的基础，也是体育强国的重要标志，大众足球的发展可为全社会营造良好的健身氛围，带动其他群众体育项目的开展[①]，从而全面提升我国全民健身普及率，满足体育强国建设中普及群众体育的诉求。

职业足球发展符合我国体育强国建设中大力发展体育产业的价值追求。在社会主义市场经济体制下，体育产业是观测一个国家体育强弱的重要指标，而体育产业是我国市场经济条件下由体育事业转变而来的，这种转变的核心内容是体育具有消费性。职业体育是体育产业中的重要组成部分，也是体育产业中最具活力、关联性最强的产业，处于体育产业链的核心地位，对整个体育产业体系的发展起着重要的黏合剂作用。足球运动是我国率先开展职业化发展的运动项目，职业足球也是迄今为止我国影响最大、产值最高、产业体系发展最为成熟的职业体育项目，并已形成完善的足球产业链。职业足球的发展，势必推动我国体育职业化、市场化、产业化的发展，职业足球的商业价值符合我国体育强国建设中大力发展体育产业的价值追求。

二、我国足球发展与体育强国文献研究的薄弱点、缺失和研究思考

振兴足球与体育强国建设是当下我国体育事业发展的两大战略，国内学者分别对这两大战略展开了大量研究，但却鲜有对同一时代背景下我国体育事业两大战略的内在关系与路径机制的研究成果。

少数学者仅对体育强国背景下的校园足球建设或足球文化特点进行了研究，由于该类研究并不是将足球发展作为影响体育强国建设的重要变量进行逻辑思考的，而是将足球某一领域的发展嵌套在体育强国建设背景下进行分析，这在逻辑判定上决定了该类研究成果是独立的二元研究，且即使如此，该类研究成果也是屈指可数，无法全面洞察足球运动发展与体育强国建设之间的逻

---

① 刘兵,郑志强.足球运动对欧洲国家体育发展的影响力分析[J].武汉体育学院学报,2019(1)：6～12.

辑关系。

在众多对体育强国与足球发展的研究成果中,刘波、郭振、苗争鸣的《振兴足球与建设体育强国的关系》是迄今唯一对我国足球发展与体育强国建设关系进行过研究的文献成果,该研究以"振兴足球对体育强国的意义与价值"为主线,较为系统地分析了振兴足球对青少年社会化、群众体育发展、竞技体育提升、体育产业发展的意义。从研究视角看,足球发展与体育强国的关系仅仅是定性的讨论,并没有从中看到足球发展是通过什么样的路径去影响体育强国建设的,其中的干预性因素、定量性研究亟待补充和完善。

第三章
足球运动的价值与意义

——一个全球化的视角：英国、西班牙、德国、日本等
国家足球影响力的考察与分析

足球运动的传播是全球政治、经济、文化不断变化和发展的直接效应①。职业足球运动员市场演绎着劳动力的全球化转移，职业足球俱乐部运营彰显着企业资本的全球化流动，世界杯等国际足球赛事的风靡诠释着足球超越文化界限而被普遍认同的全球化关注。尽管包括国际足联在内的足球官方组织从不愿将足球与政治扯上关系，但足球随着政治环境变化而变化，以及有利于民族和国家身份认同的客观事实毋庸置疑。有学者认为，足球不单是一种娱乐的形式，而是世界文化的不同演绎②；足球运动本身构成一种"全球范围内可理解的世界语言"，可以说是"世界上最重要、最普遍的运动语言"③。可见，谈及足球运动之于一个国家的重要性，理应从全球化的视角进行聚焦、剖析和凝练。

纵观现代足球发展历程，夺得首届世界杯赛冠军的乌拉圭、四度问鼎世界杯的意大利、傲视群雄的五星巴西、光芒四射的足坛新贵西班牙和法国都可谓世界足球强国。但一个国家在世界足坛的地位很难转化成体育强国的身份标识，故在衡量足球竞技水平的前提下，仍需结合足球对于竞技体育水平提升、民族和国家形象塑造、体育产业发展、大众体育普及等体育强国要素的影响进行考察与分析，以求得引证的客观和准确。英国、西班牙、德国、日本是世界公认的体育强国，且足球运动在其国内具有重要的社会影响力，如英国是现代足球的发源地，

---

① 陈国华，许晓峰，高姊婷.足球运动全球化进程的再思考[J].体育学刊，2018(6)：12～17.
② Tamir B.The world through soccer: the culturalimpact of a global sport[M]. Lanham: Rowman and Littlefield, 2014: 23～59.
③ 富兰克林·福尔，张一峰.足球与全球化世界[J].国外社会科学文摘，2004(4)：34～37.

以独具特色的球迷文化和职业足球赛事而闻名于世;西班牙足球饱含着民族和宗教色彩,且拥有着当今世界最为著名的众多职业足球俱乐部;因足球而重塑民族精神的德国,遍布全国各地的俱乐部让足球运动之于国家的作用凸显;作为亚洲足球强国的日本,足球的迅速崛起对国家体育发展产生的深远影响尤具代表性。基于此,本节将重点围绕以上四国足球运动组织与国家的关系、足球运动价值社会认同与治理功能展开论述,以期为我国在确立足球运动发展维度、预设足球运动发展效应、构建足球运动发展制度框架提供实践依据。

第一节　英国足球影响力的考察与分析

一、足球运动彰显阶级意志,为民族与地域的身份认同提供载体

英国作为体育强国,值得称赞和炫耀的体育项目绝非足球一项,但能与阶级意志和身份认同紧密联系的运动似乎并无其他。英国在塑造和发展现代足球的过程中,体现出了极强的阶级性、民族性和地域性特征。英国需要足球运动来见证、记录和表达,而足球之于英国,既是特定历史环境的镜像,又是特有文化的内化与外显。

(一) 现代足球诞生过程中的阶级认同

"现代足球的发源地"早已成为世界公认的英国名片。1863 年,标志着现代足球发端的世界上第一个足球联合会(FA)在英国成立,紧接着英国人发展了有组织的足球赛事——包括足球联赛、定期在温布利球场举行的优胜杯和泛英国家足球比赛,让足球运动得以规范化地发展与传播。然而,从历史发展进程看,现代足球的诞生与英国统治阶级的认同有着密切联系[1]。

足球出现在英国史料中的时间要追溯到 14 世纪,这种据说由古罗马人或海盗传播到英国的运动[2],一开始只是在下等平民中开展,且因粗野的玩法而被称为"野蛮的足球"(mod football)。据学者统计,从 1314 年爱德华二世首次颁布

---

[1] Giuliantti, Richard. Football: a sociology of the global game[M]. Oxford: Blackwell Ltd, 2000: 2.
[2] WYMER, NORMAN. Sport in England[M]. London: George G.Harrap Co.Ltd, 1949: 19.

禁止足球令到1876年止,英国前后共下达了42条禁止足球令①,其目的主要指向两个方面:一是维护和巩固统治阶级的地位。据史料记载,爱德华二世、爱德华三世、理查德二世、亨利四世、詹姆士一世等在其统治时期都颁布了禁止足球令,其主要原因是担心男人们沉迷于足球而疏忽了军事训练,统治阶级试图通过限制足球等娱乐活动来加强国防相关的活动。二是维护社会生活和秩序。由于缺乏明确的规则限制,早期的足球比赛很容易演变成暴力集会或无政府主义状态,统治阶级对这种平民文化产生了担忧和敌对情绪,因此,通过禁止足球运动来加强社会控制②。18世纪末,随着中产阶级对足球运动认识的转变,足球逐渐进入绅士教育机构——公学,用以稳定学生情绪,维护校园秩序③。此后,《剑桥规则》和足球俱乐部的相继形成,正式宣告了现代足球的诞生,并最终成为英国工人阶级文化生活的重要组成部分。从历史进程看,英国足球从禁止民众参与到成为中产阶级教育工具、再到大众的广泛参与,无不体现着阶级意志。

(二)民族和地域群体中的身份认同

随着足球运动规范的"合理化"和个人行为的"文明化"发展,骑士精神和绅士风度共同融入和塑造了英国足球风格:承诺、力量和战斗精神,它们代表了典型的英国运动美德④。英国著名足球运动员贝克汉姆曾提及:"足球文化已经渗透到我们的DNA之中,从降生开始,足球就融入我们的生活,并与我们永不分离。"⑤然而,受特殊的历史与文化背景影响,英格兰、苏格兰、威尔士和爱尔兰虽在政治上结盟,但不列颠群岛的民族从未真正地融合,足球运动成为其维护民族精神的重要途径。苏格兰人通过对国家足球队的支持来表达强烈的爱国主义情怀,每次对阵英格兰,都可以吸引大量的苏格兰人到现场观战,这既表现出足球在苏格兰的流行,又体现了民族精神。同时,苏格兰球迷以支持英格兰的对手的方式来表达其情绪,并借以区分和定义苏格兰的民族身份。在威尔士,橄榄球是第一大运动,足球被认为与英格兰的联系太过密切而形成了一种非威尔士运动的认知。

---

① BRAILSFORD D. Sport, time and society[M]. London: Routledge, 1991: 36.
② 车旭升,金春光,姜允哲.从阶级与社会控制视角解读英国足球演进历程[J].体育科学,2013(5):84～91.
③ Mangan J A. Pleasure, profit, proselytism [M].London: Frank Cass, 1988: 13～21.
④ 谭刚.英国足球文化的特征[J].南京体育学院学报(社会科学版),2011(4):37～41.
⑤ 崔珣丽,田慧.英国足球与英国文化[J].中国体育科技,2010(4):60～63.

英国有着世界上最为狂热的球迷群体,独特的球迷文化是英国体育的又一印记。英国的谚语"足球非关生死,但远胜生死"一度被解释为英国式的黑色幽默,而有学者则将其理解为与比赛规则、俱乐部活动相联系的英国式激情[1]。英国足球俱乐部与地理位置有着重要的联系,每个俱乐部也都形成了具有地域性特征的球迷群体,他们通过对足球俱乐部的支持表达强烈的社区归属感[2]。正如成绩并不瞩目的英超球队——斯托克城队,其比赛上座率几乎场场爆满,主场内大约有 300—500 个座位被永久买断,几代人坐在同一个座位上为球队加油的现象并不罕见[3];利物浦球迷高唱的队歌 *You'll Never Walk Alone* 表达了球迷和俱乐部休戚与共的决心和信心,并成为"红军"球迷之间相互问候和鼓励的一种方式。尽管在电视转播和新媒体网络的快速发展下,英国足球球迷群体由最初鲜明的地域认同逐渐发展为包含液态社区认同在内的多元化认同[4],但基于足球而探寻集体身份认同的文化早已成为英国足球存在的价值所在而难以磨灭。

二、职业足球联赛助力国家经济复苏,带动体育产业发展

职业足球联赛发端于英国,几经波折后形成了以英格兰足球超级联赛为代表的品牌赛事。有学者认为,高度发达的经济、完善的社会保障体系、资本雄厚的足球俱乐部是英超联赛取得成功的关键支撑体系。但从历时性角度看,职业足球联赛恰恰是国家经济复苏和实现产业增长的催化剂。

(一) 职业足球联赛发展为振兴经济注入了动力

19 世纪的工业革命将英国的经济、政治、文化推向了前所未有的鼎盛发展时期,在城市化快速推进和工人阶级娱乐需求兴起的催生下,现代足球得以萌芽和发展。统计数据显示,当前英超、英冠、英甲、英乙四个级别赛事中,共有 92 支球队成立于 19 世纪末,二战后的经济复苏为英国足球职业化发展创造了契机。然而,在 20 世纪 70 年代英国经济形势和财政问题的影响下,足球成为"英国病"激化和蔓延的典型代表。充斥于整个社会的消极心态和舆论某种程度上助长了

---

[1] 诺贝特·魏斯著,方厚升译.足球俱乐部黑皮书[M].上海:文汇出版社,2004:1.
[2] 王胜,张勇,梁斌.英国球迷群体认同多元化发展研究[J].广州体育学院学报,2016(4):26~29.
[3] 金瑞静.集体身份认同视域下中英足球球迷文化的比较研究[J].体育与科学,2015(2):68~74.
[4] Cohen, A. The Symbolic Construction of Community[M]. London & New York: Ellis Horword Limited and Tavistock Publications Limited,1985.

足球流氓的犯罪行为,"海瑟尔惨案"以及持续发酵的足球恶性事件让撒切尔政府甚至设置了"作战内阁"来镇压足球流氓①。20世纪90年代,努力实现经济复苏的英国政府开始将国家意志、精神、制度、团体等嵌入竞技体育中②,大力推动盛行于英国各阶层的足球运动改革。1991年,英格兰各家顶级俱乐部签署了一项组建新的顶级联赛的协议——《英超联赛创立协议》。1992年,英甲俱乐部集体退出英国足球联盟,重新组建了英超联盟有限公司。在全新的现代股份制公司治理模式推进下③,英超联赛逐渐成为世界顶级职业足球赛事,为联赛各家俱乐部带来了丰厚的经济利润。

(二)职业足球联赛不断提升体育产业价值

英国是欧洲范围内最早开发职业足球经济价值的国家。1992年,英国率先成立了俱乐部控股公司进行商业化运营④。同时,英国政府通过调整电视转播权出售政策和俱乐部所有者资格审核政策,支持场馆建设与维护赛场安全政策来服务于职业足球产业的发展,体现出以实现最大经济价值为导向的市场化特征⑤。在政策扶持下,英国足球产业总值在全英体育产业中占据了举足轻重的地位⑥。作为英国职业足球联赛的代表,英超联赛创造了欧洲范围内最大的经营利润⑦。2012/2013赛季英超年度商业收益达到了25亿英镑;2013/2014赛季英超联赛经营利润超过5亿英镑,英超20支俱乐部中,有17支实现税前盈利;2014/2015赛季英超俱乐部共收入33.5亿英镑,同比上升3%,按同期欧元比例折算,英超俱乐部收入44亿欧元,同比上升13%⑧;2016/2017赛季,英超联赛收入达到45.54亿英镑,占欧洲足球市场总份额的20.7%,德勤会计事务所预测2017/2018

---

① 浦义俊,戴福祥.借鉴与反思:英格兰足球历史演进、改革转型及其启示[J].西安体育学院学报,2017(1):60~67.
② 陈洪,马瑛,梁斌,张国君,孙辉."国家在场"视角下英国竞技体育治理实践研究[J].体育科学,2019(6):22~27+54.
③ 董红刚.关系与合约:英格兰足球联赛的两种治理机制[J].武汉体育学院学报,2014(5):12~16.
④ BORTOLOTTI BERNARDO, VALENTINA MILELLA. Privatization in Western Europe[A]. Roland Gerard. Privatization: Successed and failures[C]. New York: Columbia University Press, 2008: 32.
⑤ 杨铄,郑芳,丛湖平.欧洲国家职业足球产业政策研究——以英国、德国、西班牙、意大利为例[J].体育科学,2014(5):75~88.
⑥ 戴晨.中国职业足球俱乐部法人治理结构存在问题的探讨[J].体育文史,2000(3):15~16.
⑦ 杨志亭,孙建华.英国足球的历史传承与产业化[J].外国问题研究,2013(4):80~84.
⑧ 刘兵,郑志强.足球运动对欧洲国家体育发展的影响力分析[J].武汉体育学院学报,2019(1):5~11.

赛季和2018/2019赛季英超联赛的总收入将分别达到54亿和56.6亿欧元①。2018年足球俱乐部财富榜（2016/2017赛季总收入）前十名中就有五家来自英国，英超已成为全球市场化最成功的足球联赛之一。正如德勤体育经济公司总裁杰里·波恩所言："英格兰超级联赛是当之无愧的欧洲足球经济霸主，拥有最大数目的收入并创造出最大的经营利润。"②

三、青少年足球提升竞技体育后备人才的广度与深度

2000年，英国文化传媒与体育部颁布了"全民体育未来计划"，以鼓励各种体育机构共同发展大众体育。而足球作为英国重点发展的体育运动项目，青少年足球发展受到英国政府、英足总、英超联赛等多方关注和支持。在英国，并没有清晰的校园足球概念，社区足球和足球学院是青少年足球发展的两大基石。

（一）社区足球的草根性提升青少年足球的量

随着足球改革力度的持续加大，英格兰足球总会开始实施全国性草根足球发展规划"生活宪章计划"，明确要求提高大众足球意识，建立学生进入社区俱乐部和社区俱乐部教练走进学校的双重互动培训机制，有效促进了"校园足球—社区足球—职业足球"三个层面的衔接②。与此同时，由英国政府和英超联赛联合募集资金成立的足球基金会，负责将从英超获得的大量资金投入学校和社区足球的发展。从2000年建立起，英国足球基金会投入青少年足球超过8 400万英镑，资助足球项目超过1 391项③。加之强大的足球志愿者群体，青少年足球呈现出良好的发展格局。截至2010年底，青少年男、女足球队数量分别达到了36 740支和5 163支，有超过250万名5—11岁儿童接受足球技术培训。据不完全统计，参与社区体育的英国青少年比例达60%以上，而足球作为主要活动，几乎等同于参加游泳、篮球、田径等其他运动项目的人数总和④。在这庞大的基数之上，英国发展成为草根足球系统最完善的国家之一，几乎所有社区都有球队参加联赛，仅英格兰一个地区便拥有超过3.7万家草根俱乐部，每年举办数十万场

---

① 陆森召,冯维嘉.英超联赛经营管理模式的现状数据分析[J].体育与科学,2019(2):75～80+87.
② 浦义俊,戴福祥.借鉴与反思：英格兰足球历史演进、改革转型及其启示[J].西安体育学院学报,2017(1):60～67.
③ 陈洪,梁斌.英国青少年校园足球发展的演进及启示[J].体育文化导刊,2013(9):111～114.
④ 王子朴.英国足球的两大基石：社区足球和足球学院[J].体育教学,2016(9):54～56.

比赛和足球社区活动①。深厚的社区足球发展模式为英国足球竞技人才培养提供了由量变向质变转化的可能,英国国家队前锋瓦尔迪正是从草根足球联赛中脱颖而出的典型代表。

(二)足球学院的系统性提升青少年足球的质

就功能而言,社区足球重在启蒙和普及,青少年的专业化发展则由俱乐部组建的足球学院来承担。1997年,英格兰足球总会从国家层面上推出了具有统领性和规划性的青训纲领——《质量章程》(Charter for Quality),通过建立足球学院等青训体系为培养英国本土球员创造有利条件②。2011年,英格兰足球总会在《质量章程》的基础上提出了《精英球员培养计划》(Elite Player Performance Plan),从国家制度层面给予俱乐部青训建设自主权,调动俱乐部创建足球学院的积极性。英国足球学院主要招收5—21岁的适龄青少年,并根据不同年龄段的训练目标划分为四个类别(图3-1)。其中Ⅰ、Ⅱ、Ⅲ类足球学院以U5—U21不同阶段球员的培养为主,通过建立"入门模式—发展模式—最佳模式"逐层递进的发展渠道,实现为职业足球联赛培养精英运动员的目标;第Ⅳ类足球学院重点针对U17—U21年龄段球员进行培养,旨在为非经历完成青训体系成长起来的球员提供一个成为职业运动员的机会,确保整个青少年培养体系更加完善③。

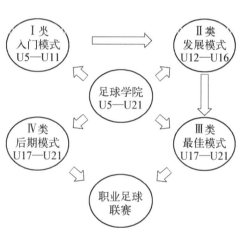

图3-1 英国足球学院分类系统

四、足球组织推动社会责任治理

英国足球不仅在俱乐部、国家队等方面展现出强大的国际竞争力,其日趋完

---

① 朱静,薛红卫,方维.论英国足球文化的媒介表征——以体育纪录片《山脚下》为例[J].电视研究,2018(12):78～80.
② Wilkinson, H. The Football Association "Charter for Quality"[J]. British Journal of Physical Education, 1998(4):31～34.
③ 尤佳,李卫东.青少年足球发展的顶层设计与国际经验——基于英国足球青训学院分类系统的实证研究[J].武汉体育学院学报,2018(6):96～100.

善的足球组织在促进社会、经济、文化发展上也发挥着难以替代的作用。依托足球组织进行社会责任治理已成为英超联盟契合社会发展需求的常态化治理手段。在政府立法的支持下,由20家俱乐部代表组成的英超职业联盟担负起了联赛总体发展规划和重大事项决策的责任。这种集体决策的治理机制在保障各俱乐部权益①的同时,帮助联盟成员达成了应为教育和社区发展做出贡献的共识②。英超联盟作为英国职业体育的领头羊,以超过英国企业平均水平(1%的利润)的方式将每年4%的利润投入社会责任治理,彰显了其助力社会进步的决心③。在履行经济责任的同时,英超联盟将教育、体育、社会融入、文化整合、家庭、健康、慈善等七个方面的核心内容纳入社会责任内容框架(表3-1),为社区成员提供多样化的社会福利④。

表3-1 英超联盟承担社会责任的核心内容

社会责任类型	核 心 内 容
教育责任	以各类中小学生为对象,通过足球技能和足球比赛进行身心锻炼;通过参与球场管理、体验比赛日志愿者的形式提高中小学生的各项社会适应能力
体育责任	利用俱乐部体育资源,开展社区足球等体育活动
社会融入责任	针对失业者、残疾人等特殊人群开展榜样学习、心理疏导等活动,帮助其重新融入社区生活
文化整合责任	帮助不同信仰、肤色、贫富程度、社会阶层的各类社区人群树立积极的人生观价值观,致力于消除种族和性别歧视
家庭责任	强调家庭关系稳定是社区稳定的基础,倡导人们关心每一位家庭成员
健康责任	提高居民参与健身活动的科学化程度,帮助大众以更有效的活动方式提升健康水平
慈善责任	下设慈善基金会,筹募社会资金开展各类慈善活动

联盟各委员会(社区发展委员会、纪律委员会、财务委员会等)和联盟基金会是英超联盟社会责任的基本治理组织。其中,联盟各委员会对社会责任活动进

---

① 吴东.英超联盟公司组织结构设计的研究[D].北京体育大学,2008.
② Manoli A E.Promoting Corporate Social Responsibility in the Football Industry[J]. Journal of Promotion Management,2015(3):335~350.
③ 宋冰,张廷安,龚波.职业体育俱乐部社会责任研究热点与展望[J].沈阳体育学院学报,2016(3):47~52.
④ 宋冰,耿瑞楠,张廷安,龚波,刘光同.欧足联与英超联盟社会责任治理的比较及对我国的启示[J].天津体育学院学报,2017(4):298~307.

行组织筹划和纪律约束,联盟基金会主要负责资金的使用与审核,两者通过定期的联合会议推进社会责任活动工作。在英超联盟的整体统筹下,英超各家俱乐部可以根据自身条件和当地社区情况开展适当的社会责任活动,以彰显其创造性和有效性。同时,为了提升透明度,英超联盟财务委员会及第三方机构会对社会责任活动的资金使用情况进行审计,并将反馈结果作为依据来完善社会责任活动。

第二节 西班牙足球影响力的考察与分析

一、足球文化促进社会发展,代表民族与地区的身份认同

(一)足球文化在西班牙社会发展中的价值

西班牙足球文化的形成与社会发展密切相关。佛朗可统治时期的"卡斯蒂利亚精神"构成了西班牙足球文化的重要基调,执政者借争取足球赛事的胜利以征服民心和维护社会稳定①。在西班牙,足球最初是作为一种仪式在公共领域中建立起来的,它代表了什么是国家或地区,并向各个社会阶层延伸,创造了一种"共同归属"的情感,显示了足球发展公共空间的能力。正如 Alfred Wahl 所言,通过重组集体身份,足球正在为"现代工业社会带来新的平衡"做出贡献。2008 年、2012 年蝉联欧洲杯冠军,2010 年世界杯问鼎,使西班牙男子足球国家队在国内收获了空前的社会支持,促成了历史上罕见的全社会团结。库贝尔认为:"巴斯克极端民主主义组织埃塔在 2011 年宣布永久停火,或许跟国家足球队的优异成绩和全社会重燃的爱国主义不无关系。"②足球运动在西班牙具有铸就社会凝聚力和加强民族情感联系的能力,它常激发起不同地区的民众在不同文化环境下的群体性认同,同时也通过强大的凝聚力促进其各地区、各民族的情感交织与融合③。

(二)民族与地区身份认同的典型代表——巴斯克例外论

与英国人不同,西班牙人更倾向于通过足球运动来形成政治权力和资本上

---

① Canal, J. Historia contemporánea de España (Volumen II: 1931—2017) [M]. Madrid: TAURUS, 2017: 264.
② Kuper, Sraga. Fútbol contra el enemigo[M]. Barcelona: Contradiciones, 2016: 188.
③ 廖菡,孙科.西班牙足球文化形成的历史考察[J].体育学研究,2019(2):88~94.

的竞争性关系。当国家队被动员起来为西班牙的民族性格服务时,巴斯克人动员足球来建设他们自己的政治身份和社会文化。巴斯克民族主义话语出现在19世纪末萨比诺·阿拉那的著作中,种族和民族独特性是其核心价值观。其中,对当地资源的依赖、通过努力工作最大限度地开发资源以及由此产生的自给自足都被看作是"巴斯克骄傲"。巴斯克人不是西班牙的专属民族,主要集中在法国南部和西班牙北部,是欧洲最古老的民族之一。巴斯克人神秘的民族文化和鲜明的民族特征促使其形成了特别强烈的团结意识和民族自豪感,而足球运动为这种民族性格提供了辨识与彰显。

谈及足球之于民族和地区身份的象征性,巴斯克人的足球旗帜——毕尔巴鄂竞技俱乐部（Athletic Bilbao）在欧洲乃至世界范围内独树一帜。巴斯克人习惯将毕尔巴鄂竞技俱乐部称为"巴斯克雄狮",以示其在该地区人们心中的重要位置。百余年来,毕尔巴鄂竞技俱乐部始终坚持招募巴斯克地区出生的球员,在拒绝使用外籍球员的情况下,与皇家马德里、巴塞罗那两支世界顶级俱乐部共同享有从未降级的殊荣。依靠强大的青训体系,毕尔巴鄂竞技俱乐部获得了8次西甲冠军、24次西班牙国王杯冠军和2次西班牙超级杯冠军,是西甲总成绩名列第四的俱乐部。

当最后一名英国球员于1912年离开毕尔巴鄂竞技俱乐部,其独特的球员招募政策便成为一种传统。尽管1984年以来毕尔巴鄂竞技俱乐部就再也没有获得过联赛冠军,并且陷入"招募本地人"和"保持甲级联赛地位"的双重约束之中,但巴斯克人仍将毕尔巴鄂竞技俱乐部看作是民族身份认同的灯塔,与当代全球化足球潮流相抗衡的象征。"足球界独一无二的毕尔巴鄂"成为巴斯克例外论的信条,为巴斯克人提供了一种与众不同的感觉。基于这种特殊的民族与地区性身份认同,毕尔巴鄂竞技球迷成为世界上最为忠诚和狂热的群体之一,他们创造了一天消费550万欧元的记录;他们将始终效力于毕尔巴鄂竞技俱乐部的球员视为偶像,将签约其他俱乐部的本土球员称为"雇佣兵"而排斥;他们为了观看一场巴斯克德比,可以在零下十几度的天气里排37个小时的队去买票。毕尔巴鄂竞技俱乐部被誉为"世界上唯一不需要胜利、只需要抵抗和保存财富的俱乐部",它代表了巴斯克人对本土发展、亲属关系网和强调差异的民族主张。

二、职业足球助力竞技体育实力提升和体育产业增长

1992年,第25届巴塞罗那奥运会的举办被认为是西班牙体育崛起的历史

转折点，在此后的 20 余年间，西班牙竞技体育在足球、篮球、网球、赛车等世界热门项目中均取得了举世瞩目的成就：2006 年男篮世锦赛冠军、2009 年和 2011 年欧洲男篮锦标赛冠军，2010 年足球世界杯冠军、2008 年和 2012 年欧洲足球锦标赛冠军，纳达尔等网球明星长期排名世界前列，西班牙选手蝉联五届环法自行车赛冠军等，为其赢得了体育强国的赞誉[①]。但从巴塞罗那奥运会上的 13 金 7 银 2 铜到里约热内卢奥运会上的 7 金 4 银 6 铜的成绩来看，西班牙始终未能跻身世界前列，可见世界体育强国的界定与世界体育最高殿堂的"奖牌格局"并无必然联系。从舆论认同的指向看，在世界体育热门领域的"造星行动"是西班牙体育快速崛起和受人尊崇的要诀。

（一）以西班牙足球甲级联赛为代表的"赛事之星"为竞技体育实力提升奠定了基础

后佛朗哥时期，实现政治民主化的西班牙开启了以体育运动推进社会、经济发展的新模式。其中，西班牙足球甲级联赛在开放严谨、兼容并蓄的办赛理念引导下，吸引了世界各国优秀球员纷纷加盟，赛事水平和赛事观赏性迅速提升。西班牙国内球员在与世界顶级运动员同场竞技提升技艺的同时，大量优秀教练员和运动员的引入又给西班牙足球注入了新的理念和变革。正如荷兰人克鲁伊夫将全攻全守的战术打法植入巴萨足球才开创了富有西班牙斗牛士气质的"Tiki-Taka"传控技术一样，西班牙足球甲级联赛所带来的激烈对抗和不同文化的交融，为西班牙足球实现从技术到战术、从球员到球队的全方位发展贡献了重要力量。在 2018 年国际足球历史和统计联合会（IFFHS）公布的排名中，西班牙足球甲级联赛获得世界上最强足球联赛的殊荣，这已是 1991 年这一排名开始后，西班牙足球甲级联赛第 12 次荣登第一，领先于意大利足球甲级联赛、英格兰足球超级联赛和德国足球甲级联赛等顶级足球联赛。

（二）以皇家马德里俱乐部和巴塞罗那俱乐部为代表的"俱乐部之星"为推动体育产业增长提供动力

21 世纪以来，西班牙足球甲级联赛在皇家马德里和巴塞罗那两大俱乐部的竞争中逐渐走向辉煌。佩雷斯致力打造的皇马"银河战舰"和拉波尔塔一手锻造

---

① 周冰.西班牙体育的崛起及其启示[J].体育文化导刊,2012(3)：28～31.

的巴萨"梦之队"在 facebook(现 Meta)上的追随者双双过亿,位居全球足球俱乐部前两名。同时,在马德里竞技、塞维利亚、瓦伦西亚等准豪门球队的帮衬下,西班牙足球产业发展健康稳定①。在马德里或巴塞罗那等城市,每个赛季至少有10万人到现场观看足球比赛,超过当地人口总数的10%②。在国际足球历史和统计联合会(IFFHS)公布的世界俱乐部 2017 年排名中,皇家马德里再次荣获第一名,巴塞罗那位居第四名,而这两支足球俱乐部在近十年间共六次占据该榜单第一名③。基于皇家马德里俱乐部和巴塞罗那俱乐部带来的"眼球效应",西班牙足球甲级联赛的比赛门票、球员转会、赞助商广告、球衣等产品销售和电视转播等收入屡创新高,足球产业成为西班牙应对经济危机的"补偿机制"④和体育产业发展的重要支柱。以 2016—2017 赛季为例,职业足球产业为西班牙贡献 157 亿欧元(179 亿美元)的经济效应,相当于西班牙年 GDP 的1.37%。同时,西班牙职业足球产业提供了 18.5 万个工作机会,每年贡献 41 亿欧元的税收(普华永道调研数据,2019)。

三、足球发展激发体育制度和组织的变革

在现行俱乐部公司化管理模式推行前,西班牙足球俱乐部普遍采用会员制管理模式,以向俱乐部会员募集会费的手段筹集维持俱乐部生存及发展的资金。由于会员制俱乐部具有"球队花钱,会员买单"的特点,俱乐部决策者便很难从"量入为出"的角度考虑财政问题。到 20 世纪 80 年代后期,负债累累成为众多西班牙足球俱乐部所面临的共同难题,负债额更是到了动辄数亿、数十亿的可怕地步。濒临崩盘的足球经济引起了西班牙政府的高度关切,并于 1990 年颁布特别法来推动俱乐部体制改革。依据该法令,国家先替俱乐部结清债务,而俱乐部需在 12 年内将这笔钱偿还给财政部。与此同时,俱乐部必须要改组成为有限责任体育公司,变成有一定注册资本的经济实体。此前俱乐部所欠的债务越多,其需要的注册资本额也就越高。改组工作必须在 1992 年 6 月 30 日前完成,否则

---

① 浦义俊.西班牙足球发展回顾及崛起因素探骊[J].体育科研,2017(2):7~11.
② Bortolotti Bernardo, Valentina Milella. Privatization in Western Europe[A]. Roland Gerard. Privatization: Successed and failures[C]. New York: Columbia University Press, 2008:32.
③ Club World Ranking 2017: Real Madrid Number 1[EB/OL]. https://iffhs.de/club-world-ranking-2017/.
④ Alejandro Quiroga. Narratives of success and portraits of misery: Football, national identities, and economic crisis in Spain (2008—2012)[J]. Romance Quarterly, 2017(3):126~134.

等待俱乐部的将是立即被强行降入丙级或干脆解散的惩罚。改组后,绝大部分西班牙职业足球俱乐部的归属权由大股东掌握,俱乐部的性质也从单纯的非营利性体育组织演变成为以体育方式直接或间接地为股东们创造利润的经济工具。由于财务状况良好,皇家马德里、巴塞罗那、毕尔巴鄂竞技以及奥萨苏纳四家俱乐部未被列进必须公司化的俱乐部名单,并延续至今。

从单纯的俱乐部到有限责任体育公司的转变,标志着西班牙足球运动在完成职业化与商业化改革的过程中逐渐实现了管办分离,建立了权责明晰的组织管理体系,其组织管理机构由体育高级理事会(CSD)、西班牙皇家足球协会(RFEF)和西班牙职业足球联盟(LFP)组成。三者相互合作又各自独立运作,既保证国内各级各类足球赛事的顺利开展,也提高西班牙国家队在重大国际赛事中的参赛水平[1]。成立于1913年的西班牙足协是西班牙足球的主管机构,它由全国17个地区的足球协会、俱乐部、职业联赛、裁判组织等组成,主要负责管理国内各级别男女国家队事务,组织国王杯、超级杯、低级别足球联赛及草根足球发展等。由各家职业足球俱乐部代表组成的职业足球联盟(LFP)对职业足球进行直接管理,具体负责组织竞赛、监督职业化竞争和经济收入分配。两者以契约协作的方式进行相互约束,如西班牙足协无权直接干预联赛的管理,而职业足球联盟每年必须向足协上交会费、注册验证费、服务费以及草根足球发展费用等[2]。此外,为了平衡俱乐部收支、消除俱乐部关于电视转播权的纷争,2016年西班牙政府颁布新的法律规定,各级联赛和国王杯的电视转播收入要平均地分配给各个球队,以保证各足球利益相关单位享有公平的收益机会[3]。

西班牙足球深陷债务危机的窘境直接促使西班牙政府采取法律手段实施干预,为体育法案的完善和体育联盟组织的创建提供了前提。一方面,佛朗哥独裁时期的西班牙足球将非均衡化发展的弊病暴露无遗,实施专业化、民主化的制度治理诉求逐渐受到重视,并最终引发足球法制和利益分配机制的根本性变革;另一方面,西班牙足协的组织角色转变和职业足球联盟的组织创建在保障各级各类足球利益相关者权益的同时,大幅提升了体育组织的运行能力及其社会影响力,这从西班牙足协是国内拥有最多注册会员的联盟组织中可见一斑。

---

[1] 廖菡,孙科.西班牙足球文化形成的历史考察[J].体育学研究,2019(2):88~94.
[2] 赵军.西班牙足球发展研究[J].南京体育学院学报(自然科学版),2013(1):58~62.
[3] 浦义俊,戴福祥.借鉴与反思:英格兰足球历史演进、改革转型及其启示[J].西安体育学院学报,2017(1):60~67.

四、足球运动成为大众体育参与的重要形式

西班牙政府高度重视大众的体育参与程度,认为民众体育参与度和民众健康水平息息相关。相关研究表明,较高的体育参与度意味着更低的心脑血管得病率,进而减少西班牙政府在卫生健康方面的支出,以提升全民体质、促进社会和谐①。而足球是大众体育参与的重要媒介,在西班牙社会运动和休闲生活中长期占据着主导地位。20世纪90年代中期开始的俱乐部公司化管理,以及博斯曼法案引发的欧洲共同体足球运动员自由转会等事件让足球运动更具吸引力。西班牙一项研究表明,足球在技术工人(69.8%)、学生(63.6%)和高级知识分子(62.2%)等群体中的受欢迎程度非常高,尽管其中男女比例和不同年龄阶段的比例会存在一定差异,但西班牙人对足球的总体感兴趣程度(54.3%)要远大于对赛车(29.9%)和网球(29.6%)的总体感兴趣程度,是篮球(25.9%)和摩托车赛(22.8%)的2倍,是田径运动(15.5%)的3倍。在西班牙,18岁以上爱好体育运动的人群中,18%的人练习足球,其中每周练习一次以上并全年坚持的人数比例高达41.8%;54.9%成年人会至少购买一次球票去现场观看足球比赛,远高于篮球的15.4%和摩托车赛的9.1%;通过媒体观看足球的人数则更为庞大,以2013年为例,全年十大最受欢迎的电视节目都是足球比赛,收视率均超过50%②。可见,在同样重视"人人享有体育权利"的西班牙,足球运动已成为一种流行的运动方式被广泛接受和参与,也为西班牙足球选材提供了充分的空间③。

五、青训体系夯实竞技体育后备人才培养根基

西班牙竞技体育的快速崛起,与其完备的青训体系密不可分,足球尤具代表性。西班牙的足球青训工作基本是由各级足球俱乐部直接运营,并独立负责青训的人员、经费、设施及训练等工作,西班牙体育高级委员会负责提供一定的经费和条件支持④。尽管不同俱乐部的青训理念、管理模式和人才产出有一定差异,但普遍认同的注重本土资源开发、竞技与教育有机结合、强化教练员队伍建

---

① 杨晓光.西班牙体育演进的逻辑基础、治理机制及对我国的镜鉴[J].体育与科学,2018(1):78~83.
② Ramón Llopis Goig. Spanish Football and Social Change[M]. Palgrave Macmillan UK, 2015.
③ 周冰.论西班牙体育崛起对我国竞技体育发展的启示[J].南京体育学院学报(社会科学版),2011(6):43~45.
④ 李卫东.欧美青少年体育组织管理特征与发展趋势研究[J].体育文化导刊,2013(6):19~22.

设和坚持竞赛选拔的理念①,为西班牙足球后备人才的涌现提供了重要保障。

以举世闻名的巴塞罗那"拉玛西亚"青训营为例。一是选材以本土球员为先。巴塞罗那因引入马拉多纳、克鲁伊夫等世界级球星而大获成功后,相当重视开拓国际市场,但在青训体系中却始终坚持民族性和地域性的指导思想。在拉玛西亚的各个年龄级别梯队中,绝大多数队员都是加泰罗尼亚本地区的儿童和青少年。同样的情况也体现在教练组的人员构成上,其12个梯队和二队的主教练和第一、第二助理教练都是加泰罗尼亚人,而他们几乎全部都有在拉玛西亚或巴塞罗那踢球的经历②。二是把文化教育放在首位。"踢好球、读好书、做好人"是拉玛西亚青训营鲜明的育人哲学,小球员们必须和普通中学生一样要完成全日制中学课程,在进行科学、文学、外语和数学四门主要课程外,还要辅修声乐、绘画、演讲等艺术课程。足球训练是在每天下午放学后进行,且一周大约只进行7个小时③。这种单轨制后备人才培养机制,将价值观教育、文化教育和科学训练有机结合④,使得青训营球员从小就接受了完整的文化教育和正规训练,这无疑可以打消球员家长对孩子未来发展的担忧。三是建立严格的教练员培养和考核制度。鉴于教练员是球员和球队发展的重要影响因素,西班牙足协要求青训营教练员上岗前必须取得国家足协或欧足联对应级别和种类的教练资格证书。而拉玛西亚青训营在这种难度很高的资质获取基础上,还对教练员是否熟知俱乐部的各种规则、目标、传统以及能否灵活运用和完善拉玛西亚的训练经验与方法进行严格考核,以确保教练员对各阶段小球员"教育"的一贯性。四是强调竞赛参与度。西班牙青少年运动员竞赛体系相对完善,每年都会举办不同年龄段的比赛。其中,西班牙足协负责监督和保障,社区和各家俱乐部负责具体实施,比赛多在假期举行,以最大化地利用足球竞赛提高青少年参与足球运动的兴趣。拉玛西亚青训营则高度重视竞赛对青少年球员的锻炼和选拔作用,认为优秀球员的技能只有在比赛中才能得到全面提升⑤。同时,明文规定青训营队员在整个赛季的出场时间不能少于全部比赛分钟数的40%,以通过持续的竞赛表

---

① 彭玉娟,蒋志红.西班牙竞技体育后备人才培养特点分析[J].体育科研,2016(6):53～56.
② 华金·盖林,沙培培.教育·体育·人文:西班牙"拉马西亚模式"的启示[J].首都体育学院学报,2012(5):415～421.
③ 张宏俊.西班牙"拉玛西亚"足球青训培养体系解析[J].浙江体育科学,2014(1):31～34+40.
④ 王莹.中国与西班牙青少年足球培训体系的比较分析[J].吉林体育学院学报,2016(6):38～41+95.
⑤ 程公,王珏清.对2012年欧洲杯西班牙等八强球队技战术指标分析暨研判世界足球发展第四次革命[J].沈阳体育学院学报,2012(5):85～88.

现帮助教练组对小球员进行评定和选拔。

第三节　德国足球影响力的考察与分析

德国能够跻身世界体育强国之列,与其社会"一切为大众"的政策导向有关,更与德国足球在国际体坛赢得的成绩和对国内体育发展的带动辐射作用紧密相连。德国足球每每在世界舞台上出场,总能给世人留下强韧、严谨的民族印象,足球强国已然成为德国在国际社会中的一张闪耀名片。

一、足球运动对德意志民族精神的重构与彰显

德意志的民族思想和民族特性在19世纪前就已经产生,但受其特殊的历史发展影响,德意志民族思想中混杂了狭隘的德意志民族至上主义、种族主义、反犹思想以及崇尚权力和专制等因素。这种因素在德意志帝国实现统一后进一步发展,统治阶级开始推动大德意志主义、民族沙文主义、强权主义等情绪,致使德国人的优越感、对强权和武力的崇拜达到了前所未有的高度[1]。虽然不能够以偏概全地否定德意志民族思想,但正像"纳粹主义"给世界带来的战争灾难一样,德意志民族的确应该自省和重构。在经历两次世界大战的冲击和长达半个世纪的分裂之后,德国的迅速崛起让世人对德意志民族刮目相看。德意志民族精神中的顽强精进、严谨有序、智慧深沉等品格被看作是德国崛起的动力源泉,而足球恰恰为这种品格提供了最理想的展示媒介。

每一个足球强国都展现出独特的足球文化风格,这种文化风格与其特有的民族精神或地域文化相得益彰[2]。1954年世界杯上,并不是夺冠热门的联邦德国队一路杀进决赛。在开赛8分钟就被匈牙利队连入两球的情况下,凭借顽强的意志扳平比分,直至第84分钟反超,上演了世界杯历史上最经典的史诗级逆转,被称为"伯尔尼奇迹"。德国队不但历史性地拿到了第一个世界杯冠军,还打破了匈牙利队自1950年以来保持的不败纪录。这场胜利为饱受政治和民生苦难的德国民众带来强大的精神力量[3],极大地推动了其国际形象重构和民族形

---

[1] 黄正柏.德意志民族思想文化与纳粹主义的兴起[J].历史教学问题,1998(5):12～18.
[2] 赵伟.21世纪德国足球改革之路[J].辽宁体育科技,2014(6):73～76.
[3] 俞宏光.德国足球发展研究[J].体育文化导刊,2013(1):144～148.

象重生①。对于德国人而言,足球已超越体育运动本身,演变为社会文化精髓的寄托,它与德意志民族服从纪律、团结协作、讲究秩序的民族品格相一致,成为德意志民族文化认同的重要方式②。德国人视足球为神圣的宗教,把球星穿过的运动服视为宗教的袈裟,被称为圣物③。托马斯·霍尔基认为,足球运动为德国提供了传统纪律方式的替代方案,并通过教育逐渐融入城市文化,进而提高人们的现代城市生活质量④。

二、足球产业对体育产业发展的助推

(一) 宏观支持与权责分明的足球管理体制为足球产业发展奠定基础

"伯尔尼奇迹"对战后德国的重振作用使足球发展与德国社会发展间形成了血肉相连的共生关系。德国政府开始有意识地发掘足球运动所蕴藏的社会服务功能,并用高度的责任意识及其现代化思维构建足球发展体系。德国政府通过不断积极申办世界杯、欧锦赛等国际大赛来增强足球在社会民众中的感知力和凝聚力;通过科学定位各级政府、单项体育协会、体育联合会、职业俱乐部等多主体角色,形成严谨的组织架构来保障足球运动推广。可以说,国家层面的高度重视和权责分明的体制机制建设,是足球产业蓬勃发展的强力助推剂。

从赋权角度看,德国体育发展完全是社会行为,国家法律并没有赋予相关政府组织来行使体育发展的权利,主要来自民间注册的各运动协会和体育俱乐部承担起德国体育的发展⑤。因此,在足球运动的推进过程中,联邦政府主要对足球训练基地、足球教练员培养和校园足球发展等工作予以资金支持,而各级政府会根据州宪法对校园足球、大众足球和职业足球进行建设与支持。除各级政府的宏观支持外,德国足协与职业足球联盟建立了双轨制协同管理模式,对职业足球运营工作实施管理,两家管理机构对职业足球发展有明确的职能分工,并在一定程度上形成权力制衡。其中,足协的主要工作是研判足球发展趋势,制定德国足球发展规划,推动足球发展的法治力量,强化职业足球俱乐部的财务健康与审

---

① 浦义俊,戴福祥,江长东.德国足球甲级联赛的历史演进与支持系统分析[J].成都体育学院学报,2016(3):66~72.
② 彭国强,舒盛芳.德国足球成功崛起的因素及启示[J].体育学刊,2015(5):40~44.
③ Alan Tomlinson, Christopher Young. German football: history, culture, society [M]. Routledge, 2006:3.
④ 托马斯·霍尔基.德国的体育与媒介:德国足球与体育媒介的里程碑和基本事实(英文)[J].成都体育学院学报,2016(2):1~7.
⑤ 马阳,马库斯·库切特.德国足球治理及其启示[J].体育学刊,2018(1):61~67.

计;而2001年成立的德国足球联盟的工作相对处于中观和微观层面,负责赛事运营与安排、赛事的公共关系处理、赛事市场营销与赛事的可持续发展等内容。由此看出,德国分管职业足球的两大部门权限划分较为明显,合作运营的理念较强,同时相互监督,避免了权力过于集中而导致的不透明和暗箱操作行为[①]。

(二) 科学严谨的足球产业政策为体育产业发展提供环境支持

德国是一个政治体制十分严谨的国家,政治经济发展讲求从负面清单中找到解决问题的方式,并对可能出现的问题实施纠偏,从而能够尽早避免一些问题的产生。尤其对经济发展的短视行为、社会不均衡、税收政策调节等容易引发社会冲突的行为实现尽早规制[②]。在这样的政治和经济环境中,德国足球管理部门在制定和实施足球产业发展政策时,并不过于推崇市场化的发展策略,转而讲求长效健康的发展模式。尽管相关政策会影响实现足球产业经济效益的最大化,但德国足球产业均衡的规制政策在避免带来产业风险的同时,也给体育产业提供了可持续发展的动力。

(1) 联赛注册准入制度。2000年,德国足协推出了针对德甲、德乙两个级别联赛的"注册准入"制度,职业足球联盟负责注册准入的审核工作。注册准入制度具体包括财务标准、体育、法律、个人、行政、基础设施和安全要求,其中财务标准是审核的核心内容。德国足协实行的注册准入标准非常苛刻,以约束职业足球俱乐部经常出现的负债经营模式[③]。因此,德甲俱乐部均恪守"50%红线",即俱乐部在球员薪资和转会费上的花销必须控制在俱乐部收入的50%以内。尽管这样的限制会削弱德国足球俱乐部在球员市场上的竞争力,但以财务安全来维护联赛的稳定和可持续发展非常值得借鉴。

(2) 俱乐部所有权制衡政策。20世纪,德国的体育俱乐部一般都是采用会员的注册缴费来维持俱乐部运营的,体育俱乐部也大多是非营利性质的。但随着职业化的推进,职业球员的开支和俱乐部运营费用大大增加,俱乐部如果没有商业化的运营,就会遭遇破产风险。因此德国足协在政府支持下,加快了职业俱乐部的企业化改革,乙级及以上俱乐部进行改制,通过法律规定职业足球俱乐部

---

① 浦义俊,戴福祥,江长东.德国足球甲级联赛的历史演进与支持系统分析[J].成都体育学院学报,2016(3):66~72.
② 杨铄,郑芳,丛湖平.欧洲国家职业足球产业政策研究——以英国、德国、西班牙、意大利为例[J].体育科学,2014(5):75~88.
③ 赵军.德国职业足球发展研究[J].河北体育学院学报,2014(1):61~64.

股份中的51％股权必须由会员掌握,让会员成为俱乐部决策的主体,任何商业决策必须由会员投票通过方可实施。这种模式体现了"以球迷为中心、注重草根与基层"共同参与的管理理念[1],起到了吸引球迷,保证俱乐部健康运营的发展目标[2]。

(3) 转播权销售和收益分配政策。有资料表明,足球是德国收视的网红,排在所有体育项目的前列[3],通常来说,德国全年足球转播的时长会占到全年所有体育项目转播时长的三分之一。一个明显的对比是,北京奥运会和当年的欧洲杯赛同时举行,但观看欧洲杯赛的观众是观看北京奥运会观众的4倍之多[4]。在高收视率的刺激下,俱乐部对电视转播权益的分配方式非常看重。然而,究竟是平均分配还是按照成绩分配一直存在争端。自2000年以来,已有三种不同的转播权收益分配方式引入德国,但始终难以得到一致性认同。为了维护德国足球的整体利益和联赛的稳定性,德国政府与德国足协共同协商确定了更注重分配合理性的集体转播谈判模式,采取国内和国外分开、平均分配和按出成绩分配相结合的办法,实现了有效激励[5]。

(4) 德国国家队与职业俱乐部的政策协同。提高国家队的竞技能力和水平是德国足协和德国所有俱乐部的共同愿景,因此,足协、联盟和俱乐部制定了一系列规划和措施,核心是通过联赛培养本国的后备人才,同时防止联赛的过度商业化,并以优异的国家队成绩来吸引更多的青少年参与足球训练,对俱乐部形成反哺效应[6]。正是由于大量队员出自本国,加之德国国家队成绩始终处在国际的前列,德甲的球迷忠诚度都十分高,也给联赛带来了巨大的收入。2016年度德国足球甲级联赛创造了赛季26.2亿欧元的营业收入,连续11年创新高;德乙联赛收入也逐年递增,是世界范围内最成功的乙级联赛[7]。

三、青少年足球发展体系对竞技体育后备人才的支持

如果将高水平的职业足球联赛比作足球强国的"金字招牌",那扎实的青少

---

[1] 彭国强,舒盛芳.德国足球崛起的历程及特征[J].成都体育学院学报,2015(1):92～98.
[2] 王勤海,李帅.德国职业足球"50+1"政策探析及对我国的启示[J].河北体育学院学报,2017(1):18～22.
[3] Thomas Adam. The intercultural transfer of football: the contexts of Germany and Argentina [J]. Sport in Society,2017(10):1371～1389.
[4] 马阳.德国电视媒体促进德国足球发展的举措及其启示[J].体育学刊,2012(6):74～78.
[5] 赵军.德国职业足球发展研究[J].河北体育学院学报,2014(1):61～64.
[6] 俞宏光.德国足球发展研究[J].体育文化导刊,2013(1):144～148.
[7] 刘斌,杨成伟,李梓嘉.基于政策执行视角的德国足球发展审视及启示[J].沈阳体育学院学报,2017(2):12～19.

年足球发展体系则是足球强国的"看家法器"。德国足协高度重视青少年足球的人才培养,精心设计并实施了以"天才培养计划"为核心、以教练员培养和业余竞赛体系选拔为支撑的青训体系,为营造社会足球基础、培育足球文化、给国家队输送后备人才提供了坚实保障。

(1) 德国制定了"天才培养计划",依据该计划,任何球员的发展都会受到关注,任何有天赋的球员都能够脱颖而出[1]。同时,为球员提供个性化培养、实现球员的自主训练、帮助球员摆脱训练和比赛压力也是该计划实施的基本理念。以此为导向,德国足球采取了双路径的实施策略:一方面,在全国范围内成立足球训练基地和足球精英学院。每年由政府财政固定拨款1 000万欧元用于对德国境内近400个训练基地进行修缮,另追加4万欧元左右用于足球精英学院建设;另一方面,德国足协制定了相关政策,要求乙级及以上职业足球俱乐部必须要建立青训营,至少设置U19以下七支训练队伍,每支训练队伍里本国球员不得少于50%,所有职业队中本土球员数量不得少于球队建制人数,否则俱乐部不予注册,当然也不可能参赛[2]。双路径培养策略的区别主要体现在基础建设的责任主体不同,而丝毫没有影响路径之间的紧密衔接。德国足协针对3岁以上儿童,设置了"基础培养—天才促进—精英促进—职业促进"四级递进的训练和选拔机制,培养部门横跨学校、业余俱乐部、精英学院以及青训中心等,这些机构分别有针对性地负责不同年龄段的小球员,直至将其输送到职业联赛和各级别国家队中(表3-2)。

表3-2 "天才培养计划"各发展阶段一览表

阶　　段	年　龄	培　养　主　体	培　养　目　标
基础球员促进	3—10岁	幼儿园、学校、业余足球俱乐部	促进健康、激发对足球的热情
天才球员促进	11—15岁	业余足球俱乐部、训练基地、足球精英学校	注重足球基本技能和文化学习的全面发展
精英球员促进	15—18岁	足球精英学校、俱乐部青训中心	进行专门、系统的强化训练,培养技术出众、文化素养过硬的优秀球员
职业球员促进	18岁以上	德甲、德乙足球联赛	适应职业足球要求,为各级国家队输送人才

---

[1] Henk Erik Meier. Solidarity and market power in German soccer: the regulation of collective selling[J]. Football Studies, 2003(2): 24~26.
[2] 侯志涛,姚乐辉,黄竹杭.德国青少年足球培养的经验与借鉴[J].北京体育大学学报,2018(9): 104~111+145.

（2）德国足协高度重视教练员的培养工作，认为教练员是帮助运动员提高竞技能力和运动成绩的领导者与组织者，在青少年球员成长过程中至关重要。因此，将教练员的培养纳入"天才培养计划"中。在已有的"职业级—A级—B级—C级—预备培训"五级教练员等级培训体系上，进行线上线下一体化培养：一是以训练基地为依托，定期举办青少年足球教练员培训班，帮助各年龄段教练员获得符合德国足球总体发展需求的训练知识；二是建立教练员在线学习网站。通过定期更新网络内容的方式提供最新的足球训练理念和知识，同时将最新的各年龄训练计划、训练内容和训练方法进行分类整理、上传，以便于各阶段青少年足球教练员按照统一的教学大纲贯彻执行训练任务；三是以服务性邮件传递的方式向青少年足球教练员提供训练和俱乐部工作的指导信息[1]。德国足协采用的这种模式实现了跨区域协同发展的共享与优化，有效把握了青少年足球发展的整体性和方向性。此外，德国青少年足球教练员还执行轮转制度，即"三年为一段、两个小循环"的轮转方式。如美因茨俱乐部采用的是U7—U9和U10—U13的轮转、国青和国少队教练组采用的是U15—U17和U18—U20之间的轮转，教练员岗位的轮转为青少年的专家式挑选和培训创造了条件[2]。

在足协、俱乐部和学校三方共同构建的科学培养体系作用下，德国青训工作发展迅猛[3]。据相关研究统计，2016年德国拥有足球俱乐部24 958家、不同年龄段球队159 645支，其中14岁以下青少年球队有75 746支、15—18岁有15 801支[4]。毋庸置疑，完备的培养体系和庞大的青少年足球梯队建设最终服务的重点是竞技足球。因此德国足协高度重视足球竞赛对于青少年球员的检验和选拔作用[5]，建立了12级联赛体系（德甲、德乙、德丙为职业联赛，其余为业余联赛），并通过建立全国青少年球员数据库，将球员的比赛能力、心理素质、身体状态等比赛数据放入个人档案，据此实施选材工作[6]。可以说，层级合理、权责清晰、学训赛高效对接的青少年足球发展体系是德国足球竞技人才涌现的重要保障。

---

[1] 孙克诚,何志林,董众鸣.国外足球强国后备人才培养路径与启示[J].南京体育学院学报,2011(5)：108～111.
[2] 侯志涛,陈效科.中德青少年足球培养比较分析[J].体育文化导刊,2014(8)：149～152.
[3] 周建伟,陈效科.德国足球后备人才培养研究[J].体育文化导刊,2017(11)：97～101.
[4] 侯志涛,姚乐辉,黄竹杭.德国青少年足球培养的经验与借鉴[J].北京体育大学学报,2018(9)：104～111+145.
[5] 孙克诚,董众鸣.我国足球后备人才多元化培养路径现状及对策[J].上海体育学院学报,2011(3)：76～79.
[6] 李杰.从德国足球的成功经验探讨构建中国青少年足球人才的培养体系[J].中国学校体育(高等教育),2017(4)：48～52.

第四节　日本足球影响力的考察与分析

一、迅速攀升的足球竞技水平让日本的民族精神闪耀

柔道、相扑、棒球是日本的传统体育项目，其受欢迎程度和受众人数远超足球。然而，无论是独有的相扑运动，抑或是大众普遍参与的柔道和棒球运动，都很难将日本推入世界体育强国的行列。毕竟，新奇、小众的体育项目并不能真正代表一个国家的综合体育实力，至少难以获得国际体育界的普遍认同。因此，在足球运动国际影响力不断凸显的当下，日本政府开启了以足球竞技水平带动国家体育形象提升的发展模式，并在短短二十余年间就成功闯进世界强队之林。历史上日本四次获得了足球亚洲杯冠军，连续六次打进世界杯决赛圈、三次闯入世界杯16强，国家青年足球队和女子足球队在世界大赛屡次击败世界足球劲旅。

由于起步较晚，日本足球与欧洲足球强国的发展历程大相径庭，迟发展效应使得日本可以借鉴英国、西班牙、德国等足球强国的宝贵经验，为实现赶超式发展创设条件。从现代足球的发展历程看，亚洲国家普遍起步较晚，通过后发式学习而能在世界足坛占据一席之地的却凤毛麟角。日本足球崛起的速度与高度让同期步入职业化改革的中国足球相形见绌，更让"亚洲人不适合踢足球"的流言不攻自破。基于此，国内学者对日本足球的崛起展开了广泛的论证。张伟认为，特定空间和文化元素的支持是足球赖以生存和发展的根本[1]，而日本传统文化中"崇尚集体意识和组织建设"的东方家族观念和"持之以恒、全力以赴"的武士价值精神恰恰为日本球员职业精神的塑造提供了支撑[2]。李百成、郭敏认为日本足球能够如此之快地进入世界强队行列，与其民族文化中强烈的规则意识和集体主义的价值观是密不可分的，强大的执行能力以及高度的隐忍精神都推动着日本足球不断前进，也造就了日本足球广泛的社会认同[3]。

二、扎实推进的校园足球模式给日本青少年体育教育注入活力

历经百余年积淀的校园足球给日本足球的迅速崛起提供了先决要素。1873

---

[1] 张伟.中日足球后备人才培养体制的比较研究[J].安徽体育科技,2008(6):33~35.
[2] 张旭嘉,龚波.日本足球成功经验对中国足球发展的启示[J].体育文化导刊,2013(8):52~55.
[3] 李百成,郭敏.日本足球发展经验及启示[J].体育文化导刊,2018(6):94~98+124.

年由英国海军少校道格拉斯传入日本的现代足球,正是在校园里得到传播和推广的。有文献报道,19 世纪末日本创办的高等商业学校就有了校园的足球活动,其中日本第一高校学校就通过校友会的组织举行过校友间的足球活动①。进入 20 世纪后,以早稻田大学学生运动员为班底,代表日本参加了 1928 年第九届阿姆斯特丹夏季奥运会足球比赛②。尽管在日本足球步入职业化轨道之后,校园足球所肩负的竞技使命逐渐向职业足球俱乐部转移,但完善的校园足球运行体系、完备的校园足球竞赛模式、严格的教练员培养和志愿者支持策略都为日本青少年体育教育注入了活力。

(一) 多元互动的校园足球运行体系

现阶段,日本校园足球实行三级协同管理的方式,由文部科学省和下属各地教育主管部门通过体育课、校内足球俱乐部、校内足球比赛等途径对各级学校的足球活动进行指导,各级足球协会负责校园足球人才的高水平训练,各级学校体育联盟主要负责组织地区性和全国性的校园足球联赛。在这种"政府—协会—联盟"协调配合的机制保障下,日本校园足球逐渐形成了校内普及和校外精英并行发展的两个模式③。首先,在中小学校内的课程设置上,足球与其他体育项目一样,并不具有"特殊"身份④,足球的普及工作主要依托于"部活"(体育运动俱乐部)的形式实现。"部活"以学生足球兴趣培养为主,每周活动 2—5 次,周末进行足球比赛。其次,在校外提高方面,日本足协建立"训练中心制度"和"足球学院"与当地中小学校进行教体结合,在保证学生接受正常教学基础上,为学生提供系统性足球训练。同时,由社会团体组建的社会足球俱乐部通过"走训制"对各年龄段小球员进行技战术训练,以提高青少年的足球运动能力。

(二) 全面覆盖的校园足球竞赛模式

在职业化改革之前,日本校园足球联赛早已建立了完备的竞赛模式。日本校园足球竞赛以年度为周期,由日本足球协会单独或协同各级学校体育联盟(足

---

① 山本英作,後藤光将.坪井玄道によるアソシエーションフットボールの日本的解釈:『戸外遊戯法』及び『改正戸外遊戯法』における記述の比較検討から[J].スポーツ史研究,2003(16):19~29.
② 郭振,乔凤杰,李声民.日本大学足球发展历程及其启示[J].体育学刊,2017(1):121~127.
③ 王长琦.论日本校园足球成功运作范式及其对中国的启示[J].南京体育学院学报(社会科学版),2017(5):86~89.
④ 刘同记,叶颜.日本 U15 足球运动员培养机制研究[J].体育与科学,2012(1):65~69.

球联盟)针对小学、中学、高中、大学层级的男女学生设置了多达 30 种的比赛活动①。每年有来自全国 2 万多所中小学校的数十万青少年球员参与其中,每个青少年球员年平均比赛场次可以达到 50 场以上,体现类型多样、覆盖面广、衔接合理的特点②。以创办了 97 年的日本高中足球联赛为例,参赛队先按照都、道、府、县的划分方式进行分区预选赛,再由各地区冠军队角逐锦标赛冠军。鉴于高中球队的地域属性,每年参赛的 4 000 多支高中球队都会受到当地人的极大关注,全国有 40 多家电视台进行赛事转播,比赛单场上座率可以达到 5 万多人。此外,高中足球联赛的决赛一般会选择在日本的成人节举办,这既是对青春的洗礼,更是热血的派对,而充满仪式感的足球比赛让日本校园足球成为职业足球联赛无法取代的"专属物",正如日本体育用品店内可以不售卖职业球队的纪念品,但一定会有当地中学球队的球衣或围巾。辐射全国的多层级校园足球联赛为日本足球培养了大量的天才球员,本田圭佑、冈崎慎司、大迫勇也等著名日本足球运动员正是在校园足球联赛的洗礼中脱颖而出的。

(三) 良性运行的教练员培养体系

如果将校内外结合的训练体系看作是校园足球的发展基础,将地区性和全国性的足球竞赛看作是发展纽带,那么高质量的教练员培养体系则为两者提供根本性保障。日本足球教练员自诞生社会属性功能后,逐步构建了科学合理的培养机制、高效有序的管理体系③。首先,细化教练员等级认证制度。2004 年,日本足协将原有的 S、A、B、C 四个教练员等级细化为 S、A、B、C、D 五个等级,并新增了 4 岁以下幼儿足球教练员的资格认定。由低到高、逐层递进的一体化等级认证制度对报考资格、选拔方式、培训费用及内容、考核标准及内容进行了明确规定,要求教练员在重点掌握足球技战术理论与实践指导技能的同时,必须懂得社会学、心理学、管理学等相关知识,以形成符合青少年身心发展特征的教练员等级框架体系。其次,实施周期化培训。日本足球教练员的培训以一年为一个大周期,再针对不同等级教练员安排前、中、后期的小周期培训。培训的主要

---

① 孙一,饶刚,李春雷,梁永桥,林梦龙.日本校园足球:发展与启示[J].上海体育学院学报,2017(1):68~76.
② 谭刚.日本青少年足球发展策略对中国足球发展的启示[J].南京体育学院学报(社会科学版),2012(1):114~121.
③ 张明,孙科,李改,张振强.日本足球教练员培养经验及启示[J].体育文化导刊,2018(12):71~75.

目的是规范教练员的训练专业化水平,动态调整教练员的足球技战术理念和运动理论。为了确保周期化培训的稳定开展,日本足协采取积分制考核的办法来督促教练员持续学习。2016年统计数据显示,日本足协认证的各级教练员已达77 722人(S级427人,A级1 496人,B级4 251人,C级28 658人,D级42 890人),其中只针对青少年进行指导的B级及以下教练员占总数的97.53%[①]。可见,日本校园足球教练员的培养体系与规模已步入良性发展阶段。

(四)灵活多样的志愿者支持策略

日本校园足球的首要功能是在中小学生中普及足球运动,"部活"是其主要依托的形式。鉴于学校固有师资难以满足庞大学生群体需要的实际情况,日本中小学校的"部活"多以校内外合作管理的模式展开,即由获得足协资格认证的教练员和校外志愿者进行共同管理。其中,校外志愿者主要包括学生家长、毕业校友或学校周围社区的公益体育指导员等,他们大都与学校签订了聘用协议,但并不获取酬劳,属于义务兼职人员。以学生家长为例,日本中小学校十分欢迎学生家长参与学生的课外体育活动,有意聘用一些有足球运动经验的家长参与指导,进而提高学生的运动热情和营造良好的训练氛围。此外,大学足球运动员也是校外志愿者的重要来源。他们利用课余时间定期到邻近的中小学校进行义务指导,在缓解学校足球教练员繁重训练负担的同时,也有利于自身技能和足球素养的提高[②]。

三、科学高效的组织管理能力为日本足球产业发展保驾护航

探讨日本足球,源自人种、地域、文化等诸多要素与我国的相亲相近,更源自同步实施足球职业化发展的当代轨迹。日本足球的成功如同一面放大镜,将中国足球的"长治久衰"映射得"体无完肤"。国情不同、体制不同、社会环境不同都不应成为中国足球在职业化发展20余年后不进反退的搪塞之由,毕竟日本在校园足球蓬勃发展、职业联赛稳步推进、国家队成绩稳居世界前列的背后,有着诸多我国急需汲取的宝贵经验,包括足协高屋建瓴的宏观规划、足协与职业足球联盟通力合作的中观统筹、各类足球组织协调配合的微观执行等。

---

① 孙一,饶刚,李春雷,梁永桥,林梦龙.日本校园足球:发展与启示[J].上海体育学院学报,2017(1):68~76.
② 徐金山,陈效科.对日本青少年足球发展进程的研究[J].中国体育科技,2002(5):15~18.

日本足球联赛开始于1965年,但受业余性质的影响,足球运动水平整体呈下降趋势,同时观众人数减少、足球运动员薪水和社会地位不高等问题逐渐显现。为了扭转这一局面,日本足协决定借鉴西方足球强国的发展经验,走职业化发展道路。然而,这一过程并不是一蹴而就的,从1989年宣布成立职业联赛到1993年的正式开赛,日本足球用了四年多的时间来商讨、筹备和构建职业化发展框架,期间职业联赛检讨委员会和职业足球联盟便已成立。反观这一历程不难发现,日本足协在职业联赛规划中体现出了较高的严谨性、客观性和可持续性等特征,在足球职业化进程中起到了定海神针的作用[①]。

钟文正认为日本足球成功的根本原因在于:"承袭对外来文化兼收并蓄的历史传统,善于全面、多层吸收西方足球文化营养及重视异质文化的本土改造和创新等。"[②]这一观点在日本职业足球发展过程中表现得尤为突出:一是对组织管理理念的继承与改造。日本足协在职业联赛开始之初就借鉴性地成立了职业足球联盟,以现代化公司的形式全权管理职业足球事务。但与欧洲职业足球联盟追求经济利益最大化的理念不同,日本职业足球联盟的法人性质是公益社团法人,其目的是丰富民众社会生活和提升地域影响力,强调构建职业足球的社会服务属性[③]。二是对职业足球俱乐部组织行为的继承与改造。一方面,职业足球俱乐部与西方国家一样,按照市场经济规律来经营运作;另一方面,日本足协又规定职业足球俱乐部不是企业所有,也不是企业公关宣传的工具,而是专门从事足球运动、以服务球迷为主体的组织[④]。为此,日本J联赛创造了独具特色的发展模式——"地域密着"。所谓"地域密着"就是在职业足球发展过程中,逐步融入当地元素,最终实现与当地社会经济文化融合发展的过程[⑤]。社区是"地域"的主要指向,日本足协要求职业足球俱乐部所在地区必须均衡发展,不能集中在大城市,并且要进入社区。同时,职业足球俱乐部必须向社区提供体育场地、体育教练员以及足球培训,参与社区体育活动,促进当地体育发展,以赢得社区的认同和地方政府的支持。

---

① 乔媛媛,汤夏,蒋宁,王晓晨.日本足球"明治维新"历程、特征及启示[J].广州体育学院学报,2018(2):43~47.
② 钟文正.日本足球职业化改革成功的文化学剖析——兼论对中国足球职业化改革的启示[J].首都体育学院学报,2010(3):9~12+24.
③ 李云广,张廷安.日本职业足球发展战略[J].北京体育大学学报,2015(1):132~136+144.
④ 杜丛新.日本职业足球发展及对中国的启示[J].武汉体育学院学报,2013(2):77~80+97.
⑤ 陈文倩.日本职业足球地域化研究[J].体育文化导刊,2017(5):143~146.

综上所述，为了实现足球竞技水平提升和足球产业稳步发展，日本足协在赋予职业足球联盟管理权力的同时，实施了职业足球俱乐部组织化发展的创新举措。作为一级组织，职业足球俱乐部成为当地居民的代表和类似一种会员制的延续。而这种"代表"和"延续"不断推动职业足球联赛的发展，令日本J联赛声名鹊起[①]，并最终帮助职业足球俱乐部在电视转播、市场推广和球员转会中获得利益。John Horne等学者的研究显示，日本职业足球由单纯地追求产业和国家成功转向服务社区的理念，使得职业联赛和职业足球俱乐部获得了更广泛的公共支持，而这种自上而下推动职业足球"地域密着"的政策反映了日本组织文化中的"友好的专制主义"（Friendly Authoritarianism）[②]。可以说，日本足球组织科学高效的管理能力使其影响力不断扩大，而足球组织社会影响力的提升恰恰反哺了日本足球产业的可持续发展。

通过纵向梳理和横向比较可以发现，对于英国、西班牙、德国和日本等世界体育强国而言，足球都因其深沉的政治宗教底蕴、鲜明的民族主义色彩、成熟的青训体系和政策管理制度，而逐渐演变为国家体育的标签和旗帜。一是从发展足球运动产生的效应角度看，足球成为辨识地区、民族和国家界限的标识。英国人通过支持本地区足球队来提升社会凝聚力和强化民众情感联系；在西班牙，足球运动逐渐演化成为一种仪式化的公共领域，彰显着不同民族的文化特性；德国和日本则通过足球运动的强盛来向世人展示本民族特有的精神内涵。二是青少年足球发展为学校体育教育注入活力。双轨制发展的英国社区足球和足球学院、西班牙享誉世界的"拉玛西亚"青训营、学训赛有机结合的德国校园足球、拥有百年发展史的日本校园足球都奉行"教育先行"的理念——将足球看作一种教育的手段而非教育的目的，真正体现了足球运动对增进青少年健康和运动习惯养成的功能价值。三是足球运动助力国家体育产业发展。在"眼球"经济时代，足球运动庞大的受众群体使其成为英国、西班牙、德国、日本等国家重点实施职业化发展的体育项目。英超联赛作为世界第一大联赛，每年创造着数十亿欧元的盈利额；西甲联赛因拥有皇家马德里和巴塞罗那等豪门俱乐部而吸引了数以万计的球迷，为西班牙GDP做出了卓越的贡献，同时提供了近20万个工作岗

---

① 杜丛新.日本职业足球发展及对中国的启示[J].武汉体育学院学报,2013(2)：77～80+97.
② John Horne, Wolfram Manzenreiter. Football, komyuniti and the Japanese ideological soccer apparatus[J]. Soccer & Society, 2008(9)：359～376.

位;虽与英超和西甲惊人的收入业绩不同,有效规避各种风险而稳步发展的特点使德甲联赛成为足球职业化运营的又一典范;日本推行的"地域密着"政策则演示了如何深入社区以吸引地区政府、当地企业和居民支持的运营理念,而多元化资本注入有效规避了单一财团经营职业足球俱乐部所可能面临的市场金融风险,使得体育产业发展稳步提升。

从足球运动发展对国家体育促进的演进路径看,组织制度化建设和组织社会责任承担着决定性作用。在组织机构设置方面,足协和职业足球联盟是英国、西班牙、德国、日本四国足球管理的核心组织,前者主要负责国家足球整体事务的管理和运营,后者则专门管理职业足球事务,两者分工明确、权责清晰、相互协作、共同发展。在组织管理效能方面,英国的电视转播权出售政策和精英球员培养计划、西班牙的平衡俱乐部收益政策、德国鲜明的管制资本主义和天才培养计划、日本的"地域密着"政策均说明足球组织对足球运动客观发展规律的把握能力,以及各级组织机构自上而下的贯彻与执行能力。实践证明,政策的有效性与执行度之间存在因果关联,数量庞杂且宽泛的政策会导致执行的偏差与低效,而指导思想明确且措施得当的政策会保障相关工作高效推进。在组织影响力提升方面,基于社会治理责任的影响,足球组织逐渐融入人们的社会生活,成为一种精神寄托和文化延续。正如英超联盟将教育、体育、社会融入、文化整合、家庭、健康、慈善等七个方面的核心内容纳入社会责任内容框架的做法,以及日本足协推行的"地域密着"政策,使足球组织超越其运动范畴而发挥着青少年教育、社区建设和群众体育锻炼促进的社会功能。

简言之,足球运动水平的高低并不能直接映射出一个国家整体体育实力的强弱,但在足球竞技层面之外,英国、西班牙、德国、日本等足球强国揭示了足球运动对民族和国家身份认同的承载、对体育国际影响力的提升、对体育锻炼参与的推动、对体育后备人才培养的规范、对体育政策法规的完善等诸多维度的促进作用,值得借鉴和深思。在全球视野下,足球运动虽然受到不同国家、民族和不同历史阶段的影响,但足球的本质与内涵和一个国家或民族发展的生态是紧密融合在一起的,其中足球运动所体现的集体性、智慧性、文化性与创造性往往就是一个国家或民族发展的生态价值观,从根本影响上说,这就是足球发展过程中,通过强化足球组织建设和造就足球价值社会认同的发展路径,是影响体育强国形成的逻辑规律。

第四章
足球发展与体育强国关系的辩证思考与假设推理

——一个基于足球组织发展和足球身份认同为中介效应模型构建的提出

"一项运动与一个国家体育发展",当谈论两者的交互作用时,不免会陷入从属关系的逻辑挣扎之中,似乎一项运动很难承载一个国家之重。但基于上一章节的引证可见,足球运动虽受到不同国家、民族与不同历史阶段的影响,但足球的本质与内涵和一个国家或民族发展的生态是紧密融合在一起的,其中足球运动所体现的集体性、智慧性、文化性与创造性往往就是一个国家或民族发展的生态价值观,从根本影响上说,这就是足球发展与强国关系的本质关联。据此,本章将以全球化视角为参照,重点围绕我国体育强国建设与足球运动发展间的关系进行论证,并提出研究假设。

第一节 足球发展与体育强国建设的问题识别

一、我国体育强国建设面临的问题

在新时代感召下,体育强国成为中国体育助力民族伟大复兴梦实现的重要举措。我国学界普遍将提升国家影响力的竞技体育、强调体育锻炼人口规模与场地的群众体育、推动经济转型增长的体育产业以及兼具教育与文化传播功能的学校体育看作是衡量体育强国的重要维度。然而通过梳理各个维度的比较性学术成果可以发现,我国与体育强国在多个方面均存在差距与问题。

(一) 竞技体育发展的差距与问题

新中国成立初期,加快社会发展,重塑国际地位的时代要求,给体育事业发展带来了动力。特别是改革开放以来,举国体制下的竞技体育发展势头迅猛。从1984年许海峰获得第一枚奥运金牌到2008年奥运金牌总数位列第一,我国竞技体育实现了由弱到强的快速转变。然而步入全面建设体育强国的新阶段后,讲求"金牌效应"的举国体制逐渐暴露出体制运行效率的边际递减、制约市场与社会参与、多元综合功能发挥不畅等问题。在封闭的系统内,竞技体育与经济发展无涉,与社会发展和文化建设也缺少互动,特别是在充分发挥竞技教育的功能、引导和激励广大青少年广泛参与体育运动等方面存在的不足,使竞技体育应有的多元综合功能得不到充分发挥①。

较之域外,我国竞技体育发展的差异主要体现在三个方面:一是管理体制。在美国,没有设置专门化的高水平竞技体育管理部门,相关业务由美国奥委会、大学体育协会和职业联盟承担;在德国,竞技体育管理机构主要是体育俱乐部、学校、乡镇和州运动协会②。此外,重视政府与社会组织在竞技体育发展中的合作管理,已成为近年来英、美、德等国的共同举措,而我国当前的竞技体育管理体制以科层制体系层层下达指令为主,以形成对竞技体育发展的整体控制③。二是训练体制。美国采用的是学校培养方式,优秀运动员在学校中培养,学校外没有专门的训练机构。大中学校校际间竞技体育比赛频繁,几乎所有的职业运动项目在大中学校都很热门,大学有专门的竞技体育部门利用优厚条件来招募中学的优秀选手④。三是优势项目的开展与普及。王智慧经过与体育强国美国在奥运会中的优势项目比较,提出美国的游泳、篮球、田径等优势项目在国内中小学和大学中均得到较好的开展和普及,而我国的体操、跳水、举重等优势项目在学校体育和群众体育中并未得到很好的开展和普及⑤,致使竞技体育项目发展

---

① 孙健,陈效科.从教育视角审视我国青少年足球人才培养的问题及出路[J].北京体育大学学报,2018(11):110~115.
② 春潮,贾爱萍.制约我国成为竞技体育强国的瓶颈问题[J].体育与科学,2011(4):95~98+94.
③ 马德浩.英国、美国、俄罗斯竞技体育管理体制演进趋势及其启示[J].天津体育学院学报,2018(6):516~521.
④ 春潮,贾爱萍.制约我国成为竞技体育强国的瓶颈问题[J].体育与科学,2011(4):95~98+94.
⑤ 王智慧.体育强国战略背景下体育文化实力的维度解析与提升路径研究[J].体育与科学,2011(4):28~34.

很难带动青少年的参与和群众性普及。

(二) 群众体育发展的差距与问题

我国群众体育发展整体滞后,主要体现在经常参加体育锻炼人口比、人均体育场馆拥有比和体育社会组织培育等方面。调查显示,在体育锻炼人口比方面:16—25岁的英国人群中,54.7%的人每周至少参加一次30分钟以上的体育活动;25岁以上英国人群中,31.4%的人每周至少参加一次30分钟或以上的体育活动。英国40.1%的男性(16岁以上)和30.5%的女性(16岁以上)每周至少参加一次中等强度的体育活动[1]。此外,经常参加体育活动的人口比,加拿大为54%,瑞典为70%,芬兰为66%,丹麦为68%,德国为48%,法国为43%[2]。而我国大众体育锻炼参与率较低,以2014年统计数据为例,经常参加体育锻炼的人口比为33.9%,与同年美国和欧盟的49%和41%的体育参与人口比差距明显(全民健身活动状况调查公报,2014)。在平均每10万人体育场拥有比方面,我国为50.82个,德国为240个,日本为260个,瑞士为220个,芬兰为457个,韩国为100个,其间差距可见一斑[3]。在体育社会组织培育方面,德国、英国及荷兰等国家的社区体育俱乐部在群众体育活动中起着主要作用,人们在共同兴趣爱好的感召下,纷纷进入各种体育俱乐部参加体育活动,群众体育表现出极强的多样性[4]。德国政府以"俱乐部体制"为基石,构建起整个德国大众体育社会组织的网络。截至2017年底,德国登记在册的体育俱乐部共89 594家,德国人口中有2 764万人都是体育俱乐部成员,超过了总人口的三分之一;伦敦奥运会后,英国政府以体育赛事为突破口培育发展体育社会组织,形成了"赛事引领+支持社区"的发展模式;澳大利亚通过"政社合作+资格评估"的模式构建起了政府与体育社会组织的合作伙伴关系[5]。目前,我国虽开始重视体育社会组织在推进政府职能转变中的作用,但体育管理部门在体育社会组织的管理理念与创新社会治理要求上,仍存在转理念、调模式、定角色等一系列亟待解决的问题。

---

[1] 马肇国,刘晓蕾.英、美、日三国居民体育消费现状及对我国的启示[J].南京体育学院学报(社会科学版),2017(3):46~51.
[2] 党挺.发达国家体育产业发展的扩散效应及启示[J].上海体育学院学报,2017(3):17~22+34.
[3] 王智慧.体育强国战略背景下体育文化实力的维度解析与提升路径研究[J].体育与科学,2011(4):28~34.
[4] 张虹.德国、英国、荷兰群众体育发展比较研究[J].山东体育科技,2017(1):85~88.
[5] 叶小瑜,李海.德、澳、英三国政府培育体育社会组织的特征及启示[J].体育文化导刊,2018(9):33~37.

(三) 体育产业的差距与问题

面对新时代发展需要,体育产业已经成为社会经济转型升级的新动能。在政策利好的当下,体育产业必须找准自身定位,把握需求与差距,从而形成可持续发展。在现有研究中,我国学者重点围绕体育产业结构、体育消费、财税政策、产业外部环境等方面的问题展开论述。一是体育产业结构上的差距。近年来,我国体育产业作为经济转型的重要推动力量,呈现出稳步增长态势。2018 年,全国体育产业总规模(总产出)为 26 579 亿元,增加值为 10 078 亿元,体育产业增加值占国内生产总值的比重达到 1.1%,提前实现体育发展"十三五"规划中确定的到 2020 年体育产业增加值占国内生产总值比重 1%的目标。但与体育发达国家的横向比较而言,我国体育产业增加值在国民经济中的比重仍不高,体育产业结构性升级仍有较大的空间。二是体育消费上的差距。马肇国、刘晓蕾对英国、美国、日本三个发达国家的居民体育消费现状进行调查发现,三国居民体育消费支出项目以非物质型为主,英国对于非物质型的体育消费支出占据"半壁江山",美国重视参与型的体育消费支出、注重居民参与休闲型的体育运动项目消费,日本民众体育消费更注重体育课程和教育娱乐费用的支出,这与我国年人均消费水平低且以"实物型消费"为主形成鲜明反差[①]。党挺认为市场消费人口的数量决定体育市场的规模[②]。2014 年全民健身活动状况调查显示,在我国 20 岁及以上人群中,有 39.9%的人有过体育消费,全年人均消费 926 元,与美国、加拿大以及欧盟国家差距较大。三是财税政策上的差距。余守文、王经纬通过中美两国体育产业财税政策比较发现,美国体育财税支出规划大多先行于财税收入,尤其是美国政府发行的政府债券筹集的资金和体育彩票所筹集的资金,通常在收入前即确定了未来的支出方向[③]。我国的体育财税政策相对匮乏,体育产业财税支出很大程度上依赖国家和地方的统一税收,但在体育财税收入前,并未明确哪些收入可以直接投入体育产业。四是体育产业发展外部环境上的差距。在政治环境方面,从职业体育到群众体育,美国具有完备的体育产业政策体系和体育管理体制,而我国普遍存在政府职能不清、权责不明、相关法律法规不健全等问题;在经济环境方面,受经济总量和人均 GDP 间差距影响,我国政府提供公

---

① 马肇国,刘晓蕾.英、美、日三国居民体育消费现状及对我国的启示[J].南京体育学院学报(社会科学版),2017(3):46~51.
② 党挺.国外体育产业融合发展分析及启示[J].体育文化导刊,2017(3):127~131.
③ 余守文,王经纬.中、美两国体育产业财税政策比较研究[J].体育科学,2017(10):80~89.

共产品和服务的水平仍存较大差距;在社会环境方面,我国人口增长率和居民体育消费率明显低于美国;在科技环境方面,以科技为支撑的体育产品和服务供给明显不足①。

(四) 学校体育发展的差距与问题

通过重点检索学校体育的比较性研究发现,体育发达国家在课程体系、课程内容、体育竞赛和课外体育活动等方面展现出诸多独特性。一是课程体系。美国学校体育课程目标、内容、物理空间、社会空间均呈现出开放的特性。此外,立体的社会体育网络,如家委会统筹的课外体育兴趣班、体育教育公司提供的社区体育兴趣班、产业化发展的专业体育俱乐部、随处可见的公共体育场地与设施等都为美国学校体育的发展提供了重要保障②。反观我国的学校体育,尽管"学校、家庭、社区体育一体化发展"的理念提出已久,但在物理空间上仍处于相互隔离的状态,"达标"依然是学校体育课程的主要任务。二是课程内容。英国和日本的课程标准更注重从系统论的视角,依据学生的动作发展规律和心理发展规律对基础教育运动技能课程内容进行整体安排,明确规定了各学段运动技能课程内容的学习范围和顺序,上下学段之间的运动技能课程内容层次分明、衔接有序。而我国基础体育运动技能课程内容仍然存在低水平重复的现象③。三是体育竞赛。美国高校三大球竞赛体系秉承业余主义原则,把体育运动竞赛纳入学校教育之中,走社会市场化道路,其健全的竞赛组织管理机构、完善的竞赛规章制度保障了美国竞技体育的可持续发展。在我国,高校三大球竞赛发展时间短,相关竞赛以教育行政调节为主导,管理机构和竞赛制度体系还不完善④。四是课外体育。英国、美国、德国课外体育活动的开展,形成了从班级到校级再到运动俱乐部的三级体系结构。同时,学校向体育产业机构购买体育服务,社区体育指导员帮助学生在社区内开展体育活动,体育产业的融入、家庭体育的氛围、社区体育的支持使美国学校课外体育活动形成了多方参与的组织管理形式⑤。在

---

① 任波,夏成前.中国体育产业竞争力与经济发展关系的理论与实证研究[J].上海体育学院学报,2016(3):23~29.
② 陈莉.美国小学体育对我国小学体育改革的启示[J].体育学刊,2018(6):112~116.
③ 殷荣宾,蔡赓,季浏.中英美日基础教育运动技能课程内容比较[J].体育学刊,2018(3):110~115.
④ 彭国强,舒盛芳.日俄体育战略嬗变的经验与启示[J].西安体育学院学报,2016(3):288~294+342.
⑤ 俞皓天,汪晓赞.中美基础教育课外体育活动的比较研究[J].武汉体育学院学报,2019(4):71~74.

日本,政府鼓励各级各类学校开展课余体育外包,以减轻学校体育教师负担,提升课余体育活动质量。而我国学校课余体育活动的体系及组织形式较为单一,"家、校、社一体化探索"仍有待深入。

综上所述,在竞技体育、群众体育、体育产业、学校体育等体育强国构成要素的几个重要维度中,我国与世界体育强国存在一定差距,具体体现在:竞技体育的管理体制与运营方式过于片面,群众体育的参与普及度与服务供给力度整体处于低位,体育产业的消费多元化与结构合理化发展趋势尚未形成,学校体育的育人功能与社会融合发展明显滞后。因此,加快健全体育法制、完善公共体育服务体系建设、推进体育健康全民意识形成、发挥体育的全面育人功能、提升国际体育话语权等工作是当前及今后一段时期体育强国建设的主要攻坚任务。

二、足球发展对体育强国建设的影响

比照我国体育强国建设所面临的突出问题和全球化视角下的足球运动发展效应,可以探寻足球发展影响我国体育强国建设的路径与发展规律。体育强国建设讲求学校体育、群众体育、竞技体育、体育产业、体育文化等多维度的全面可持续发展,但这些多维度的全面发展蕴含着组织建设的根本问题和对体育价值认同的必然诉求,如果缺乏适应体育强国建设的组织体系及其构成内容以及从思想层面上对体育的价值认同,体育强国建设永远都是纸上谈兵,而足球运动的发展恰恰可以从足球组织建设和足球价值认同上对一个国家走上体育强国有较高的具象性,对竞技体育水平提升、大众健身普及、体育文化塑造和体育产业促进等方面均产生积极影响,这种影响力的大小与足球运动发展水平的高低呈正相关[①]。可以说,足球运动的发展与体育强国建设在价值追求与目标达成上存在高度的一致性。

(一)校园足球凸显体育育人功能,为青少年体育素养提升和国家体育人才储备搭建平台

2015年出台的《中国足球改革发展总体方案》和《教育部等6部门关于加快发展青少年校园足球的实施意见》,都将加快发展青少年校园足球看作是"育人"

---

① 刘兵,郑志强.足球运动对欧洲国家体育发展的影响力分析[J].武汉体育学院学报,2019(1):6~12.

的重要手段,即通过青少年校园足球的开展,提高青少年学生的身体素质和运动技能,并以体育精神健全青少年学生人格,培养德智体全面发展的人,落实教育立德树人的根本任务[①],这与2014年刘延东副总理在全国青少年校园足球工作电视电话会议上强调的"发展校园足球第一是要实现教育'立德树人'的根本任务"相一致。青少年校园足球是体育教育的一种手段,其育人的价值要超越足球技战术学习的价值。事实上,青少年校园足球发展到一定程度,也是朝着文化、教育的功能发展[②]。

校园足球是在我国青少年体质和健康状况连续20年下滑和足球后备人才严重匮乏的背景下开展起来的[③],其育人功能必然涵盖着足球专业人才的培养。从足球强国的发展经验看,校园足球是足球后备人才培养的重要途径[④][⑤]。据相关统计数据显示,亚洲足球强国日本的青少年注册球员超过50万人,而我国青少年注册球员仅有19万多人[⑥]。因此,率先步入职业化发展轨道的中国足球,在经历多年摸索与反复试错之后,提出了增加青少年足球人口、建设以教育系统为主路径的足球后备人才发展计划。"校园足球特色学校"[⑦]"校内和校际竞赛体系"[⑧]等举措的实施,正是为掀起青少年校园足球活动高潮,推动我国足球人口增长、足球后备人才培育、国家体育软实力提升奠定坚实的基础[⑨]。

(二) 大众足球带动全民健身参与,为群众体育发展提供规模效应

衡量群众体育发展水平,常用的标准包括经常参加体育锻炼人口比、人均体育场馆拥有比和体育社会组织发展程度等方面。在与传统体育强国对比中发现,我国相关指标处于整体滞后状态。为了改变这一现状,国家将全民健身上升

---

① 王登峰.攻坚克难 开创校园足球繁荣发展新局面——在全国青少年校园足球行政管理人员和校长培训班上的讲话[J].中国学校体育,2015(4):8~10.
② 喻坚.发展青少年校园足球的真义[J].体育学刊,2016(6):93~97.
③ 梁伟,刘新民.校园足球可持续发展系统的构建与解析[J].西安体育学院学报,2015(3):380~384.
④ 梁斌.19世纪英国校园足球兴衰与启示[J].体育文化导刊,2018(5):141~146.
⑤ 李志荣,杨世东.英、德、法、日四国校园足球后备人才培养特点分析[J].体育文化导刊,2018(1):116~121.
⑥ 柳鸣毅,丁煌.基于路线图方法的我国青少年校园足球治理体系研究[J].武汉体育学院学报,2017(1):33~38+46.
⑦ 刘海元,冯爱民.对全国青少年校园足球特色学校建设若干问题的思考[J].体育学刊,2019(2):6~15.
⑧ 骆秉全,庞博.北京市校园足球竞赛体系运行现状研究[J].首都体育学院学报,2019(2):157~165.
⑨ 王建洲.体育强国视阈下青少年校园足球发展战略研究[J].广州体育学院学报,2018(5):9~11.

到战略高度来推动,"六个身边"工程、"我要上全运""我要上青奥"等一系列创新举措接踵而至。考虑到世界体育强国几乎都是足球强国的事实①,推动大众足球发展显得尤为迫切和重要。鉴于我国体育人口比例低,且区域经济发展差异大,在不可能同时发展所有运动项目的背景下,国家选择足球为突破口,不失为一种有效的手段。

在现代足球的价值体系中,足球重新复归了其自身的运动特质,人们不再执着地热衷于足球的功利化发展,而是关照生命本真的价值②。通过基础设施的不断改造、宣传理念的日益升级,让民众在现实足球运动情景中达到锻炼身体的效果。臧家利指出,大众足球运动难以达到职业足球竞赛的强度,但在足球比赛和活动中同样伴随着大量的跑动、拼抢,可以在对抗的情境中达到锻炼身体的效果,具有较好的健康价值③。近年来,"谁是球王""城市足球联赛"等业余足球赛事的举办,促使更多的人参与足球运动,形成了以足球带动全民健身发展的新格局④。此外,足球作为集体性活动,组织性、纪律性要求催生了众多业余足球俱乐部、足球团体的形成和发展。尽管足球体育社会组织在组织管理、资金支持、交流合作等方面遇到诸多瓶颈问题⑤,但基于健身需求的大众足球推广,必将提升我国群众体育发展的规模效应。

(三)职业足球承载着体育管理体制改革的重任,为我国竞技体育治理和国际影响力提升提供支撑

在体育强国评价体系中,竞技体育项目均衡发展和竞技运动水平名列世界前茅是竞技体育要素的主要衡量指标。从项目发展的均衡性讲,我国应该算是"夏季奥运强国",而不是"竞技体育强国"⑥。因为我国冬季项目整体落后,足、篮、排等集体球类项目和田径、游泳等基础项目水平依然较低,尤其是男子足球的水平远远落后于其他体育强国⑦。为全面提升我国体育的国际影响力,足球

---

① 刘波,郭振,苗争鸣.振兴足球与建设体育强国的关系[J].体育学刊,2016(4):40~44.
② 许佳.社会变迁视角下足球价值解构研究[J].广州体育学院学报,2019(2):50~53.
③ 臧家利.我国足球价值的解构与建构[J].体育与科学,2015(3):20~24.
④ 普春旺,白银龙,刘宾."谁是球王"中国足球民间争霸赛研究[J].体育文化导刊,2016(1):36~39.
⑤ 赵升,张廷安.我国城市群众足球赛组织途径及策略探讨[J].北京体育大学学报,2013(1):127~133.
⑥ 刘波.德国体育政策的演进及启示[J].上海体育学院学报,2014(1):1~7+30.
⑦ 刘波,郭振,苗争鸣.振兴足球与建设体育强国的关系[J].体育学刊,2016(4):40~44.

职业化发展成为体育改革的试验田。然而,在"为国而战"的价值导向下,职业足球却受到了"为市场而战"的严峻挑战①。只顾眼前的短期行为导致我国足球竞技水平一落千丈②,竞技体育管理体制不健全、后备人才培养机制不完善、竞技体育活动普及程度不广等问题随之受到广泛关注,中国足球职业化改革成为当前竞技体育治理的题中要义。

2016年国家体育总局发布的《竞技体育"十三五"规划》要求,在管理体制和运行机制上,要坚持改革创新,有效转变竞技体育发展方式。明确以足球改革为突破口,初步形成与我国经济社会发展相适应、符合世界竞技体育发展趋势、更加开放、更具活力的竞技体育管理体制和运行机制,进一步提高我国竞技体育的发展质量和效益。同年,国家体育总局足球运动管理中心实质性撤销,宣告着中国足球管办分离已取得阶段性成果③。刘米娜认为,管办分离是"体制组织化再造的起点",其中,"足协去行政化,回归社团法人的属性"是一个"为体育改革也为社会组织树立新的标杆"的过程④。当前,职业足球市场泡沫监管制度⑤、职业运动员转会制度⑥、职业足球俱乐部公司治理⑦等研究的逐渐深入,为我国竞技体育治理提供了重要的示范和借鉴价值。

(四) 大众足球与职业足球带动居民体育消费,为体育产业发展增添动力

2014年,国务院下发的《关于加快发展体育产业促进体育消费的若干意见》要求把体育产业作为绿色产业、朝阳产业来培育扶持,并提出了到2025年体育产业总规模要实现5万亿元的目标。在政策驱动下,我国体育产业发展势头迅猛,按照目前体育产业增加值增速计算,实现既定目标并非难事。但从世界体育强国的体育产业结构看,以竞赛表演和健身休闲为代表的服务型产业产出及增加值增长是显著标志。为此,2018年国务院办公厅发布的《关于加快发展体育

---

① 臧家利.我国足球价值的解构与建构[J].体育与科学,2015(3):20～24.
② 郑原.顶层设计——中国足球改革发展的必然选择[J].理论月刊,2011(4):107～109.
③ 张兵,仇军.管办分离后中国职业足球改革的路径选择与机制依赖[J].体育科学,2016(10):3～9.
④ 刘米娜."足球梦"与"中国梦"——《体育与科学》学术工作坊"足球改革与社会变革"论坛综述[J].体育与科学,2015(4):1～5+13.
⑤ 朱博,布特.中国职业足球市场泡沫监管制度构建[J].浙江体育科学,2018(5):7～12.
⑥ 杨献南,于振峰,李笋南.英格兰职业足球转会制度的变迁及对我国的启示[J].哈尔滨体育学院学报,2019(2):23～29.
⑦ 张新英,张瑞林.我国职业足球俱乐部公司治理研究——以广州恒大淘宝足球俱乐部股份有限公司为例[J].上海体育学院学报,2017(6):28～33.

竞赛表演产业的指导意见》提出,到2025年,体育竞赛表演产业总规模达到2万亿元,基本形成产品丰富、结构合理、基础扎实、发展均衡的体育竞赛表演产业体系。

在我国体育产业由"政府型系统"向"市场型系统"全面转变的当下,被称为"世界第十七大经济体"的足球已成为我国体育竞赛表演产业发展的重要潜力市场①。近年来,我国足球人口以及潜在消费者人群数量持续扩大,加之足球赛事投资的行政门槛不断降低②,足球赛事营销受到企业和商家的广泛关注。以中国足球超级联赛为代表的职业赛事、以"谁是球王"为代表的民间争霸赛③、以营销为目的的足球商业赛④⑤正在从多个维度和层次上构建我国足球的市场化体系。足球赛事的成功运作能够带来丰厚的市场回报,葛逸昍、李兵指出,世界杯赛事的举办不单给举办国,同时还给参赛国带来了巨大的经济收益⑥。研究发现,晋级世界杯决赛使得参赛国当年的进口额上升7.8%,当年及之后三年进口额平均上升10.5%。张震铄从全球化视角出发,提出球迷会因对球队或球员的"忠诚",而建立起固定的球迷市场;球员、教练员等人才的跨国流动,以及获得官方许可、场馆运营等可以加大社会资本的注入⑦。正如"球星卡"所蕴含的粉丝营销价值、收藏品营销价值和文化营销价值一样⑧,足球产业的发展将给我国体育产业发展提供强劲增长动力。

三、我国足球发展推动体育强国建设的现实困境

基于全球化视角的论证与我国相关文献的梳理可以确认,足球发展对体育强国建设具有显著的推动作用,但足球发展如何去推动体育强国建设,如何去找寻体育强国建设过程中的问题识别,足球发展实现体育强国建设可操作的路径

---

① 谭斌,于巍巍.从体育产业价值链分析足球协会改制对足球产业发展的影响[J].广州体育学院学报,2017(2):24~28.
② 张婷,丁文,张平.组织学习理论视域下中国足球产业升级与产权配置优化——从AC米兰、国际米兰国际并购事件说开来[J].山东体育学院学报,2018(3):31~37.
③ 普春旺,白银龙,刘宾."谁是球王"中国足球民间争霸赛研究[J].体育文化导刊,2016(1):36~39.
④ 黄文武.足球赛事营销策略及市场商机发掘[J].中国商贸,2009(19):238~239.
⑤ 浦义俊.我国足球商业赛发展分析[J].体育文化导刊,2014(5):83~86.
⑥ 葛逸昍,李兵.足球只是一场游戏吗?——基于断点回归设计研究世界杯对国际贸易的影响[J].经济评论,2019(1):91~105.
⑦ 张震铄.全球化推动足球产业化分析[J].体育文化导刊,2013(10):83~86.
⑧ 黄迎新,仝泽宇.球星卡:我国足球产业发展的"蓝海"[J].体育文化导刊,2018(8):109~113+129.

是什么,这些问题尽管能够从西班牙、德国、英国和日本的足球发展中找到组织建设和价值认同的答案,但从我国的现实状况看,足球作为我国体育关注度最高、争议最大、处境最窘迫的体育项目①,在完善足球发展和体育强国自身变量的问题时,证明足球组织建设和足球价值认同是否是足球发展影响体育强国建设的重要路径同样非常重要,如果这些结构性的问题无法解决,以足球作为三大球的代表来推动体育强国建设无异于是在空谈。

(一) 组织机构设置与职能运行的问题

中国足球协会(以下简称中国足协)是经法律授权和政府委托管理全国足球事务的非营利性社会组织,作为20世纪90年代全国首批实行协会实体化改革的单项体育运动协会,中国足协和足球运动项目管理中心长期处于"一班人马、两块牌子"的官办合一状态。既当"裁判员"又当"运动员"的机构设置和运行机制使得中国足球发展的"指挥棒"始终掌握在政府手中,而理论上具有广泛代表性与活力的中国足协并没有实质性的权力②。缺乏透明公正的监督机制,让中国足球一度丑闻频出,"假""赌""黑"等违规问题将"行政与市场"的错位、缺位、越位发展等问题暴露无遗,并在一定程度上诱发了2012年《中国足球职业联赛管办分离改革方案(试行)》的出台。然而,中国足协管办分离的改革进程极为缓慢,直至2015年《中国足球改革总体方案》正式发布,为足球发展振兴提供更好体制保障的举措才算正式提上日程。

管办分离是中国足球组织机构改革的重要一环,其目的在于确立市场主体地位、做大做强中国职业足球。在第三章节的论述中可以发现,英国、西班牙、德国等欧洲职业足球联赛的运营管理职能并非在足协,而在具有独立法人资格的民间社团组织——职业足球联盟,足协与职业联盟之间是监管与独立运行的关系。这意味着,中国足球脱掉"官办"的"马甲"之后,仍然需要对其职能运行的方式进行完善。如今,效仿五大联赛的成功经验,成立中国职业足球联盟专门管理中国职业足球事务的呼声愈发高涨,但在改革看似明朗之际,更需要冷静斟酌和细致规划,如何规避职业化改革中的急功近利、盲目借鉴而缺少研判等问题,以最小的代价和风险获取最大的成效尚待进一步研究与解决。

---

① 李中文,马剑.'筑梦足球2014'之一:人才短缺,难成大事[N].人民日报,2014-12-8.
② 张兵,仇军.管办分离后中国职业足球改革的路径选择与机制依赖[J].体育科学,2016(10):3~9.

(二) 校园足球功能定位的问题

2009年《关于开展全国青少年校园足球活动的通知》下发至今,我国校园足球工作备受学界的广泛关注。彭召方等在肯定十年间校园足球发展态势和环境日趋优化的同时,指出校园足球在可持续发展中面临的缺乏长远规划、足球教学与训练方法依然陈旧、缺乏实施效果的动态评价等新问题[①]。刘海元认为,特色学校重申报、轻建设,校内外结合的青训体系没有完全建立,优秀苗子成长通道不畅通,校园足球条件建设推进较慢和政府购买服务欠缺,人口基础不牢靠,学段差异较大等问题,都是当前急需破解的难题[②]。寻根溯源,在校园足球迅猛发展、快速普及与提高的过程中,由急功近利而导致的功能定位(抑或称为工具价值的取向)偏差是重要诱因。

我国校园体育发展的基础是什么?不同地域、不同阶段学校体育育人目标的差异是什么?中小学校可以依托的现有资源和一定时间内可发展的空间对校园足球的支撑力有多大?校园足球介入学校体育课程体系的度在哪里?这一系列问题理应成为构建校园足球顶层设计的重要依据。然而,竞技体育工具理性的"膨胀"和价值理性的"式微",让体育在寻求教育真谛的道路上迷失了方向[③]。尽管德国、日本等国家校园足球的成功一再验证足球回归教育本真的重要性,尽管《中国足球改革发展总体方案》强调校园足球发展的首位目标是发挥育人功能,但关于校园足球竞技性与教育性的争论一直存在并且很激烈[④]。当前我国青少年足球人才培养目标的单一化、孤立化加大了体育与教育的人为割裂和相互对立,校园足球集中于增加比赛活动的做法,只是增加了有限人群的身体练习机会,而忽略了"提倡什么、鼓励什么、抵制什么、摒弃什么"的内涵定位[⑤]。

(三) 职业足球规范化发展的问题

我国职业足球发展尚待完善是一个基本事实,其中不仅包括职业体育俱乐

---

① 彭召方,袁玲,国伟,范安辉,李佐惠.我国校园足球可持续发展的新问题解读[J].体育文化导刊,2017(7):19~23.
② 刘海元.我国青少年校园足球改革发展情况及对当前主要问题的思考[J].首都体育学院学报,2018(3):209~213.
③ 臧家利.我国足球价值的解构与建构[J]体育与科学,2015(3):21~24.
④ 孙科.心态·体制·形式——中国校园足球改革障碍及其突破策略访谈录[J].体育学研究,2018(1):83~94.
⑤ 龚波,陶然成,董众鸣.当前我国校园足球若干重大问题探讨[J].上海体育学院学报,2017(1):61~67.

部、职业联盟建设问题,还包括政府与市场关系尚待明确等议题。陈亚中等指出职业足球俱乐部存在地域布局缺乏规划与引导、对于本地域球员培养不足、缺乏本地域球迷为导向的文化建设、在本地域长期打造品牌的意识不足等问题①。邹月辉、张馨心指出中国足球超级联赛存在与媒体合作机制不健全、赛事转播权垄断、转播权收入分配制度缺失与俱乐部积极性不高、赛程设置不稳定、观众流失等问题②。叶金育认为现行体育产业税收优惠体系的零散、紊乱,带来了优惠制度不稳、优惠力度弱化和优惠形式单一等诸多问题③。赵毅通过分析恒大亚冠足球违约案,提出行业内对于体育赞助合同的蓄意违约行为仍然缺乏较好的规制手段④。

从国外经验看,用法治促进足球行业自治是规避职业足球发展问题的必然条件。然而,我国足球市场目前还缺乏完善的法律政策,制约了对足球产业进行及时有效调控的能力⑤。虽然2015年足球改革以来,中国足协出台了《中国足球协会球员代理人管理暂行规定》《中国足球协会职业足球俱乐部转让规定》《各级国家足球队运动员、教练员选拔与监督办法细则(试行)》等规章制度,但无论在足球市场的开放、侵权行为的规制、无形资产的保护还是法律文书的签署制作上都仍存有较大的提升空间⑥。可以说,我国职业足球的规范化发展迫切需要通过制定行业促进型法律予以保障,实现管理架构的法治化和规则建设的科学化。

(四)足球身份认同的问题

身份认同实际上回答了"我是谁,我属于哪个群体和阶层"的问题,是群体产生自我区隔、群体效应以及群体文化的基础,进而形成相伴随的情感和行为体现⑦。从英国、西班牙、德国等国家的球迷文化看,足球早已超越运动本身的健身、娱乐和竞技功能,演化成为个体情感归属、表达和升华的载体。尽管群体之

---

① 陈亚中,钟秉枢,郑晓鸿,陈文倩,王博.现阶段中国职业足球俱乐部地域化特征与问题探析[J].成都体育学院学报,2017(3):54~61.
② 邹月辉,张馨心.中国足球超级联赛转播权开发的问题与对策[J].首都体育学院学报,2018(6):520~522.
③ 叶金育.体育产业税收优惠的财税法反思[J].武汉体育学院学报,2016(3):49~55.
④ 赵毅.意大利法镜鉴下的体育赞助合同——恒大亚冠违约案引发的思考[J].体育与科学,2016(2):71~79.
⑤ 陈陆隆.我国足球产业发展面临的困境与突破研究[J].经济研究导刊,2018(1):39~40.
⑥ 赵毅.足球法:论域与问题[J].广西大学学报(哲学社会科学版),2018(4):83~89.
⑦ 金瑞静.集体身份认同视域下中英足球球迷文化的比较研究[J].体育与科学,2015(2):68~74.

中会根据认同的深度产生诸如支持者、追随者、粉丝和游荡者等不同情感表征的个体①,也会滋生出过度宣泄的"足球流氓"群体,但基于身份认同所产生的共鸣恰恰为足球发展提供了受众基础。

反观我国,足球竞赛成绩长期低迷,甚至是急转直下的现状,一次次冲击着球迷们的"心理底线"。原本在亚洲还有一席之地的中国足球,在惨败于泰国和越南之后,更是受到了亚洲同僚的蔑视。历经数十年精耕细作而建立的体育崛起之势,似乎轻易就被足球的落后所掩盖。体育所蕴含、彰显和标识的民族自豪感,因足球而显得"底气不足"。同样,最具感召力的竞技足球不振,让中国父母开始担心孩子从事足球运动没有出路,进而主动或被动地让孩子开始远离足球,至少是远离职业足球。可以说,中国球迷对足球的狂热还停留在"扬眉吐气"的情感需要层,未能通过民族精神的彰显赢得个体的价值认同。

第二节 理论基础与研究假设

一、我国足球发展与体育强国建设的关系

从事物的存在来看,事物的整体性是系统成立的基础,是规律得以存在和演进的前提。体育强国是从系统论的高度将体育作为强国的构成内容之一,具有存在和演进的发展规律,必须要进行探索。同时系统由要素组成,但不总是要素的简单集合(系统与集合的区别是,系统不仅包括要素的存在,还包括要素间的关系)。整体与部分的关系,可分为两大类,即线性关系和非线性关系。线性关系中,整体可以认为是元素的简单叠加,例如一支笔和一堆笔,后者是前者的简单集合。但是需要注意的是,线性关系只存在于假设或简化的分析中,绝对的线性关系是不存在的,相反,足球发展影响体育强国建设是处于普遍的非线性系统中的,这就存在着探索足球发展影响体育强国建设的必要性。非线性系统中,整体不仅是元素的叠加,还会因为元素间关系的改变,对外体现出不同的作用。比如,正面效果为"男女搭配,干活不累",负面效果为"三个和尚没水吃"。两个系统的区别就在于,前者系统中要素间的关系主要体现为激励的积极方面,后者系

---

① 梁斌,陈洪,李恩荆.集体认同传承与商业利润最大化矛盾下的英国足球球迷研究[J].成都体育学院学报,2014(3):17~23.

统中要素的关系体现为抑制的消极方面。

足球发展是体育强国建设的构成要素,因此探讨我国足球发展与体育强国建设的关系时,可以借鉴系统论的相关研究。现代系统论认为,人们只把握事物的整体性并不能达到把握事物系统的要求,只有把整体与部分或要素有机结合起来才能真正认识系统,其中,整体对系统的存在和发展起着决定性的作用,而部分或要素则起着基础作用①。体育强国建设作为体育助力中国梦实现的系统工程,应从全面、整体、科学的角度对中国体育事业发展进行布局与推进。然而,界定一个国家的体育强不强,很难从复杂多维的整体架构中去探寻,毕竟随着社会、经济的快速流变,体育的内涵概念与外显特征愈发多元。通过全球体育强国实践经验的梳理不难发现,体育强国的"强"往往是基于某个或某几个运动而彰显的,即通过部分体育项目或某些标志着体育发展水平的关键要素而显现,足球恰恰是其中的重要组成部分。诚然,学界尚未有学者明确提出足球发展可以助力体育强国建设的观点,但当今世界体育强国的光环中,无疑都印刻着足球的"烙印"。通过足球运动,地域、民族或国家精神得以凝聚和表达②③,足球产业成为这些国家体育产业产值增长的重要支柱④,足球成为群众体育参与的主要项目,足球组织和业余赛事遍布全国⑤;足球被当作学校教育的重要手段,用以培养青少年团结协作、英勇果敢之精神⑥。可以说,体育强国建设的整体性需要足球发展提供基础性支持。基于此,我们可以认为,足球与国家的关系是一种业已存在的自然关联,如果没有这种联系,足球便难以成为世界第一大运动,英国、德国、美国、西班牙、日本等国成为众人共识的体育强国便失去了依据。据此,本课题提出如下假设:

H1:我国足球发展对体育强国建设具有积极的正向促进作用

二、足球组织建设的中介作用

足球发展需要人们的普遍认同与参与,而组织作为人们按照一定的目的、任

---

① 常绍舜.从经典系统论到现代系统论[J].系统科学学报,2011(3):1~4.
② KUPER, SRAGA. Fútbol contra el enemigo[M]. Barcelona: Contraediciones, 2016.
③ Alan Tomlinson, Christopher Young. German football: history, culture, society [M]. Routledge, 2006:3.
④ 杨铄,郑芳,丛湖平.欧洲国家职业足球产业政策研究——以英国、德国、西班牙、意大利为例[J].体育科学,2014(5):75~88.
⑤ 叶小瑜,李海.德、澳、英三国政府培育体育社会组织的特征及启示[J].体育文化导刊,2018(9):33~37.
⑥ 符金宇.日本足球史[M].北京:新华出版社.2017.

务和形式编制起来的社会集团,是推进社会发展和实现行动目标的基本要素,因此探讨足球发展与体育强国建设间的因果关系,除了基于之前提到的身份认同变量之外,还可以从组织建设的角度进行论证。

一是足球发展是对足球运动各细分领域整体推进与提升的宏观概括。从中观角度讲,助推体育产业发展的职业足球、培育青少年人才的校园足球、全民广泛参与和关注的足球氛围是构成和诠释足球发展的关键变量。从组织边界理论和价值网络理论角度看,社会组织建设能力是以共同利益为导向、能够实现联盟治理并促进可持续发展的自组织性综合能力①。从全球化视角的梳理发现,足球强国的发展都经历了从无到有、从混杂到规范的探索与构建过程。在此过程中,足球组织的能力和影响力逐步形成并提高,而实现足球共同利益可持续发展的动力源泉,恰恰来自足球发展的内部需求。职业足球发展在市场化驱动下应运而生,建立相应的政府管理机构和代表广大俱乐部利益的联盟进行规范化运营成为必要议题。同样,校园足球的发展并非独立存在的个体恰巧同时而为之的偶然,校园足球竞赛体系的构建、校园青训的推广都需要足球组织建设的介入。

二是探讨足球组织建设问题,可以借鉴社会组织能力建设的概念。一般认为,社会组织能力建设(capacity building)是始于联合国环境开发署(UNCED)于 20 世纪 90 年代提出的理念,系指倡导可持续发展的能力②。彭新武从过程哲学的视角提出,不应将组织仅仅视为一种"结构",而更应视为一个"过程"来思考和运作。认为组织变革与再造成功的关键问题在于恰当处理利益纠葛、正确引导组织学习、克服组织文化的惯性等等③。现代组织理论把组织分为正式组织和非正式组织。正式组织是经过精心设计与规划而建立起来的权责关系与地位关系。正式组织的建立有合法的程序,组织中的人员均有法定的职位和权责并依据法定的规章行事。非正式组织是指由于人们之间的社会作用而自发形成的群体④。从英国、西班牙、德国和日本的足球发展历程看,无论是正式或非正式足球组织,都是在发展与变革的过程中,逐步实现了体育法治建设的规范化、职业体育建设的市场化、竞技体育的国际化、体育人才培养的体系化建设目标。

---

① 张冉、任浩.行业协会组织边界与组织能力模型构建——基于价值网络的分析[J].重庆工商大学学报(西部论坛),2007(4):31~35.
② 吴新叶.城市治理中的社会组织:政府购买与能力建设[J].上海行政学院学报,2018(5):82~91.
③ 彭新武.当代组织观的变革及其问题[J].中国人民大学学报,2019(4):89~97.
④ 李德民.非正式组织和非权力性影响力[J].中国行政管理,1997(9):24~25.

足球组织的可持续化发展能力为提升国家竞技体育实力、国际体育话语权和国民体育素养提供了重要支持。如果从体育强国建设存在问题看,体育组织建设能力不足是体育强国建设内隐问题,因此探究体育组织建设就成为实现体育强国难以逾越的路径,而足球发展能够有效带动足球组织建设,正如西班牙社会学家 Bromberger 所说,西班牙体育的强盛是因为社会上有大量的足球组织存在,这些足球组织深刻地影响了西班牙的体育组织,甚至影响到了西班牙的政治组织,这可能是西班牙体育能够为全球所知的重要原因[①]。据此,本课题提出如下假设:

H2:我国足球发展能够对足球组织建设产生积极的正向作用

H3:足球组织建设在我国足球发展和体育强国建设之间起到积极的正向影响

H4:足球组织建设对体育强国建设产生积极的正向作用

三、足球身份认同的中介作用

体育强国建设能不能实现,很明显内含着国人对体育的价值认同,如果社会成员或组织在社会活动中达成对体育价值的内在认可或共识,那么组织或个人可以通过这些认可或共识,形成自身在体育实践中的价值定位和定向,由此决定自己的理想、信念和追求;缺乏体育参与的理想、信念和追求,不可能形成共同的体育强国价值观,也不可能让人们对体育的价值规范采取自觉接受、自愿遵循的态度。因此在揭示足球发展与体育强国建设两者关系时,足球身份认同就必然成为一个内隐的结构性变量。

一是身份绝非静止的东西,而在很大程度上是一种人为建构的历史、社会、学术和政治过程,就像是"一场牵涉到各个社会的不同个体和机构的竞赛"[②]。身份不是现在模式的表现,不是预设和给定的,而是后天建构起来的,也就是说身份认同是一种建构性的过程,而非静止不变的,身份认同与历史动力的相互影响必然带来身份认同特质的改变[③]。相关文献及西方实践证实了足球发展与足

---

① Bromberger, C. (2000) 'El fútbol como visión del mundo y como ritual', in M. A. Roque (ed.), Nueva antropología de las sociedades mediterráneas (Barcelona: Icaria).
② [美]爱德华·赛义德.王宇根,译.东方学[M].北京:生活·读书·新知三联书店,1999:426~427.
③ 喻颖.启蒙·伦理·性别:20世纪"革命文学"身份认同的三个维度[J].理论月刊,2019(7):62~68.

球身份认同存在显著的正向促进关系。Cohen 指出,英国球迷因对足球的喜爱,逐渐形成了强烈的地域认同以及包含液态社区认同在内的多元化认同①。Llopis Goig 指出,通过重组集体身份,足球正在为"现代工业社会带来新的平衡"做出贡献②。托马斯·霍尔基认为,足球运动为德国提供了传统纪律方式的替代方案,并通过教育逐渐融入城市文化,进而提高人们的现代城市生活质量③。

二是依据社会认同理论观点,足球身份认同不仅体现在个体层面,也体现在国家和集体层面。一方面,足球身份认同的归属一定指向于某个集体(地域、民族或国家)。张淑华等指出,身份认同是个体对自我身份的确认和对所归属群体的认知,以及所伴随的情感体验及行为模式进行整合的心理历程④。正如英国、德国、西班牙等国家形成的足球球迷文化一样,这种特殊的身份认同构建着特定集体的意识与形象,集体内成员通过意识的凝聚与形象的共建来增进社会进步。另一方面,身份认同是国家体育"强与不强"的重要构成维度。这一观点可以在国内关于体育强国何以为"强"的探讨中得到印证⑤。尽管相关评价体系尚不完善,但在基本形成共识的国民身体健康、体育文化影响力提升、体育后备人才可持续发展、群众体育广泛参与带动体育消费等维度中可以发现,人的广泛参与是基本前提,而参与的前提则往往是身份认同的结果。足球作为世界第一大运动,在我国同样具有广泛的群众基础,足球身份认同的形成,将在很大程度上助推全民健身、竞技体育、体育产业的共同发展。基于此,本课题提出如下假设:

H5:我国足球组织发展能够对足球身份认同产生积极的正向作用

H6:足球身份认同在我国足球发展和体育强国建设之间起到积极有力的推动作用

H7:足球身份认同对体育强国建设产生积极的正向影响

---

① Cohen, A. The Symbolic Construction of Community[M]. London & New York: Ellis Horword Limited and Tavistock Publications Limited,1985.
② Ramón Llopis Goig. Spanish Football and Social Change[M]. Palgrave Macmillan UK,2015.
③ 托马斯·霍尔基.德国的体育与媒介:德国足球与体育媒介的里程碑和基本事实(英文)[J].成都体育学院学报,2016(2):1~7.
④ 张淑华,李海莹,刘芳.身份认同研究综述[J].心理研究,2012(1):21~27.
⑤ 孙德朝.体育强国视域下体育综合实力要素构成及其量化分析[J].南京体育学院学报(社会科学版),2012(2):31~36.

第三节　我国足球发展与体育强国建设关系的研究模型

基于前述足球发展影响体育强国建设的文献综述，以问题为导向，根据相关文献和理论基础建立研究模型（图4-1）。模型框架涉及四个结构性变量，其中我国足球发展作为自变量，足球身份认同和足球组织建设为积极影响的中介变量，体育强国建设为因变量，构建出我国足球发展影响体育强国建设的结构性路径。尽管各结构性变量内在关系仅在研究文献的推理上，尚难做到问题的精准推理，但基于"足球为代表的三大球能够推动体育强国建设"的论点，以及欧洲足球发达国家造就体育强国的实践路径，并结合前述的文献综述，本书认为模型的论证具有较强的学理性和实践意义，对发现和解决足球发展推动体育强国实现具有重要的管理意义。

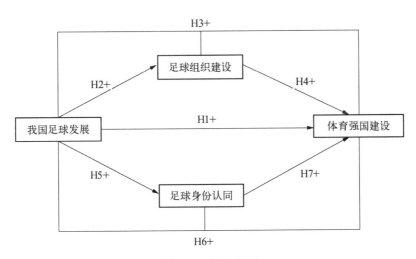

图4-1　研究模型

第五章
足球发展与体育强国建设研究对象、研究设计与研究方法

第一节 研究对象

本课题以我国足球发展影响体育强国建设的结构性分析和内在机理作为研究对象,从体育强国建设问题变量的设计为出发点,然后沿着体育强国建设问题探寻我国足球发展的致因变量,并构建我国足球发展变量的维度和要素,论证我国足球发展影响体育强国建设的结构模型能否成立,然后根据文献和足球发达国家发展经验,提出足球组织建设和足球身份认同中所出现的问题或是影响我国足球发展与体育强国建设关系路径中的结构性问题,并以此建构我国足球发展影响体育强国建设的整体模型,围绕整体模型和可能的发展路径提出论证假设。在论证整体模型的过程中,以我国体育学研究领域中的教授、博士和副教授作为结构模型变量及其指标构成合理性评判的来源对象,在前期首先通过体育领域和足球领域中的专家对变量指标进行德尔菲法论证,然后通过问卷的方式在博士和高级职称层面对指标有效性评判的基础上,获得合理的结构维度及指标,最后以当前我国体育院校、师范院校、综合性高校等体育学一级学科在读本科、硕士、博士研究生及在站博士后工作人员为问卷最终填写对象,获得研究数据,并进行整理与分析。同时为了保证模型的科学性论证,在获取最终调研对象数据并取得模型路径数据后,本研究再次通过校园足球的一线教练员对模型的结构性路径进行验证,确保足球组织建设和足球身份认同是我国足球发展影响体育强国建设的重要路径,从而保证了模型构建的科学性要求,并对后续通过足球组织建设和足球身份认同培育来实现体育强国建设提供相对较好的理论依据。

第二节 研究设计、相关变量概念界定及指标选取

一、研究设计

我国足球发展与体育强国建设有没有因果关系,是不是一种规律?在前述的理论综述中,本研究已较好地发现了这种逻辑关系,并对这种逻辑关系的路径演绎提出研究注解。本课题研究的基本思路依次从三个递进的步骤来展开。一是探讨我国足球发展和体育强国建设在本质上是否存在理论与实践中的某种联系,这种联系在理论分析中是否具备因果关系;二是找出从我国足球发展到体育强国建设的路径中有哪些结构性影响因素及这些因素在结构性路径中的地位与重要性,并找到关键性的路径因素;三是探讨与分析结构性影响因素中的现实问题,提出相应的解决思路与办法。

二、课题变量概念及指标选取

本课题构建了足球发展、组织建设、身份认同、体育强国4个一阶变量指标（表5-1）。

表5-1 课题变量指标一览表

一阶指标	二阶指标	三阶指标		文献来源
足球发展	职业足球	ZGZQFZ_8	当前我国职业足球赛事的球迷数量	Verdú, V.(1980) Bernardo(2008) 杨烁等(2014) 陆森召(2019)
		ZGZQFZ_9	当前我国职业足球产业的产值	
		ZGZQFZ_10	当前我国足球产业运营人才的总体数量	
		ZGZQFZ_11	当前我国足球产业促进社会就业的贡献率	
		ZGZQFZ_12	当前支持我国足球发展的政策数量	
		ZGZQFZ_13	当前我国足球发展的科技支撑力量	
	足球氛围	ZGZQFZ_1	当前我国足球人口的数量和质量	Bernardo(2008) 王子朴(2016) 朱静(2018)
		ZGZQFZ_2	当前我国业余足球联赛的活跃度	
		ZGZQFZ_3	当前我国足球的社会文化氛围	
		ZGZQFZ_4	当前校园足球发展的普及与提高	

(续表)

一阶指标	二阶指标	三阶指标		文献来源
足球发展	校园足球	ZGZQFZ_5	当前校园足球课程体系的科学性	山本英作等(2003) 陈洪等(2013) 王子朴(2016)
		ZGZQFZ_6	当前校园足球有资质的师资数量	
		ZGZQFZ_7	我国国家足球队的竞技水平	
组织建设	足球组织影响力	ZQZZJS_2	当前我国足球社会组织的注册数量	Groves(2011) Kupe(2016) Manoli A E(2015) Tomlinson(2006) 尤佳等(2018) 刘兵等(2019)
		ZQZZJS_3	当前我国职业足球俱乐部的注册数量	
		ZQZZJS_4	当前我国以足球业务为主的营业性组织数量(经纪、培训等)	
		ZQZZJS_5	当前我国以足球业务教育为主的志愿者组织数量	
		ZQZZJS_7	当前我国足球组织(协会)的社会(社区)影响力	
		ZQZZJS_8	当前我国足球组织(协会)协调各类足球赛事的能力	
		ZQZZJS_9	当前我国职业足球组织(俱乐部)的文化感染力	
		ZQZZJS_10	当前我国职业足球组织(俱乐部)承担的社会责任现状	
		ZQZZJS_11	当前我国能够承担政府服务购买的足球社会组织数量	
	足球组织能力	ZQZZJS_1	当前我国政府扶持足球组织建设的政策数量	吴东(2008) 董红刚(2014) 张渊等(2018)
		ZQZZJS_6	当前成立中国职业足球联盟的可行性与必要性	
身份认同	个体认同行为	ZQSFRT_1	我非常喜欢踢足球	Domínguez A(2011) Bahamonde A(2011) Ramón(2015) CANAL J(2017) 金瑞静(2015)
		ZQSFRT_2	我非常喜欢看足球赛事	
		ZQSFRT_3	我会主动获取足球运动或事件的有关信息	
		ZQSFRT_4	我对加入足球活动组织感兴趣	
		ZQSFRT_5	我对参加一些足球论坛的评论感兴趣	
		ZQSFRT_6	我喜欢谈论足球主题的相关内容	
		ZQSFRT_7	我喜欢与同样有足球兴趣的人交朋友	
		ZQSFRT_8	我崇拜足球明星	

(续表)

一阶指标	二阶指标	三 阶 指 标		文献来源
身份认同	个体认同行为	ZQSFRT_9	我曾经或目前归属特定的球迷组织并参加相关球迷组织活动	
		ZQSFRT_10	我熟知自己喜欢的足球俱乐部队徽、队服、队歌等标识	
		ZQSFRT_11	我对自己喜欢的足球俱乐部在比赛中获胜会有很强的荣誉感	
	足球价值认同	ZQSFRT_12	我十分关注中国国家足球队的比赛	Alejandro(2017) Bromberger C (2000) 崔珣丽等(1010) 王胜等(2016) 廖茵等(2019)
		ZQSFRT_13	当我观看中国国家足球队比赛时,国家和民族感情会油然而生	
		ZQSFRT_14	我认为足球是一项具有仪式感的运动	
		ZQSFRT_15	我认为足球运动蕴含着丰富的人生哲理	
体育强国建设	强国建设保障体系	TYQGJS_6	当前我国科学完善的体育人才培养体系现状	徐本力(2009) 田麦久等(2009) 鲍明晓(2018) 朱伟等(2018)
		TYQGJS_7	当前我国的国际体育话语权	
		TYQGJS_8	当前我国的国民体质状况	
		TYQGJS_9	当前我国的体育科技发展水平	
		TYQGJS_10	当前我国公共体育服务体系建设的全面性	
		TYQGJS_11	当前我国体育法制的健全情况	
		TYQGJS_12	当前我国体育道德规范的普遍认同与遵从情况	
	国民体育素养	TYQGJS_3	当前我国体育锻炼的全民意识	周爱光(2009) 黄莉(2010) 杨晓光(2018)
		TYQGJS_4	当前我国国民对体育健康促进的普遍理解与关心	
		TYQGJS_5	当前体育在全面育人过程中的地位与作用发挥	
	竞技体育实力	TYQGJS_1	当前我国的竞技体育实力(奥运会、世界杯等国际赛事成绩)	田麦久(2008) 尹维增等(2015)
		TYQGJS_2	当前我国举办国际性赛事(综合、单项和职业)的数量	

(一) 足球发展

"发展"在《新编汉语辞海》中的解释,一是事物由小变大、由简单变复杂、由低级变高级的变化,二是扩大、扩充①。将其放置于足球范畴内看,具体指足球运动从无到有、从单一到多元、从特殊到普适的扩展与丰富。足球发展既是对足球运动在特定时期和状态下的静态衡量,又含括足球运动各个细分维度的动态变化轨迹。因此,本课题将"足球发展"定义为:足球运动通过自身演进,逐渐实现内涵维度与外显特征不断扩大和扩充的状态。通过此前文献梳理不难看出,足球发展的内涵可以细化为校园足球、职业足球、大众足球、足球产业、足球文化等维度。其外显特征则关乎校园足球发展的普及与提高程度、师资数量与质量;职业足球的球迷数量与忠诚度、足球产业产值、职业足球社会贡献度;社会足球氛围的形成,如大众足球普及度、业余足球联赛活跃度等。美国内华达大学著名足球文化研究专家 Mariann Vaczi② 在对巴斯克民族足球成长的轨迹进行研究后指出,足球发展自身的变量无法离开由职业俱乐部引发的社会群体信仰,这种群体信仰总是通过青少年足球、足球师资、社会足球氛围、足球产业等多种社会构成要素实现足球发展。通过梳理,本课题依据概念来源和文献综述将"足球发展"维度设定为 3 个二阶指标和 13 个三阶指标。

(二) 组织建设

组织建设可以从组织能力和组织影响力两个维度加以诠释。国外学者将社会组织能力定义为组织实际完成其职责的总体性能力③④。20 世纪 90 年代中后期,我国开始倡导社会组织能力建设,并在利益表达、民主参与、社会自治、加速政府职能转变、促进社会稳定等方面取得了显著成效⑤。雷鸿聚认为,组织能力是组织存续、发展、强大的基础和保障⑥。王智、杨莹莹将社会组织能力定义为综合利用国家、市场与社会资源,提高解决实际问题、实现目标、满足发展需求

---

① 路丽梅,王群会,江培英.新编汉语辞海[M].北京:光明日报出版社,2012:362.
② Mariann Vaczi. Soccer, Culture and Sociery in Spain[M]. Routledge of Taylor & Francis Group, aninformabusiness 2015.
③ Franks T, Capacity building and institutional development: reflections on water[J]. Public Administration and Development,1999(1):51~61.
④ Ben Cairns, M. Harris, and P. Young, Building the Capacity of the Voluntary Nonprofit Sector: Challenges of Theory and Practice[J]. Intl Journal of Public Administration,2005(28):869~885.
⑤ 王名,李长文.中国 NGO 能力建设:现状、问题及对策[J].中国非营利评论,2012(2):149~169.
⑥ 雷鸿聚.组织能力的构成要素及其提升要点[J].领导科学,2019(6):81~83.

等现代化能力的持续改进与培养过程①。组织影响力是组织能力的外显与延展。李德民认为,组织管理者一方面要能够正确运用权力性影响力,另一方面又要重视增强和充分发挥非权力性影响力的作用。如果管理者只注重发挥权力性影响力,不注意运用非权力性影响力,则无法提高工作效率和效能。反之,如果管理者不能很好地运用权力性影响力,非权力性影响力也会大大减弱,管理者会被认为管理能力低、决断能力差、没有权威性,从而影响到组织功能的发挥②。基于以上论述,我们可以将组织建设看作是组织内部良性运行能力与组织影响力向外扩张的交互作用的过程,故本课题选取组织能力和组织影响力2个二阶指标和11个三阶指标构成"组织建设"维度。

(三) 身份认同

"身份认同"一词源于拉丁文idem,后来发展为英语中的identity一词,表达了"同一"和"独特"两个含义,揭示了"相似"和"相异"两层关系。美国心理学家威廉·詹姆士和奥地利心理学家西格蒙得·弗洛伊德认为,"身份认同"实际上包含了"身份"和"认同"两个概念。Jenkin R认为,认同的过程就是追求与他人相似或者与他人相区别的过程③。在此基础上,Deaux K提出,身份认同是一个人对自己归属哪个群体的认知,这是自我概念中极其重要的一个方面④。"身份"在汉语中有多种意思,一是指出身、地位或资格,二是指受人尊重的地位,三是指物品的质量⑤。在现实生活中,人们通常把身份看成是个体在社会中的位置及地位的标识和称谓。邹英认为,身份认同是有关个人在情感和价值意义上视自己为某个群体成员以及隶属某个群体的认知,而这种认知最终是通过个体的自我心理认同来完成的,也就是说,它是通过认同实现的⑥。张淑华等认为,个人与他人或其他群体的相异、相似的比较构成了个人在社会网络中的位置,从而确定了身份,认同也就融合了身份认同的意思⑦。可见,身份认同体现个人行为的遵从与表达,

---

① 王智,杨莹莹.治理现代化进程中的新社会组织能力建设[J].社会主义研究,2017(5):137~144.
② 李德民.非正式组织和非权力性影响力[J].中国行政管理,1997(9):24~25.
③ Jenkins R. Social identity. (ed.) by R. Wuthnow[M], London: Routledge Press, 1996.
④ Deaux K. Reconstructing social identity[J]. Personalityand Social Psychology Bulletin, 1993(19): 4~12.
⑤ 路丽梅,王群会,江培英.新编汉语辞海[M].北京:光明日报出版社,2012:1173.
⑥ 邹英.新生代农民工自我身份认同困境的社会学分析——以长春市为例[D].吉林大学硕士学位论文,2007.
⑦ 张淑华,李海莹,刘芳.身份认同研究综述[J].心理研究,2012(1):21~27.

具有强烈的外显性特征①②,同时也体现因足球运动而形成特定价值认同的归属与维护,兼具内生性特征③。学者们普遍认为,一个足球强国是建立在社会对足球身份认同之上的,主要包括足球运动的个人信仰及其对国家队、俱乐部的忠诚④⑤。基于此,本课题构建了 2 个二阶指标 15 个三阶指标对"身份认同"维度进行观测。

(四) 体育强国建设

体育强国是体育人践行伟大中国梦的根本使命,更是当前体育学界研究的逻辑指向。从现有研究看,体育强国建设关乎竞技体育、群众体育、体育产业、体育文化、全民健身、体育外交等多个维度的协同共进,但由于涵盖领域宽泛,体育强国从概念界定到要素分析,再到评价指标体系和整体框架构建都存在显著的非一致性。学者们在赋予体育强国变量的构成上大致有二分法、三分法、五分法及更为宽泛的多维界定⑥⑦⑧⑨。综合这些划分和指标的构成,体育强国的内涵无法离开强国建设保障体系、国民体育素养、竞技体育实力三个组成部分,本课题以文献为基础构建了"体育强国"维度 3 个二阶指标和 12 个三阶指标。

第三节 研 究 方 法

本课题在研究方法的选择上,注重规范分析与实证研究的相互结合。规范分析为问题的提出和模型的构建提供理论基础,实证研究通过翔实的资料对模

---

① CANAL, J. Historia contemporánea de España (Volumen II: 1931—2017)[M]. Madrid: TAURUS, 2017.
② KUPER, SRAGA. Fútbol contra el enemigo[M]. Barcelona: Contraediciones, 2016: 188.
③ Alan Tomlinson, Christopher Young. German football: history, culture, society [M]. Routledge, 2006: 3.
④ Bahamonde, A. La escalada del deporte en España en los orígenes de la sociedadde masas, 1900—1936, in X.Pujadas (ed.), Atletas y ciudadanos. Historia socialdeldeporte en España 1870—2010[M]. Madrid: Alianza Editorial. 2011.
⑤ Giulianotti, R. Sports Spectators and the Social Consequences of Commodification: Critical Perspectives from Scottish Football[J], Journal of Sportand Social Issues, 2005(4): 386~410.
⑥ 田雨普.努力实现由体育大国向体育强国的迈进[J].体育科学,2009(3): 3~8.
⑦ 刘一民,赵溢洋,刘翔.关于体育强国战略若干问题的思考[J].中国体育科技,2010(1): 32~36+57.
⑧ 孙德朝.体育强国视域下体育综合实力要素构成及其量化分析[J].南京体育学院学报(社会科学版),2012(2): 31~36.
⑨ 黄莉.体育强国的理论框架与顶层设计——从"十九大"报告中的国家大战略思考体育发展战略[J].北京体育大学学报,2018(1): 9~16.

型进行验证,为分析问题、解决问题提供依据。

一、文献资料法

文献是课题理论依据的来源,在文献资料的使用上,课题组注重对近十年来我国足球发展与体育强国建设问题的梳理。通过文献,初步判断我国足球发展与体育强国建设各自的研究基础与内在联系,形成足球发展与体育强国建设的逻辑思维和内在演绎。然后通过广泛查阅足球发达国家足球发展影响体育强国建设的著作与书籍,汲取足球发达国家在足球发展与强国建设过程中的经验,为本课题的撰写丰富理论素材。

课题组主要借助"中国知网""EBSCO 中的 SportDiscs"两个在线文献查阅平台,以"足球发展(Football Development)""体育强国(Sports Power Country)""足球身份认同(Football Identity)""足球组织(Football Organization)"为关键词和主题词进行单个和协同搜索。以 2019 年 6 月为搜索截止时间,选取 2009 年以来所有在上述两个平台中所呈现的文献。以关键词进行搜索,分别搜得"足球发展"文献 39 篇、"体育强国"文献 1 590 篇、"足球身份认同"文献 0 篇和"足球组织"文献 1 篇,从关键词的搜索可以看出,"体育强国"的研究文献内容丰富,而"足球发展"研究相当滞后,对于"足球发展"影响"体育强国"内在机理的"足球身份认同"和"足球组织"相关文献却十分罕见,说明我国足球发展影响体育强国建设的路径和内在联系的研究是不够的。当以主题词进行搜索时,分别搜得"足球发展"文献 5 646 篇、"体育强国"文献 2 467 篇、"足球身份认同"文献 8 篇、"足球组织"文献 629 篇和"足球发展+体育强国"文献 4 篇,主题词文献检索的结果表明,很多学者在研究足球时,对足球发展和足球组织建设的研究尽管不是很深入,但或多或少都对足球发展与组织建设的困境有所涉及,同时也能看出足球发展与体育强国建设涉及的主题词文献数量均较多,但两者之间的关联研究并不多见,在所见的 4 篇两者关联的文献中,全部来自校园足球发展的探讨,对于足球发展和体育强国建设深层次结构分析明显不够。

紧接着课题组采用"Football Development""Sports Country(Power)""Football Identity""Football Organization""Football Development + Sports Country(Power)"作为主题词在 SportsDiscs 数据库中进行查询,分别搜得相关文献 845 篇、1 452 篇、135 篇、229 篇、13 篇。搜得的文献显示出足球发展和体育强国建设均是体育学研究的热点话题,尤其是"Football Development"和

"Sports Country(Power)"分别作为独立的主题词时,同样是国外研究的热点话题。然后进一步搜索发现,如果把足球身份认同和足球组织建设作为其中的研究机理主题词时,搜得的文献数量发生了较大变化,特别是足球身份认同对足球发展的价值取向的影响方面普遍受到国外学者的重视,证明课题组在探讨足球发展影响体育强国建设的逻辑思考路径是正确的。

二、系统研究方法

我国足球发展与体育强国建设关系的研究是一个复杂和新生的系统,以系统科学理论对其进行分析,能够更好地发现两者之间内在的规律,并寻求解决问题的方法。课题的研究自始至终遵循系统分析思路,从体育强国建设的问题出发,讨论足球发展致因体育强国的整体框架,并深层次地通过逻辑延伸和演变路径,结构性地分析足球发展影响体育强国建设的共生机理及干扰因素。

三、深度访谈

课题组将根据研究的需要,以高等教育机构、体育行政主管部门、职业体育俱乐部、青少年体育管理部门等对我国足球发展与体育强国建设相对了解的机构和个人为调查访谈对象(表5-2),决定走访上海五角场小学、同济大学国际足球学院、上海大学校园足球发展中心、上海市教委体育艺术与卫生处、上海市学生体育协会、上海市体育局、江苏省体育局竞赛管理中心、山西省体育局、华南师范大学体育科学学院、华东师范大学体育与健康学院、山西师范大学体育学院、青海民族大学体育学院、北京师范大学体育与运动学院、苏宁职业足球俱乐部等部门和个人,采用阶梯前进和隐蔽问题探寻等深度访谈技术,与相关负责人就我国足球的发展现状、体育强国建设要求、足球组织建设、青少年足球仪式感教育、足球发展与体育强国建设关系等关键变量与构成指标进行交流,形成足球发展与体育强国建设调查量表的来源路径之一。

表5-2 课题组访谈对象

序号	姓 名	单 位	职 务
1	张 ×	上海五角场小学(足球特色学校)	体育教研组组长
2	游××	同济大学国际足球学院	院长

(续表)

序号	姓名	单位	职务
3	王××	上海大学校园足球发展中心	负责人
4	丁×	上海市教委体育艺术与卫生处	处长
5	罗××	上海市体育局	副局长
6	陈××	江苏省体育局竞赛管理中心	主任
7	赵××	山西省体育局	局长
8	宋××	华南师范大学体育科学学院	副院长
9	王××	华东师范大学体育与健康学院	教授
10	郑×	山西师范大学体育学院	院长
11	李××	青海民族大学体育学院	教授
12	甄××	北京师范大学体育与运动学院	教授
13	郑×	苏宁职业足球俱乐部	总经理
14	周××	上海市体育局青训中心、市青少年体育协会	副主任、秘书长
15	范××	上海市社会体育中心	主任
16	詹×	同济大学国际足球学院	副教授(中超裁判)
17	薛××	上海市学生体育协会	教授(会长)
18	于×	上海市杨浦区教育局	调研员

四、问卷调查

定量分析我国足球发展与体育强国建设关系,脱离不了调研数据的支持,尽管深度访谈能够更为真切地感知到我国足球发展在体育强国建设中的实际表现,但对人力、物力和财力的要求均比较高。因此,访谈可以作为问卷设计的理论补充,也是科学编制问卷的重要依据。问卷法是大样本课题普遍使用的基本方法。课题的问卷编制过程将经历文献查阅、专家咨询、深度访谈、集体讨论和专家测试等环节来形成最终的大样本调查问卷,保证问卷调查的信度与效度。

本课题设计了两轮问卷调查,第一轮主要通过专家判定变量维度和指标设计的科学性与合理性,在进行专家访谈调查确定基本维度和构成指标的情况下,问卷通过一定数量的专家群体进行验证,发放对象主要包括体育院校工作的教授、副教授和获得博士学位的教师,这样选择的目的在于体育院校具有博士学位和高级职称的教师对足球发展影响体育强国建设的逻辑思路相较于其他社会群体更能够较为准确地把握其中的内在关系,同时对样本较大的专家群体发放,并从专家群体的判断中提炼观测指标,有助于为后续大面积的问卷发放提供合理和科学的依据。

在对专家问卷综合研判的基础上,最终问卷调查选择了我国拥有体育学一级学科培养单位的体育院校、师范大学的体育学院以及综合性大学中的体育学院或体育系的本科生、硕士和博士研究生、在站博士后群体进行发放,发放形式主要通过问卷星进行在线填写,填写问卷的单位主要包括北京体育大学、上海体育学院、武汉体育学院等6所专业体育院校和华东师范大学、北京师范大学等5所师范类大学体育院系,以及湖北大学、同济大学等11所综合性大学中的体育院系。

进行完大面积问卷发放之后,本研究继续对上海市校园足球教练员进行再次问卷发放,以期从专业的角度验证大面积发放的假设能否成立,从而确保研究的公平公正和科学性。第一轮专家论证发放时间在2019年3—4月,第二轮大样本发放时间在2019年5—7月,第三轮校园足球教练员问卷验证发放时间为2020年8月27日。通过德尔菲法形成专家调查问卷之后,第一轮专家发放问卷共回收在线问卷205份,按照专家对所有问题判断答题时间至少需要120秒的要求,删除了4份在线问卷,共获得有效问卷201份,第一轮专家问卷的有效回收率为98%。按照专家自身的足球融入程度由低到高进行1—7分的程度选择,4分及以上的专家达到60.98%,说明调研专家的足球融入程度较高,对足球发展与体育强国建设能够做出科学合理的判断。第二轮发放问卷共回收问卷1 645份,按照答题时间至少应满足120秒的要求,删除了120秒内答题的问卷,最终获得有效问卷1 537份,有效问卷占回收问卷的93.43%。同样按照填写问卷学生的足球融入程度由低到高进行1—7分评分,4分及以上的填写对象达到51.16%,说明从总体来看调研的体育学本科生和研究生对足球发展有一定的认识,对该课题的问卷内容不会出现较大的认知误区。第三轮调查问卷发放通过上海市校园足球发展中心采用线上方式,共收回265份问卷,删除问卷填写时间低于120秒的问卷,最终获得有效问卷256份,有效问卷占回收问卷的96.6%。

在第一轮专家问卷调查中,高学历和高职称是量表合理性判断专家的选择要求,在回收的在线问卷中,男性专家占 73.66%,女性专家占 26.34%(图 5-1)。专家年龄构成上,56 岁及以上的占 8.78%,51—55 岁的占 10.73%,46—50 岁的占 18.54%,41—45 岁的占 18.53%,36—40 岁的占 15.61%,31—35 岁的占 13.66%,26—30 岁的占 11.71%,20—25 岁的占 2.44%,专家各年龄段构成比例主要集中在 36—50 岁,比例高达 52.68%,说明专家在体育领域中的工作年限相对较长,对足球发展和体育强国建设的理解程度相对较好(图 5-2)。

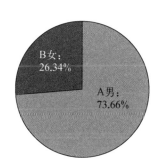

图 5-1 第一轮专家问卷调查的性别构成

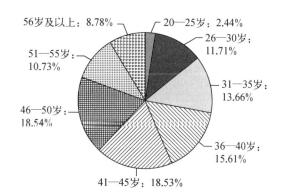

图 5-2 第一轮专家问卷调查的年龄构成

在第一轮专家的问卷调查中,在职称构成方面,高级职称占 64.39%(图 5-3);在学历构成方面,85.37% 的专家具有研究生学历,其中 60.98% 的专家具有博士学位(图 5-4)。专家的学历与职称构成,对本问卷指标的最终形成奠定了较好的基础。

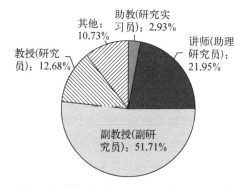

图 5-3 第一轮专家问卷调查的职称构成

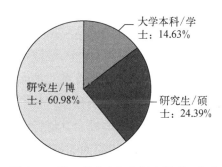

图 5-4 第一轮专家问卷调查的学历构成

第一轮专家问卷调查的专业背景方面，体育教育训练专业的专家占到量表科学性判断专家总数的35.12%，所占比例最高；然后依次是体育管理（13.17%）、体育社会学（11.22%），运动人体科学与民族传统体育同为8.29%，体育产业和休闲体育专家分别为6.83%和6.34%，体育新闻和体育心理分别为2.93%和1.95%，体育旅游为0.49%，其他为5.37%（图5-5）。专家的专业背景基本涵盖体育学当前发展的所有领域，在对专家样本进行方差齐性检验后，P值大于0.05，说明样本符合方差齐性检验，因此专家判定的结果有助于本次调查维度变量和指标构成的科学性。

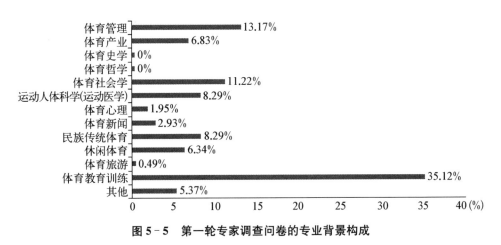

图5-5 第一轮专家调查问卷的专业背景构成

在文献梳理、走访调查以及德尔菲法等研究方法的应用下，第一轮专家问卷的调查由四个维度68个具体指标构成，其中"我国足球发展"维度含括22个具体调查指标，"足球组织建设"维度含括12个具体指标，"足球身份认同"维度含括17个具体指标，"体育强国建设"维度含括17个具体指标。在经过高低得分各27%显著性判定和CITC信度检测，最终删除了"我国足球发展"维度中的9个指标，分别是"社会大众对足球的认知程度（场地、团队、规则等）""社会大众对足球运动的价值认同（公平、坚持、努力、进取、合作等）""青少年足球球员的注册数量""完善的足球青训体系""足球先进技战术的创新与发展""获得公认足球组织认证的高水平教练员数量""获得公认的高水平裁判员数量""职业足球赛事运营体系""足球运动与社会其他行业的关联效应"；删除了"足球组织建设"维度中的1个指标"足球组织间的资源要素流通"；删除了"足球身份认同"维度中2个指标，分别是"自认为是一个足球迷""足球运动可以找到我的人生信仰"；删除了"体育强国建设"维度中的5个指标,分别是"体育人口的比例""人均占有体育场地面积""体育产业增加值占GDP的比重""职业体育的良性运行""体育文化的普遍认同"。在删除了上述指标后,最终大样本问卷发放构成指标为51个。

第二轮针对当前体育院校、师范院校体育学院系以及综合院校中体育院系的本科生、硕士和博士研究生及博士后进行发放。第二轮问卷主要针对第一轮专家问卷后所形成的指标进行自我感知的真实评判,以期获得现实条件下我国足球发展影响体育强国建设的结构性路径变化数据,验证我国足球发展能否影响体育强国建设及在多大程度上影响体育强国建设,足球组织建设和足球身份认同在结构路径上能否起中介效应及中介效应的作用有多大。在得到结果后,帮助课题组分析现实状态下我国足球发展影响体育强国建设的逻辑关系与内在问题。选择当前在读的体育学本科生、硕士和博士研究生等进行大样本发放,是因为课题组充分认识到如果体育院校的大学生都没法认识到我国足球发展影响体育强国建设的关系,那么普通百姓对该关系路径的理解会更为欠缺,这是课题组选择大样本数据的关键原因,能真实感知我国足球发展影响体育强国建设的实际情况,从而得出加强足球组织建设和培育足球身份认同的客观评判。

第二轮大样本问卷调查对象中,男性占61.76%,女性占38.24%(图5-6);本科生占63.1%,在读硕士研究生占34.59%,在读博士研究生占1.76%,博士后占0.55%(图5-7),调研数据符合当前我国体育学在校学生的学历比例。在样本进行方差齐性检验后,P 值大于0.05,说明调查样本符合方差齐性要求。

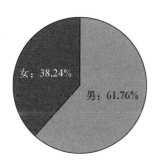

图5-6 第二轮大样本问卷调查对象的性别构成

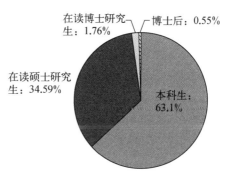

图5-7 第二轮大样本问卷调查对象的学历构成

在第二轮大样本问卷调查对象的专业背景构成上,体育教育训练专业的学生占45.41%,体育人文社会学专业的学生占13.26%,运动人体科学专业的学生占9.42%,民族传统体育专业的学生占4.74%,其他与体育相关学科及其衍生或增补专业的学生占27.17%(图5-8)。

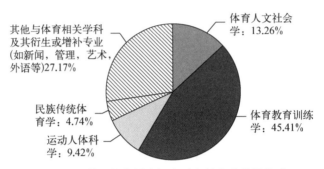

图5-8 第二轮大样本调查对象的专业背景构成

第二轮大样本数据调查对象对足球运动关注点排在前三位的主要为观看足球赛事(占10.24%)、参与足球运动(8.37%)、喜欢足球明星(5.91%),也就是说,观看足球赛事、参与足球运动和对足球明星的崇拜是调研对象最主要的价值取向(图5-9)。

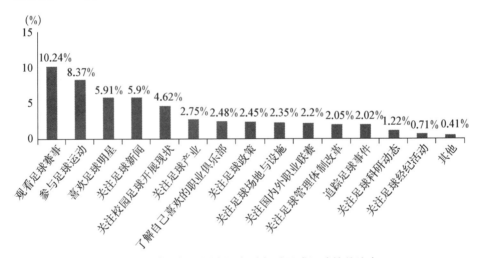

图5-9 第二轮大样本调查对象对足球运动的关注点

对体育强国构成指标判断排在前三位的是体育人口(占8.85%)、竞技体育成绩(5.53%)、体育文化(5.1%)(图5-10),对体育强国构成指标的判断基本符合当前文献提出的体育强国学术的观点和要求。

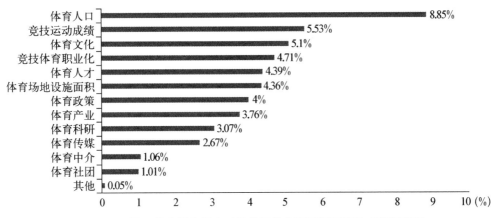

图 5-10　第二轮大样本调查对象关于体育强国最重要构成指标判断

第六章
足球发展与体育强国建设研究结果

第一节 正式发放问卷相关结果

一、量表的信效度检验

(一) 测量指标的区分度检验结果

项目分析是检验量表中测量项目质量好坏的一种常见检验方法,是根据测试结果对组成量表的各观测指标进行的数据统计,从而可以评价出量表中观测指标间的优劣区分,并据此对其进行筛选[①]。

本课题首先采用极端组比较法来对量表中的指标进行检验与鉴别。极端组比较方法对量表进行项目分析时的常用方法之一,其原理在于将调查对象依照测验总分的差异达到统计学意义上的显著水平进行高低分组,并通过独立样本 t 检验,对两组指标得分是否存在显著差异进行检验,如果存在显著差异,则说明量表具有良好的区分性,反之则予以删除。

本课题针对 1 537 份有效调查问卷,取量表中得分最高与最低的 27% 为高分组和低分组进行独立样本 t 检验来检测每题项的差异情况。由表 6-1 可以看出,低分组和高分组在量表 51 个指标得分比较中的 P 值均小于 0.001,存在显著性差异。证明本量表能够完全鉴别出低分组和高分组,且量表中的观测指标能够较为准确地反映出此次调查对象对我国足球发展、足球组织建设、足球身份认同和体育强国建设等方面的认知差异。证明量表总体上具有良好的区分

---

① 林崇德,杨治良,黄希庭.心理学大辞典(下卷)[M],上海:上海教育出版社,2003:1368.

度,调研数据能够支撑本课题后续的研究。

表6-1 项目分析(区分度)数据结果

题 项	组别(平均值+标准差)		t	Sig.(双侧)
	低分组($n=417$)	高分组($n=436$)		
ZGZQFZ_1	2.60+1.024	4.47+1.348	−22.804	.000
ZGZQFZ_2	2.85+1.084	4.75+1.238	−24.118	.000
ZGZQFZ_3	2.83+1.125	4.77+1.238	−23.893	.000
ZGZQFZ_4	3.08+1.125	5.12+1.133	−25.674	.000
ZGZQFZ_5	2.83+1.058	4.89+1.191	−26.658	.000
ZGZQFZ_6	2.72+1.019	4.78+1.244	−26.458	.000
ZGZQFZ_7	2.24+1.063	4.31+1.550	−22.817	.000
ZGZQFZ_8	3.33+1.368	5.17+1.158	−21.242	.000
ZGZQFZ_9	3.00+1.207	5.10+1.114	−26.310	.000
ZGZQFZ_10	2.72+0.992	4.89+1.145	−29.531	.000
ZGZQFZ_11	2.65+1.052	4.94+1.083	−31.409	.000
ZGZQFZ_12	3.13+1.290	5.21+1.013	−26.092	.000
ZGZQFZ_13	2.88+1.142	5.10+1.077	−29.116	.000
ZQZZJS_1	3.08+1.180	5.23+1.036	−28.198	.000
ZQZZJS_2	2.81+1.033	5.02+1.081	−30.605	.000
ZQZZJS_3	2.88+1.018	5.08+1.063	−30.856	.000
ZQZZJS_4	2.90+1.080	5.12+1.065	−30.303	.000
ZQZZJS_5	2.81+1.031	4.98+1.105	−29.639	.000
ZQZZJS_6	3.51+1.508	5.41+1.018	−21.511	.000
ZQZZJS_7	2.85+1.077	5.06+1.085	−29.804	.000
ZQZZJS_8	2.85+1.051	5.12+1.037	−31.764	.000
ZQZZJS_9	2.74+1.012	5.13+1.004	−34.597	.000
ZQZZJS_10	2.67+1.047	5.02+1.043	−32.885	.000
ZQZZJS_11	2.72+1.027	5.01+1.077	−31.706	.000

(续表)

题项	组别(平均值±标准差)		t	Sig.(双侧)
	低分组($n=417$)	高分组($n=436$)		
ZQSFRT_1	2.52±1.382	5.21±1.366	−28.642	.000
ZQSFRT_2	2.73±1.358	5.40±1.170	−30.761	.000
ZQSFRT_3	2.48±1.307	5.34±1.213	−33.138	.000
ZQSFRT_4	2.49±1.280	5.38±1.246	−33.411	.000
ZQSFRT_5	2.34±1.175	5.26±1.202	−35.891	.000
ZQSFRT_6	2.38±1.264	5.25±1.261	−33.208	.000
ZQSFRT_7	2.57±1.349	5.39±1.186	−32.516	.000
ZQSFRT_8	2.55±1.403	5.30±1.238	−30.322	.000
ZQSFRT_9	2.05±1.120	4.99±1.506	−32.415	.000
ZQSFRT_10	2.11±1.273	5.03±1.459	−31.121	.000
ZQSFRT_11	2.39±1.339	5.33±1.318	−32.298	.000
ZQSFRT_12	2.66±1.495	5.41±1.245	−29.172	.000
ZQSFRT_13	3.63±1.884	5.79±1.086	−20.427	.000
ZQSFRT_14	3.37±1.657	5.71±0.999	−24.879	.000
ZQSFRT_15	3.37±1.663	5.72±1.000	−24.925	.000
TYQGJS_1	3.25±1.636	5.35±1.243	−21.106	.000
TYQGJS_2	3.19±1.397	5.45±1.023	−26.816	.000
TYQGJS_3	3.20±1.251	5.44±1.034	−28.464	.000
TYQGJS_4	3.18±1.222	5.49±0.961	−30.596	.000
TYQGJS_5	3.37±1.402	5.50±0.986	−25.581	.000
TYQGJS_6	3.03±1.155	5.42±0.997	−32.386	.000
TYQGJS_7	3.26±1.308	5.45±1.001	−27.366	.000
TYQGJS_8	2.93±0.997	5.15±1.074	−31.205	.000
TYQGJS_9	3.14±1.137	5.39±0.967	−31.132	.000
TYQGJS_10	3.04±1.062	5.41±0.996	−33.617	.000

(续表)

题　项	组别(平均值+标准差)		t	Sig.(双侧)
	低分组($n=417$)	高分组($n=436$)		
TYQGJS_11	2.94±1.108	5.26±1.101	−30.648	.000
TYQGJS_12	3.07±1.176	5.40±1.031	−30.795	.000

（二）调研指标信效度检验与均值结果

统计检验中涉及校正的项总计相关性（CITC）通常用于辅助判断量表题目是否应该进行信度的修正处理。一般认为，当某一观测题项的校正总计相关性大于 0.5，说明相应观测题项有效，可以保留并作进一步检验。

通过对我国足球发展与体育强国建设量表中各观测题项校正的项总计相关性（CITC）与各题项得分均值进行统计（表 6-2）发现，本量表各观测题项的CITC 值均大于或接近 0.5，表明本课题调研数据具有较高的内部一致性和稳定性，且各题项无须进行修正处理即可开展下一步统计检验。

观测题项得分均值（M）的高低反映了调查对象对我国足球发展、足球组织建设、足球身份认同以及体育强国建设等方面的认可程度，同时也基于大众视角，揭示了当前我国足球发展与体育强国建设的实际现状及发展水平。某一观测题项的得分均值 M 越高，则说明被调查对象对该题项内容的认可度或是对所涉及的内容发展水平评价越高，反之则越低。

表 6-2 结果显示，我国足球发展量表观测题项整体得分低，得分均值"不及格"率较高（得分 4.2 分以下）。我国足球发展这一维度整体得分较低，题项均值"不及格"率较高。为保证量表设计的信度和效度，本课题量表采用李克特 7 级量表进行设计。根据各维度和题项的得分均值统计情况发现，足球氛围、校园足球、足球组织影响力和个人身份认同这四个维度的得分均值均小于量表中位数 4（表 6-3）。具体来看，共有 29 个观测题项得分均值小于量表中位数，占所有观测题项数量的 56.86%（表 6-4）；而若按照百分制，将 60% 视为及格控制线，即 4.2 为及格分，则有职业足球、足球氛围、校园足球、足球组织影响力、个体认同行为和建设保障体系等 6 个二阶指标"不及格"（表 6-3），具体到各观测题项中，则共有 36 个观测题项得分均值低于"及格"线（表 6-4）。

表6-2 指标测试题项及其可信度检验情况

一阶指标	二阶指标	三阶指标		CITC	指标均值（分）	变量均值（分）
足球发展	职业足球	ZGZQFZ_8	当前我国职业足球赛事的球迷数量	0.633	4.27	4.00
		ZGZQFZ_9	当前我国职业足球产业的产值	0.723	4.03	
		ZGZQFZ_10	当前我国足球产业运营人才的总体数量	0.821	3.79	
		ZGZQFZ_11	当前我国足球产业促进社会就业的贡献率	0.810	3.76	
		ZGZQFZ_12	当前支持我国足球发展的政策数量	0.709	4.19	
		ZGZQFZ_13	当前我国足球发展的科技支撑力量	0.785	3.97	
	足球氛围	ZGZQFZ_1	当前我国足球人口的数量和质量	0.703	3.49	3.77
		ZGZQFZ_2	当前我国业余足球联赛的活跃度	0.739	3.78	
		ZGZQFZ_3	当前我国足球的社会文化氛围	0.751	3.77	
		ZGZQFZ_4	当前校园足球发展的普及与提高	0.742	4.04	
	校园足球	ZGZQFZ_5	当前校园足球课程体系的科学性	0.772	3.81	3.56
		ZGZQFZ_6	当前校园足球有资质的师资数量	0.783	3.68	
		ZGZQFZ_7	我国国家足球队的竞技水平	0.665	3.18	
组织建设	足球组织影响力	ZQZZJS_2	当前我国足球社会组织的注册数量	0.841	3.90	3.90
		ZQZZJS_3	当前我国职业足球俱乐部的注册数量	0.815	3.97	
		ZQZZJS_4	当前我国以足球业务为主的营业性组织数量（经纪、培训等）	0.837	3.97	
		ZQZZJS_5	当前我国以足球业务教育为主的志愿者组织数量	0.826	3.84	
		ZQZZJS_7	当前我国足球组织（协会）的社会（社区）影响力	0.836	3.91	
		ZQZZJS_8	当前我国足球组织（协会）协调各类足球赛事的能力	0.845	3.96	
		ZQZZJS_9	当前我国职业足球组织（俱乐部）的文化感染力	0.836	3.90	
		ZQZZJS_10	当前我国职业足球组织（俱乐部）承担的社会责任现状	0.825	3.82	
		ZQZZJS_11	当前我国能够承担政府服务购买的足球社会组织数量	0.839	3.82	

(续表)

一阶指标	二阶指标	三阶指标		CITC	指标均值（分）	变量均值（分）
组织建设	足球组织能力	ZQZZJS_1	当前我国政府扶持足球组织建设的政策数量	0.771	4.20	4.33
		ZQZZJS_6	当前成立中国职业足球联盟的可行性与必要性	0.579	4.46	
身份认同	个体认同行为	ZQSFRT_1	我非常喜欢踢足球	0.815	3.83	3.81
		ZQSFRT_2	我非常喜欢看足球赛事	0.872	4.04	
		ZQSFRT_3	我会主动获取足球运动或事件的有关信息	0.895	3.89	
		ZQSFRT_4	我对加入足球活动组织感兴趣	0.881	3.90	
		ZQSFRT_5	我对参加一些足球论坛的评论感兴趣	0.882	3.78	
		ZQSFRT_6	我喜欢谈论足球主题的相关内容	0.902	3.80	
		ZQSFRT_7	我喜欢与同样有足球兴趣的人交朋友	0.885	3.96	
		ZQSFRT_8	我崇拜足球明星	0.815	3.88	
		ZQSFRT_9	我曾经或目前归属特定的球迷组织并参加相关球迷组织活动	0.765	3.43	
		ZQSFRT_10	我熟知自己喜欢的足球俱乐部队徽、队服、队歌等标识	0.833	3.52	
		ZQSFRT_11	我对自己喜欢的足球俱乐部在比赛中获胜会有很强的荣誉感	0.827	3.88	
	足球价值认同	ZQSFRT_12	我十分关注中国国家足球队的比赛	0.722	4.03	4.47
		ZQSFRT_13	当我观看中国国家足球队比赛时，国家和民族感情会油然而生	0.492	4.70	
		ZQSFRT_14	我认为足球是一项具有仪式感的运动	0.681	4.58	
		ZQSFRT_15	我认为足球运动蕴含着丰富的人生哲理	0.671	4.56	
体育强国建设	强国建设保障体系	TYQGJS_6	当前我国科学完善的体育人才培养体系现状	0.855	4.21	4.17
		TYQGJS_7	当前我国的国际体育话语权	0.817	4.31	
		TYQGJS_8	当前我国的国民体质状况	0.794	3.97	

(续表)

一阶指标	二阶指标	三阶指标		CITC	指标均值（分）	变量均值（分）
体育强国建设	强国建设保障体系	TYQGJS_9	当前我国的体育科技发展水平	0.851	4.24	4.17
		TYQGJS_10	当前我国公共体育服务体系建设的全面性	0.831	4.17	
		TYQGJS_11	当前我国体育法制的健全情况	0.800	4.05	
		TYQGJS_12	当前我国体育道德规范的普遍认同与遵从情况	0.801	4.21	
	国民体育素养	TYQGJS_3	当前我国体育锻炼的全民意识	0.803	4.33	4.34
		TYQGJS_4	当前我国国民对体育健康促进的普遍理解与关心	0.826	4.30	
		TYQGJS_5	当前体育在全面育人过程中的地位与作用发挥	0.795	4.39	
	竞技体育实力	TYQGJS_1	当前我国的竞技体育实力（奥运会、世界杯等国际赛事成绩）	0.610	4.26	4.30
		TYQGJS_2	当前我国举办国际性赛事（综合、单项和职业）的数量	0.733	4.34	

表6-3 二阶指标得分均值情况统计结果

一阶指标	二阶指标	变量均值	维度均值
足球发展	职业足球	4.00	3.78
	足球氛围	3.77	
	校园足球	3.56	
组织建设	足球组织影响力	3.90	4.12
	足球组织能力	4.33	
身份认同	个体认同行为	3.81	4.14
	足球价值认同	4.47	
体育强国建设	强国建设保障体系	4.17	4.27
	国民体育素养	4.34	
	竞技体育实力	4.30	

表 6-4 观测题项得分均值在量表中位数、及格控制线以下的统计结果

	<4		<4.2	
	数量	占比(%)	数量	占比(%)
二阶指标	4	40.00	6	60.00
三阶指标	29	56.86	36	70.59

(三) 二阶指标模型关联性检验结果

借助 AMOS 22.0 统计软件,分别将我国足球发展、组织建设、身份认同和体育强国建设四个一阶指标下的二阶指标构建关联。由表 6-5 可知,各关联模型中的卡方自由度比值(X^2/df)均介于 4—5 之间,通常认为当卡方自由度比(X^2/df)小于 3 时,模型适配理想,而当研究样本量较大时,卡方自由度比(X^2/df)可适度放宽至 5,因此本课题卡方自由度比(X^2/df)小于 5 是可以接受的①。在此基础上,采用 RMSEA 指标对测量数据与预设结构模型进行辅助判断。通用的判定标准为当 RMSEA<0.08 时,测量数据与模型拟合较好,可接受;当 RMSEA<0.05 时,测量数据与模型拟合很好。本课题模型 RMSEA 值均小于 0.05,表现出极好的拟合度。此外,其他指标如 NFI、RFI、IFI、TLI、CFI 等值域均介于 0—1 之间,越接近 1,表示模型拟合越好;大于 0.9 以上,可判定模型拟合较好。经统计检验,各指标在本次测量模型中数值均大于 0.9,表明模型适配良好,拟合度较高。综合来看,各关联模型拟合效果较好,且各维度之间相关系数均接近或超过 0.7,说明此次调查数据能够为本课题模型的构建提供有力支撑。

表 6-5 各维度之间的相关系数及模型拟合指标

维度	相关系数	X^2/df	RMSEA	NFI	RFI	IFI	TLI	CFI
职业足球—足球氛围	0.82***	4.53	0.048	0.984	0.977	0.988	0.982	0.988
职业足球—校园足球	0.81***							
足球氛围—校园足球	0.86***							
足球组织影响力—足球组织能力	0.88***	4.22	0.046	0.993	0.986	0.995	0.989	0.995

---

① 吴明隆.结构方程模型:AMOS 的操作与应用(第 2 版)[M].重庆大学出版社,2009:489.

(续表)

维　　度	相关系数	X^2/df	RMSEA	NFI	RFI	IFI	TLI	CFI
个体认同行为—足球价值认同	0.69***	4.17	0.045	0.990	0.984	0.992	0.988	0.992
强国建设保障体系—国民体育素养	0.88***	4.56	0.049	0.989	0.983	0.992	0.986	0.992
强国建设保障体系—竞技体育实力	0.76***							
国民体育素养—竞技体育实力	0.79***							

注：*** $P<0.001$。

（四）测量模型各指标的样本统计量及区分效度

通过对各指标的均值、标准差、相关系数、信度和效度测量结果统计（表6-6）发现，我国足球发展、组织建设、身份认同及体育强国建设四个一阶指标下共10个二阶指标之间均存在显著的正相关关系（$P<0.01$）。表6-6中对角线上的粗体数值，即AVE值的平方根，均大于其所在行和列的所有相关系数值，表明所采用的变量指标之间区分效度明显。以表6-6中阴影部分为例，变量"个人认同行为"的AVE平方根为0.84，这一数值比所在行和列上的所有相关系数值都要大，说明"个人认同行为"满足区别效度的检验标准，该变量区别效度得到保证。此外，表6-6中各变量Cronbach's α系数均介于0.719—0.953之间，超过0.7的阈值，表现出良好的内部一致性；组合信度值（CR）介于0.75—0.96之间，同样超过0.7的阈值；而平均提取方差AVE值介于0.61—0.79之间，超过0.6的阈值，以上指标数据综合表明本量表具有良好的信度。

表6-6　各变量的均值、标准差、相关系数、信度和效度测量

变　量	(1)	(2)	(3)	(4)	(5)	(6)	(7)	(8)	(9)	(10)
(1) 职业足球	0.89[a]									
(2) 足球氛围	.755**[b]	0.78								
(3) 校园足球	.751**	.752**	0.82							
(4) 足球组织影响力	.875**	.764**	.779**	0.91						
(5) 足球组织能力	.757**	.603**	.549**	.744**	0.78					

(续表)

变量	(1)	(2)	(3)	(4)	(5)	(6)	(7)	(8)	(9)	(10)
(6) 个人认同行为	.384**	.356**	.365**	.389**	.348**	**0.84**				
(7) 足球价值认同	.407**	.343**	.285**	.372**	.467**	.669**	**0.79**			
(8) 建设保障体系	.652**	.600**	.613**	.714**	.577**	.453**	.521**	**0.83**		
(9) 国民体育素养	.540**	.519**	.461**	.576**	.544**	.431**	.580**	.814**	**0.82**	
(10) 竞技体育实力	.452**	.402**	.385**	.458**	.455**	.453**	.597**	.656**	.688**	**0.81**
M	4.00	3.77	3.56	3.90	4.33	3.81	4.47	4.17	4.34	4.30
SD	1.13	1.14	1.22	1.15	1.23	1.53	1.42	1.17	1.27	1.40
Cronbach's α	0.913	0.882	0.856	0.961	0.719	0.974	0.874	0.953	0.913	0.809
CR	0.86	0.82	0.76	0.94	0.75	0.96	0.87	0.90	0.83	0.79
AVE	0.79	0.61	0.67	0.83	0.61	0.71	0.62	0.69	0.67	0.66

注：1) a 表示相关系数矩阵对角线上粗体显示的是AVE的平方根值；2) b 表示相关系数矩阵的左下方显示的是相关系数根；3) "**"表示在.01水平（双侧）上显著相关。

二、足球发展与体育强国建设模型的数据输出结果

（一）模型适配度检验

通过建立相关模型得到我国足球发展对体育强国建设结构方程模型适配度检验结果（表6-7），其中卡方自由度比（X^2/df）为4.95，小于临界值5，模型适配度可以接受；RMSEA 为0.051，略大于0.05，小于0.08，表明模型拟合度较好；此外，NFI 为 0.964、RFI 为 0.957、IFI 为 0.971、TLI 为 0.965、CFI 为 0.971，各指标均大于0.9，趋近于1，说明模型内在结构质量非常理想。同时，各个二阶指标在相应潜变量上的标准化因子载荷均在0.5以上，说明本模型的各变量间具有充分的收敛效度。以上统计检验指标均达到模型构建标准要求，综合表明我国足球发展与体育强国建设之间构建的二阶模型具有良好的整体拟合度。

表6-7 我国足球发展对体育强国建设结构方程模型适配度检验

统计检验指标	适配标准	检验结果	适配度判断
X^2/df	≤5.0	4.95	可以接受
RMSEA	≤0.08	0.051	较好
NFI	≥0.9	0.964	很好

(续表)

统计检验指标	适配标准	检验结果	适配度判断
RFI	≥0.9	0.957	很好
IFI	≥0.9	0.971	很好
TLI	≥0.9	0.965	很好
CFI	≥0.9	0.971	很好

(二)模型路径系数结果

运用 AMOS 22.0 统计软件对我国足球发展与体育强国建设路径关系进行运算,得到我国足球发展对体育强国建设的路径系数为 0.73,说明我国足球发展对体育强国建设存在很强的正向影响(图 6-1),H1 假设成立。

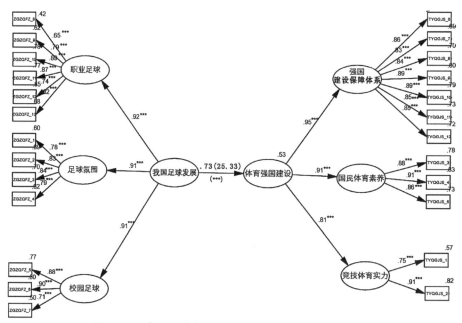

图 6-1 我国足球发展与体育强国建设结构方程模型

从图 6-1 我国足球发展与体育强国建设结构方程模型可以看出,我国足球发展对体育强国建设具有积极的正向影响作用,其效用超过 70%。数据分析结果表明,调查对象普遍认为我国足球发展能够较好地影响体育强国建设。我国足球发展中职业足球、足球氛围和校园足球 3 个二阶指标在 0.001 显著水平上,与其关联系数值分别为 0.92、0.91 和 0.91,说明三者对我国足球发展均具有重要影响且影响程度相近,这也说明,职业足球、足球氛围和校园足球影响在表达我国足球发展方面是较为可靠的。在结果变量——体育强国建设方面,3个二阶指标强国建设保障体系、国民体育素养、竞技体育实力同样在 0.001 显著水平下,与其关联系数值分别为 0.95、0.91、0.81,即相比而言,强国建设保障体系对体育强国建设的影响最大,国民体育素养次之,竞技体育实力影响较小。

(三)专业、性别、学历对模型的影响

考虑到不同教育专业、性别、受教育层次水平的被试对象可能对我国足球发展与体育强国建设关系认知存在潜在差异,研究选取专业、性别、学历作为模型构建的控制变量。模型 1:在图 6-1 所示模型基础上,引入专业、性别、学历 3 个预测变量,同时不考虑职业足球、足球氛围、校园足球 3 个二阶指标;模型 2:在模型 I 基础上加入职业足球、足球氛围、校园足球 3 个二阶指标。由表 6-8 回归方程模型与表 6-9 我国足球发展对体育强国建设回归结果可知,模型 1 中不同学历水平对足球发展与体育强国建设之间的关系在 0.01 水平上产生显著影响,其回归系数为 −2.923,说明不同学历的调查对象在对足球发展与体育强国建设关系的认知上表现出显著差异。通过对比不同学历控制变量条件下我国足球发展对体育强国建设影响的路径图,发现调查对象为研究生学历模型中观测题项的因子载荷与相关系数普遍低于调查对象为本科学历模型中的相关数值(图 6-2,图 6-3)。一般认为,高学历群体对事物客观性认知要比低学历群体更为准确,即调查对象为研究生学历的所得出的数据要更加接近客观真实情况。但在本课题中,调查对象为研究生学历的模型结构(图 6-3)中的各项数值要比调查对象为本科学历的模型结构(图 6-2)中的各项数值更大程度上偏离总体样本模型结构(图 6-1)的数值,这主要是因为调查对象中研究生学历占比较低,约占样本总量的 37.74%,仅为本科学历的 60.61%。研究生与本科生样本量的差异悬殊是造成本科学历相关指标更趋近整体指标数值的主要原因,总体上从不同学历学生的调查数据分析看,我国足球发展影响体育强国建设的假设是成立的。

表 6-8 回归方程模型

模型	R	R^2	调整后 R^2	标准误	F	P
1	.084[a]	0.006	0.004	1.130	3.144	.024
2	.664[b]	0.441	0.439	0.849	201.528	.000

注:a 预测变量:(常量),专业,性别,学历;
　　b 预测变量:(常量),专业,性别,学历,职业足球,足球氛围,校园足球。

表 6-9　我国足球发展对体育强国建设回归结果

预测变量		B	t	共线性统计量	
				容忍度	VIF
模型 1	性别	0.035	1.360	0.975	1.026
	学历	−0.076	−2.923**	0.966	1.035
	专业	−0.014	−0.551	0.990	1.010
模型 2	性别	−0.025	−1.269	0.961	1.041
	学历	−0.007	−0.328	0.910	1.099
	专业	0.013	0.699	0.985	1.015
	职业足球	0.383	11.823***	0.348	2.877
	足球氛围	0.192	5.921***	0.349	2.867
	校园足球	0.147	4.474***	0.339	2.952

注：因变量：体育强国建设；** $P<0.01$，*** $P<0.001$；模型中各变量均采用均值带入回归方程。下同。

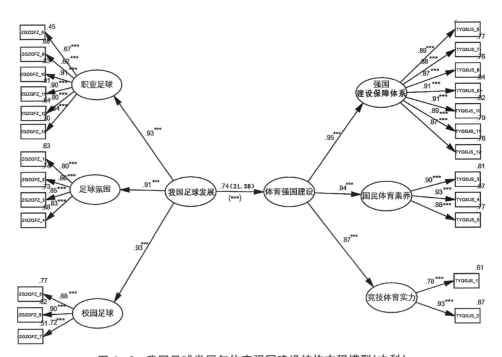

图 6-2　我国足球发展与体育强国建设结构方程模型(本科)

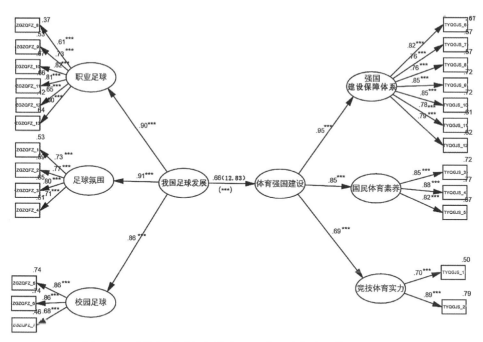

图 6-3 我国足球发展与体育强国建设结构方程模型(研究生)

模型 2 在原有控制变量基础上引入职业足球、足球氛围、校园足球 3 个二阶指标,所得到的 F 统计量为 201.528($P<0.001$),回归效果显著,可以判断回归模型设定合理。而调整后的 R^2 值为 0.439,意味着职业足球、足球氛围和校园足球能够解释 43.9% 的体育强国建设。职业足球、足球氛围与校园足球的回归系数分别为 11.823、5.921 和 4.474,且均在 0.001 水平下显著,说明我国足球发展下的职业足球、足球氛围和校园足球均对体育强国建设产生显著的正向影响。

三、足球组织建设作为中介变量的模型数据结果

(一)足球组织建设作为中介变量的模型适配度检验

通过建立相关模型得到足球组织建设作为中介变量的我国足球发展影响体育强国建设结构方程模型适配度检验结果(表 6-10)。其中卡方自由度比(X^2/df)为 4.77,小于临界值 5,模型适配度可以接受;RMSEA 为 0.050,小于 0.08,表明模型拟合度较好;此外,NFI 为 0.951、RFI 为 0.945、IFI 为 0.961、TLI 为 0.965、CFI 为 0.961,各指标均大于 0.9,趋近于 1,说明模型内在质量非常理想。同时,各个二阶指标在相应潜变量上的标准化因子载荷均在 0.5 以上,说明本模

型各变量间具有充分的收敛效度。以上统计检验指标均达到模型构建标准要求，综合表明中介变量足球组织建设影响下，我国足球发展与体育强国建设之间构建的二阶模型具有良好的整体拟合度。

表 6-10　足球组织建设作为中介变量的我国足球发展影响
体育强国建设结构方程模型适配度检验

统计检验指标	适配标准	检验结果	适配度判断
X^2/df	≤5.0	4.77	可以接受
RMSEA	≤0.08	0.050	较好
NFI	≥0.9	0.951	很好
RFI	≥0.9	0.945	很好
IFI	≥0.9	0.961	很好
TLI	≥0.9	0.965	很好
CFI	≥0.9	0.961	很好

(二) 足球组织建设中介模型路径系数结果

运用 AMOS 22.0 统计软件对我国足球组织建设、足球发展与体育强国建设这三个变量数据进行运算，得到足球组织建设影响下的我国足球发展与体育强国建设结构方程模型(图 6-4)。图中路径系数值反映的是结构模型中各变量之间存在的路径关系和同等显著水平下的影响程度。

在单变量中介模型中，足球组织建设在我国足球发展影响体育强国建设的发展路径中有着极其重要的中介作用，间接效应达到 69.8%，足球组织建设的效用得到调查对象的高度认可，H3 假设成立。同时路径系数表明，我国足球发展影响足球组织建设的路径系数为 0.98，P 值小于 0.001，也就是说足球发展水平会极大提升足球组织建设，对足球组织建设产生积极的正向效应，H2 假设成立；路径系数也显示出，足球组织建设影响体育强国建设的路径系数达到 0.75，P 值小于 0.001，说明足球组织建设的确对体育强国建设的影响呈现正向积极推动性，H4 假设成立。

在中介变量足球组织建设影响下我国足球发展的 3 个二阶指标职业足球、足球氛围和校园足球同样在 0.001 显著水平下，与其关联系数值分别为 0.97、0.87 和 0.87，即三者相比较而言，职业足球对我国足球发展的影响最大，足球氛

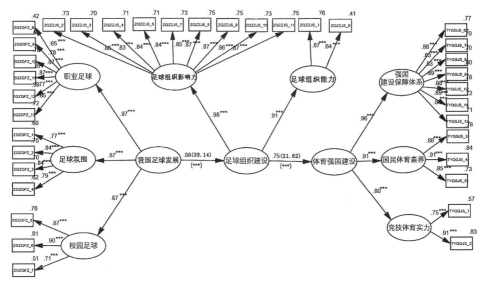

图 6-4　足球组织建设影响下的我国足球发展与体育强国建设结构方程模型（整体）

围和校园足球对我国足球发展的影响次之。在中介变量足球组织建设影响下，二阶指标足球组织影响力和足球组织能力对其关联系数值分别为 0.98 和 0.91，即在足球组织建设维度的两个二阶指标中，足球组织影响力对足球组织建设的影响较大，足球组织能力次之。在中介变量足球组织建设的影响下，体育强国建设中二阶指标强建设保障体系、国民体育素养、竞技体育实力在 0.001 显著水平下，与其关联系数值分别为 0.96、0.91、0.80，即在体育强国建设维度的 3 个二阶指标中，强国建设保障体系对体育强国建设的影响最大，国民体育素养次之，竞技体育实力相对较小。

（三）足球组织建设中介效应检验结果

采用 Hayes 编制的 SPSS 宏中的模型 4（模型 4 为简单的中介模型）[1]和自主重复抽样方法（Bootstrap）来检验足球组织建设的中介效应，检验结果如表 6-11 所示。从表中可以看出，在中介变量足球组织建设影响下，我国足球发展对体育强国建设的总效应值为 0.712，其中我国足球发展对体育强国建设的直接效应值为 0.215，直接效应的 Bootstrap95% 置信区间为 [0.109，0.320]，不包含

---

[1] Hayes，A. F. PROCESS：A Versatile Computational Tool for Observed Variable Mediation，Moderation，and Conditional Process Modeling. Retrieved from http：//www. Afhayes. com/public/process 2012.pdf.

"0",表明我国足球发展对体育强国建设具有显著正向关系,占总效应(0.712)的30.20%;我国足球发展通过中介变量足球组织建设对体育强国建设的中介效应值为0.497,中介效应的Bootstrap95%置信区间为[0.360,0.520],不包含"0",说明足球组织建设在我国足球发展对体育强国建设影响路径中具有显著中介效应,占总效应(0.712)的69.80%,超过50%,反映出足球组织建设对我国足球发展与体育强国建设之间的中介效应发挥着主导作用。

表6-11 中介变量足球组织建设影响下模型的总效应、直接效应及中介效应分解表

效 应	效 应 值	Boot 标准误	Boot CI 上限	Boot CI 下限	相对效应值
直接效应	0.215***(4.895)	0.044	0.109	0.320	30.20%
足球组织建设的中介效应	0.497***(12.644)	0.041	0.360	0.520	69.80%
总效应	0.712***(34.432)	0.023	0.658	0.747	

注:*** $P<0.001$;括号中为 t 值。

(四)专业、性别、学历对足球组织建设中介模型的影响

表6-12为回归方程模型,表6-13为足球组织建设对体育强国建设回归结果。模型1是性别、学历、专业对足球发展与体育强国建设之间的关系,其中学历在0.01水平下具有显著影响,其回归系数为-2.923,说明不同学历的调研对象在足球发展与体育强国建设关系的认知上有反差。

模型2是在模型1变量基础上,加入足球组织影响力和足球组织能力2个二阶变量,由表6-12可知,组成回归模型 F 统计量为285.182,回归效果显著,模型设定合理。调整后的 R^2 为0.481,意味着足球组织影响力和足球组织能力能够解释48.1%体育强国建设,相较无中介变量影响背景下提升4.2个百分点。足球组织影响力和足球组织能力的回归系数分别为16.092和5.905,且均在0.001水平下显著,表明足球组织影响力和足球组织建设对体育强国建设产生显著的正向影响。

表6-12 回归方程模型

模型	R	R^2	调整后 R^2	标准误	F	显著性
1	0.084[a]	0.006	0.004	1.130	3.144	0.024
2	0.698[b]	0.482	0.481	0.813	285.182	0.000

注:a 预测变量:(常量),专业,性别,学历;
b 预测变量:(常量),专业,性别,学历,足球组织影响力,足球组织能力。

表 6-13　足球组织建设对体育强国建设回归结果[a]

模型	预测变量	B	t	共线性统计	
				容忍度	VIF
1	性别	0.035	1.360	0.975	1.026
	学历	−0.076	−2.923**	0.966	1.035
	专业	−0.014	−0.551	0.990	1.010
2	性别	−0.021	−1.105	0.967	1.034
	学历	−0.017	−0.919	0.936	1.069
	专业	−0.011	−0.617	0.990	1.010
	足球组织影响力	0.527	16.092***	0.315	3.176
	足球组织能力	0.192	5.905***	0.319	3.134

注：a 因变量：体育强国建设；** $P<0.01$，*** $P<0.001$。

四、足球身份认同作为中介变量的模型数据结果

（一）足球身份认同作为中介变量的模型适配度检验

通过建立相关模型得到足球身份认同影响下我国足球发展对体育强国建设结构方程模型适配度检验结果（表6-14）。其中卡方自由度比（X^2/df）为4.77，小于临界值5，模型适配度可以接受；RMSEA 为0.050，小于0.08，表明模型拟合度较好；此外，NFI 为0.951、RFI 为0.945、IFI 为0.961、TLI 为0.965、CFI 为0.961，各指标均大于0.9，趋近于1，说明模型内在质量非常理想。同时，各个二阶指标在相应潜变量上的标准化因子载荷均在0.5以上，说明本模型各变量间具有充分的收敛效度。以上统计检验指标均达到模型构建标准要求，综合表明在中介变量足球身份认同影响下，我国足球发展与体育强国建设之间构建的二阶模型具有良好的整体拟合度。

表 6-14　足球身份认同影响下我国足球发展与体育强国建设结构方程模型适配度检验

统计检验指标	适配标准	检验结果	适配度判断
X^2/df	≤5.0	4.77	可以接受
RMSEA	≤0.08	0.050	较好

(续表)

统计检验指标	适配标准	检验结果	适配度判断
NFI	≥0.9	0.951	很好
RFI	≥0.9	0.945	很好
IFI	≥0.9	0.961	很好
TLI	≥0.9	0.965	很好
CFI	≥0.9	0.961	很好

(二) 足球身份认同中介模型路径系数结果

运用 AMOS 22.0 统计软件对我国足球发展、足球身份认同与体育强国建设这 3 个变量数据进行运算,得到足球身份认同影响下的我国足球发展与体育强国建设结构方程模型(图 6-5)。图中路径系数值反映的是结构模型中各变量之间存在的路径关系和同等显著水平下的影响程度。

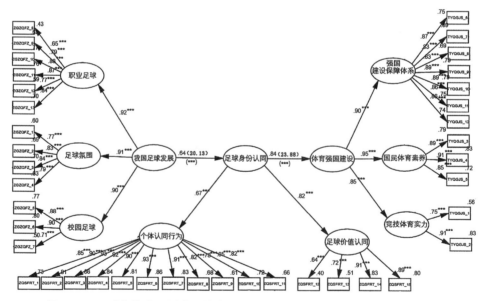

图 6-5 足球身份认同影响下的我国足球发展与体育强国建设结构方程模型

从图 6-5 可以看出,在单变量足球身份认同中介影响下,足球身份认同在我国足球发展影响体育强国建设的路径中起着积极的正向影响性,H6 假设成立;路径系数表明我国足球发展影响足球身份认同的路径系数为 0.64,P 值小于

0.001，说明我国足球发展对足球身份认同产生积极的正向影响，H5假设成立；同时足球身份认同影响体育强国建设的路径系数为0.84，P值小于0.001，说明足球身份认同对体育强国建设呈现积极的正向影响，H7假设成立。

在中介变量足球身份认同影响下，我国足球发展3个二阶指标职业足球、足球氛围和校园足球在0.001显著水平下，与其路径系数值分别为0.92、0.91和0.90，因此三者相比较而言，职业足球对我国足球发展的影响最大、足球氛围次之、校园足球对我国足球发展的影响相对最小。相较于图6-1我国足球发展与体育强国建设结构方程模型，职业足球与足球氛围对我国足球发展的影响不变，而校园足球对我国足球发展的影响力则有所降低。就足球身份认同这一变量而言，2个二阶指标个体认同行为和足球价值认同在0.001显著水平下，与其关联系数值分别为0.67和0.82，因此相比较之下，足球价值认同对足球身份认同建设的影响相对最大，个体认同行为次之。此外，体育强国建设3个二阶指标强国建设保障体系、国民体育素养、竞技体育实力在0.001显著水平下，与其关联系数值分别为0.90、0.95、0.85，即在足球身份认同影响下，三者相比较之下，国民体育素养对体育强国建设的影响相对最大，强国建设保障体系次之，竞技体育实力最小。

(三) 足球身份认同中介效应检验结果

采用Hayes编制的SPSS宏中的模型4（模型4为简单的中介模型）[①]和自主重复抽样方法（Bootstrap）来检验足球身份认同的中介效应，检验结果见表6-15。从表中可以看出，在中介变量足球身份认同影响下，我国足球发展对体育强国建设的总效应值为0.712，其中我国足球发展通过中介变量足球身份认同对体育强国建设的中介效应值为0.166，中介效应的Bootstrap95％置信区间为[0.135，0.201]，不包含"0"，表明我国足球发展对体育强国建设具有正向显著关系，占总效应（0.712）的23.34％；而我国足球发展对体育强国建设的直接效应值为0.546，直接效应的Bootstrap95％置信区间为[0.490，0.602]，不包含"0"，说明虽然足球身份认同在我国足球发展对体育强国建设影响路径中具有显著的中介效应，占总效应（0.712）的76.66％，反映出足球身份认同的中介作用下，我

[①] Hayes，A. F. PROCESS：A Versatile Computational Tool for Observed Variable Mediation，Moderation，and Conditional Process Modeling. Retrieved from http：//www. Afhayes. com/public/process 2012.pdf.

国足球发展对体育强国建设的直接效应发挥着主导作用。

表6-15 足球身份认同作为中介变量的模型总效应、直接效应及中介效应分解表

效应	效应值	Boot标准误	Boot CI上限	Boot CI下限	相对效应值
直接效应	0.546***(25.662)	0.028	0.490	0.602	76.66%
足球身份认同的中介效应	0.166***(17.185)	0.017	0.135	0.201	23.34%
总效应	0.712***(34.432)	0.023	0.397	0.488	

注：*** $P<0.001$；括号中为 t 值。

（四）专业、性别、学历对足球身份认同中介模型的影响

表6-16为回归方程模型，表6-17为足球身份认同对体育强国建设回归结果。模型1是性别、学历、专业对我国足球发展与体育强国建设之间关系的影响，其中学历在0.01水平下具有显著影响，其回归系数为−2.923，说明学历差异在我国足球发展与体育强国建设关系的认知上出现显著反差。

表6-16 回归方程模型

模型	R	R^2	调整后 R^2	标准误	F	显著性
1	0.084a	0.006	0.004	1.130	3.144	.024
2	0.629b	0.395	0.393	0.882	200.24	.000

注：a 预测变量：（常量），专业，性别，学历；
b 预测变量：（常量），专业，性别，学历，足球价值认同，个体认同行为。

表6-17 足球身份认同对体育强国建设回归结果[a]

模型	预测变量	B	t	共线性统计	
				容忍度	VIF
1	性别	0.035	1.360	0.975	1.026
	学历	−0.076	−2.923**	0.966	1.035
	专业	−0.014	−0.551	0.990	1.010
2	性别	0.123	5.910***	0.919	1.088
	学历	−0.109	−5.294***	0.934	1.070

(续表)

模型	预测变量	B	t	共线性统计	
				容忍度	VIF
2	专业	0.022	1.115	0.985	1.016
	个体认同行为	0.170	6.073***	0.505	1.982
	足球价值认同	0.505	18.503***	0.530	1.886

注：a 因变量：体育强国建设；** $P<0.01$，*** $P<0.001$。

模型2在模型1变量基础上加入自变量个体认同行为和足球价值认同，组成回归模型，统计量 F 为 200.24（$P<0.001$），回归效果显著，模型设定合理。调整后的 R^2 为 0.393，意味着个体认同行为和足球价值认同能解释39.3%的体育强国建设。个体认同行为和足球价值认同的回归系数分别为6.073和18.503，且在0.001水平下显著，说明个体认同行为和足球价值认同对体育强国建设产生显著正向影响。此外，在模型2中，性别与学历差异对我国足球发展与体育强国建设关系在0.001水平下具有显著影响，其回归系数分别为5.910和－5.294，即说明不同性别、学历的调研对象在对足球身份认同与体育强国建设关系的认知水平上均出现显著性差异。

五、足球组织建设和足球身份认同双中介模型数据结果

（一）双中介模型适配度检验

通过建立相关模型得到表6-18双中介变量（足球组织建设和足球身份认同）影响下，我国足球发展对体育强国建设结构方程模型适配度检验结果。其中，卡方自由度比（X^2/df）为4.929，小于临界值5，模型适配度可以接受；RMSEA 为 0.051，小于0.08，表明模型拟合度较好；此外，NFI 为 0.930、RFI 为 0.925、IFI 为 0.943、TLI 为 0.939、CFI 为 0.943，各指标均大于0.9，趋近于1，说明模型内在质量非常理想。同时，各个二阶指标的标准化因子载荷值均在0.5以上，说明本模型各变量间具有充分的收敛效度。以上统计检验指标均达到模型构建标准要求，综合表明在双中介变量（足球组织建设和足球身份认同）影响下，我国足球发展与体育强国建设之间构建的二阶模型具有良好的整体拟合度。

（二）双中介模型的路径系数结果

由于足球组织建设、足球身份认同两个中介变量在我国足球发展影响体育

表 6-18 双中介变量影响下我国足球发展对体育强国建设结构方程模型适配度检验

统计检验指标	适配标准	检验结果	适配度判断
X^2/df	≤5.0	4.929	可以接受
RMSEA	≤0.08	0.051	较好
NFI	≥0.9	0.930	很好
RFI	≥0.9	0.925	很好
IFI	≥0.9	0.943	很好
TLI	≥0.9	0.939	很好
CFI	≥0.9	0.943	很好

强国建设的路径关系中共同发挥效应，因此两个中介变量共同进入模型运算，能够发现在现阶段哪一个中介变量在足球发展影响下对体育强国建设的影响最为关键，以便能够有的放矢，强化治理。运用 AMOS 22.0 统计软件对总体结构模型进行运算，得到足球组织建设与足球身份认同影响下我国足球发展对体育强国建设结构方程模型（图 6-6）。图中路径系数值反映结构模型中各变量之间存在的路径关系和同等显著水平下的影响程度。

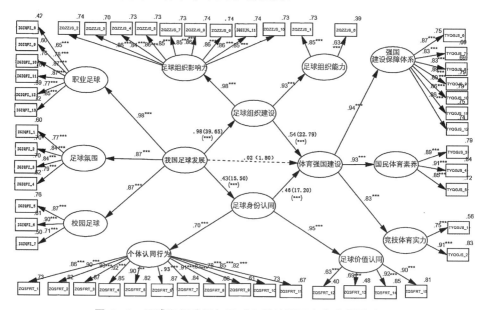

图 6-6 足球组织建设与足球身份认同双中介变量影响下我国足球发展对体育强国建设结构方程模型

如图 6-6 所示,当足球组织建设和足球身份认同同时影响我国足球发展与体育强国建设的模型时,可以发现假设 H1 并不成立,路径系数为 0.02,P 值大于 0.05,说明 H1 的效应完全被足球组织建设和足球身份认同两个中介变量所取代;模型中,足球组织建设和足球身份认同在我国足球发展影响体育强国建设中的总效应中的足球组织建设产生的效应与足球身份认同产生的效应,P 值均小于 0.001,说明足球组织建设和足球身份认同在我国足球发展影响体育强国建设的路径中发挥了积极的正向效应,再次证明 H3 和 H6 成立,当然在两者产生的作用上,加快足球组织建设显得更为重要,从理论上讲,足球组织建设的良性推进有助于足球身份认同。另外,模型中,我国足球发展影响足球组织建设的路径系数为 0.98、足球组织建设影响体育强国建设的路径系数为 0.54、我国足球发展影响足球身份认同的路径系数为 0.43,以及足球身份认同影响体育强国建设的路径系数为 0.46,上述路径系数的 P 值均小于 0.001,说明 H2、H4、H5、H7 假设均成立。

在中介变量足球组织建设和足球身份认同共同影响下,二阶指标职业足球、足球氛围和校园足球均在 0.001 显著水平下,与我国足球发展的路径系数值分别为 0.98、0.87 和 0.87,三者相比较而言,职业足球对我国足球发展的影响最大、足球氛围和校园足球影响次之。在中介变量足球组织建设模型中,二阶指标足球组织影响力、足球组织能力均在 0.001 显著水平下,与其关联的路径系数分别为 0.98、0.93,即足球组织影响力相比足球组织能力对足球组织建设的影响更大。在中介变量足球身份认同模型中,二阶指标个体认同行为、足球价值认同在 0.001 显著水平下,与足球身份认同的路径系数值分别为 0.70、0.95,即足球价值认同相比于个体认同行为对足球身份认同的影响更大。此外,体育强国建设 3 个二阶指标强国建设保障体系、国民体育素养、竞技体育实力在 0.001 显著水平下,与体育强国建设的路径系数分别为 0.94、0.93 和 0.83,因此,相比较而言,强国建设保障体系对体育强国建设的影响最大,国民体育素养次之,竞技体育实力最小。

(三)双中介模型效应检验结果

本课题根据柳士顺、凌文辁提出的一元并行多重中介效应模型回归方程[①],

[①] 柳士顺,凌文辁.多重中介模型及其应用[J].心理科学,2009(2):433~435+407.

通过借鉴多元德尔塔方法对总体中介效应显著性进行检验,表6-19为足球组织建设、足球身份认同影响下的我国足球发展对体育强国建设效应分别为自变量X(我国足球发展)对因变量Y(体育强国建设)的总效应;自变量X(我国足球发展)对M(M_1足球组织建设和M_2足球身份认同)的回归效应以及将我国足球发展、足球组织建设和足球身份认同一起放入回归模型中得到结果。通过计算得知,总体中介效应(即$a_1b_1+a_2b_2$)的方差值为0.040 4,标准误为0.201,经过Z检验后得出$Z=2.835>2.58$,总体中介效应在0.01水平下显著,说明足球组织建设、足球身份认同同时作为我国足球发展对体育强国建设影响的中介变量是合理的,且总体中介效应为0.57。同时,足球组织建设在整体模型中的中介效应值为0.431,而足球身份认同在整体模型中的中介效应值为0.139,因此足球组织建设在我国足球发展和体育强国建设之间所起到的中介作用要大于足球身份认同。

表6-19 足球组织建设、足球身份认同影响下的
我国足球发展对体育强国建设关系结果

	回归方程	标 准 误	t 值
回归一	$Y=0.710X$	0.021	34.679***
回归二	$M_1=0.948X$	0.012	28.499***
	$M_2=0.570X$	0.031	18.576***
回归三	$Y=0.140X$	0.041	3.444***
	$+0.455M_1$	0.038	11.874***
	$+0.244M_2$	0.015	16.171***

注:*** 表示 $P<0.001$;
X 表示我国足球发展;Y 表示体育强国建设;
M_1 表示足球组织建设;M_2 表示足球身份认同。

(四)专业、性别、学历对双中介模型的影响

表6-20为回归方程模型(整体),6-21为双模型整体回归结果。模型1是性别、学历、专业对我国足球发展与体育强国建设之间的关系,其中学历在0.01水平下具有显著影响,其回归系数为-2.923,说明学历差异对我国足球发展与体育强国建设关系的认知上出现了显著反差。

模型2在模型1变量的基础上加入自变量我国足球发展、足球组织建设和足球身份认同,由自变量与体育强国建设组成的回归模型统计量F为337.386,回归效果显著,可以判断该回归模型设定合理。

表 6-20 回归方程模型(整体)

模型	R	R^2	调整后 R^2	标准误	F	P
1	.084a	0.006	0.004	1.130	3.144	.024
2	.755b	0.570	0.568	0.745	337.386	.000

注：a 预测变量：(常量)，专业，性别，学历；
b 预测变量：(常量)，专业，性别，学历，足球组织建设，足球身份认同，我国足球发展。

表 6-21 双模型整体回归结果[a]

模型	预测变量	B	t	共线性统计	
				容忍度	VIF
1	性别	0.035	1.360	0.975	1.026
	学历	−0.076	−2.923**	0.966	1.035
	专业	−0.014	−0.564**	0.990	1.010
2	性别	0.056	3.138**	0.894	1.118
	学历	−0.017	−0.968	0.952	1.050
	专业	0.017	1.024	0.979	1.022
	我国足球发展	0.122	3.196**	0.193	5.169
	足球组织建设	0.445	11.744***	0.196	5.111
	足球身份认同	0.321	16.478***	0.743	1.346

注：a 因变量：体育强国建设；** $P<0.01$，*** $P<0.001$。

调整后的 R^2 为 0.568，意味着我国足球发展、足球组织建设和足球身份认同能解释 56.8% 的体育强国建设。其中，我国足球发展的回归系数为 3.196，且在 0.01 水平下显著，表明我国足球发展对体育强国建设产生显著正向影响；足球组织建设和足球身份认同的回归系数分别为 11.744 和 16.478，并在 0.001 水平下显著，表明足球组织建设和足球身份认同对体育强国建设同样产生显著正向影响，且足球身份认同对体育强国建设的作用最大，足球组织建设次之。

此外，在模型 2 中，性别差异对我国足球发展、足球组织建设、足球身份认同与体育强国建设之间的关系在 0.01 水平下产生显著性差异，其回归系数为 3.138。

第二节 研究数据与结果的进一步验证

课题正式问卷的发放对象主要为体育院校学生,尽管该类群体具有的体育专业知识与社会其他群体相比,整体上对我国足球发展与体育强国建设具有更深刻的理解与领悟,能够较好地反馈问卷调研的内容,但为进一步验证、说明正式调查结果的科学性、合理性,本课题针对大范围调研对象形成的模型结果再次对足球领域专业人士——上海市校园足球教练员进行问卷调查,尽量做到模型的科学、客观和公正。此次调查问卷发放同样采用线上方式,委托上海市校园足球发展中心进行精准投放,共收回265份问卷,基本囊括了所有上海市校园足球的专业教练员。删除问卷填写时间低于120秒的问卷,最终获得有效问卷256份。采用AMOS 22.0统计软件对数据进行处理,分别对我国足球发展影响体育强国建设影响和整体模型进行验证,得到如下验证结果。

我国足球发展影响体育强国建设结构方程模型中,卡方自由度比(X^2/df)为2.142,小于临界值3,模型适配度良好;RMSEA为0.067,小于0.08,表明模型拟合度较好;此外,NFI为0.918、RFI为0.907、IFI为0.955、TLI为0.948、CFI为0.954,各指标均大于0.9,说明模型内在结构质量非常理想。同时,各个二级指标在相应潜变量上的标准化因子载荷均在0.5以上,说明本模型的各变量间具有充分的收敛效度。以上统计检验指标均达到模型构建标准要求,综合表明我国足球发展与体育强国建设之间构建多二阶模型具有良好的整体拟合度(表6-22)。

表6-22 我国足球发展影响体育强国建设结构方程模型适配度检验(再验证)

统计检验指标	适配标准	检验结果	适配度判断
X^2/df	≤3.0	2.142	很好
RMSEA	≤0.08	0.067	较好
NFI	≥0.9	0.918	很好
RFI	≥0.9	0.907	很好
IFI	≥0.9	0.955	很好
TLI	≥0.9	0.948	很好
CFI	≥0.9	0.954	很好

从图 6-7 我国足球发展影响体育强国建设结构方程模型(再验证)中可以看出,各路径显著水平均小于 0.001,一方面说明,不考虑其他影响因素,我国足球发展能够显著地直接影响体育强国建设,路径系数达到 0.79,H1 假设成立;另一方面,3 个二阶指标职业足球、足球氛围和校园足球均能良好地解释我国足球发展,强国建设保障体系、国民体育素养、竞技体育实力同样能够良好地解释体育强国建设,与体育院校学生问卷所得结果一致。

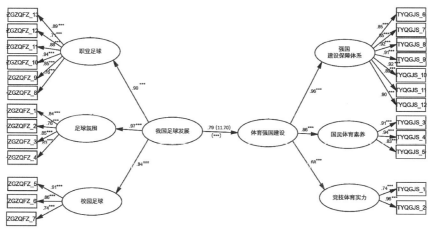

注:*** 表示 $P<0.001$,括弧内为 C.R.值。

图 6-7 我国足球发展影响体育强国建设结构方程模型(再验证)

再验证的我国足球发展与体育强国建设结构方程模型中,卡方自由度比(X^2/df)为 1.918,小于临界值 3,模型适配度良好;RMSEA 为 0.060,小于 0.08,表明模型拟合度较好;此外,NFI 为 0.854、RFI 为 0.840、IFI 为 0.924、TLI 为 0.917、CFI 为 0.924,各指标均大于 0.8,说明模型内在质量较为理想。同时,各个二阶指标的标准化因子载荷值均在 0.5 以上,说明本模型各变量间具有充分的收敛效度。以上统计检验指标均达到模型构建标准要求,综合表明我国足球发展与体育强国建设之间构建的二阶模型具有较好的整体拟合度(表 6-23)。

从图 6-8 我国足球发展与体育强国建设整体结构方程模型(再验证)中可以看出,除我国足球发展影响体育强国建设的显著水平和我国足球发展影响足球身份认同的显著水平外,其他各路径显著水平均小于 0.001。一方面说明,足球身份认同和足球组织建设在我国足球发展对体育强国建设路径中皆有显著的中介作用,同样在两者双中介影响下,我国足球发展对体育强国建设没有显著地直接影响;另一方面,二阶指标均能良好地解释其所属的一阶指标。

表 6-23 我国足球发展与体育强国建设整体模型适配度检验(再验证)

统计检验指标	适配标准	检验结果	适配度判断
X^2/df	≤3.0	1.918	很好
RMSEA	≤0.08	0.060	较好
NFI	≥0.8	0.854	可以接受
RFI	≥0.8	0.840	可以接受
IFI	≥0.9	0.924	很好
TLI	≥0.9	0.917	很好
CFI	≥0.9	0.924	很好

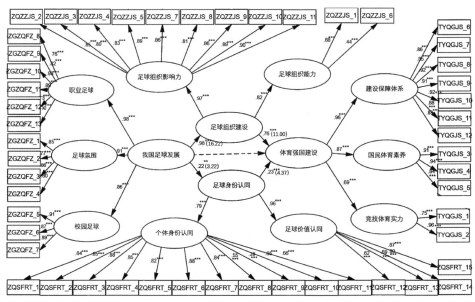

注：** 表示 $P<0.01$，*** 表示 $P<0.001$，括弧内表示 C.R.值。

图 6-8 我国足球发展与体育强国建设整体结构方程模型图(再验证)

综上,通过再验证模型图结果来看,整体上与前期学生问卷所得结果相一致,H2、H4、H5、H7 假设同样成立。说明无论是体育院校学生还是专业的校园足球教练员,调研对象对我国足球发展与体育强国建设的理解整体上是一致的,同时也验证了前期体育院校学生问卷所得结果的合理性。

第七章
足球发展与体育强国建设研究讨论与分析

第一节 我国足球发展对体育强国建设的直接影响模型讨论与分析

一、我国足球发展与体育强国建设论证分析

图 6-1 中我国足球发展与体育强国建设两个变量之间的直接路径系数为 0.73（$P<0.001$），显示出我国足球发展对体育强国建设有着积极显著影响。虽然在理论上还鲜有学者对足球与体育强国关系展开系统研究，但在实际调查中两者已展现出强烈显性关系，调研对象普遍认为足球发展对体育强国建设具有引领和带动作用。西方国家足球发展历程鲜明诠释了足球发展在体育强国建设中所扮演的关键角色。对此，国外学者也展开大量研究工作来探究足球对社会各个领域的辐射带动作用，尽管他们未曾明确提出足球发展与体育强国建设的直接联系，或者说是因果关系，但相关文献无不验证足球发展对一个国家体育腾飞的重要带动作用。正如 David Goldblatt 在谈及英国足球发展时指出，随着足球从一个濒临消亡的运动项目演变为英国社会文化的主流焦点，它对英国体育内生性变革和外部性刺激起着重要催化作用。英国天空体育知名记者布林·洛更是认为，在 2016 年欧洲杯期间，威尔士人对足球的热情足以让威尔士这样一个"僵尸"国家瞬间觉醒[1]。

与此同时，足球运动完美地展现出其对扩张体育社会影响力的独特作用。

---

[1] Bryn Law.Zombie Nation Awakes — Welsh Football's Odyssey to Euro 2016: The Diary of a Reporter Supporter[M].St. David's Press. 2015.

以西班牙足球为例,高水平足球俱乐部赛事吸引社会群体的极大关注,传统媒体与新媒体为抢占市场曝光率和收视率,竞相开设体育专栏,致使体育新闻的热度持续攀升,有效提高体育这一新兴事物在传统媒介和社会热点话题中的比重,最终形成具有鲜明体育烙印的社会文化现象[1][2]。

西班牙政府在 2010—2011 年度文化习俗调查中,艺术类表演中最受欢迎的是芭蕾和舞蹈表演,有 238.1 万名观众;音乐类表演中最受欢迎的是古典音乐会,共吸引了 172.6 万名观众;非免费博物馆每年参观人数为 758.9 万人;成年人购买足球赛门票观看足球赛事的观众约 876 万人。足球门票的销售量明显高于西班牙社会任何其他休闲活动或表演。因此,足球的社会影响力和大众吸引力十分可观。此外,足球比赛的观众不仅仅限于现场观看的球迷,电视转播的收视率也非常高。每每遇到重大足球赛事,数百万人都会守候在电视机前,在家中或者酒吧里和亲友一起观看球赛,寻求共同的情感归属。不仅如此,平面媒体也是足球影响力的重要阵地,根据 EGM 对 2013 年 10 月至 2014 年 5 月的平面媒体调查,西班牙排名前十的报刊中有一半是体育类报刊,分别是排名第一的 *Marca*、排名第二的 *ElPaís*、排名第三的《每日体育报》、排名第六的 *El Mundo Deportivo* 以及排名第九的《体育运动》[3]。排名靠前的五大体育报刊中,足球往往是报道的焦点。西班牙学者冈萨雷斯·拉马拉尔认为[4],足球是当今西班牙平面媒体、广播和电视体育版块的焦点内容,这既满足了西班牙人的社会价值取向和情感归属,也深刻地影响着西班牙主流媒体的社会影响力,这足以证明足球在西班牙社会中的地位。

从足球运动对发达国家政治、经济、文化、教育、社会等方面的渗透可以看出,其在一个国家或地区体育产业的促进、竞技体育水平的提升、大众健身的普及、校园足球的开展以及体育文化、体育精神的塑造等方面不断产生着积极影响,而这种影响力的大小与该国足球运动发展水平呈显著正相关关系[5]。由此可见,足球运动的发展与体育强国建设在价值追求与目标达成上存在高度一致性。

---

[1] 游松辉,张馨,刘兵.西班牙足球发展特征与启示[J].体育文化导刊,2019(8):1~5+37.
[2] Ramón Llopis Goig. Spanish Football and Social Change[J]. Football Research in An Enlarged Europe,2015(1):1~2.
[3] EGM (2014) Resumen general de Octubre 2013 a Abril 2014,Madrid:AIMC‐EGM.
[4] Ramallal,M E G. El reflejo del deporte en los medios de comunicación en España[J]. Res Revista Española De Sociología,2004(4):271~280.
[5] 刘兵,郑志强.足球运动对欧洲国家体育发展的影响力分析[J].武汉体育学院学报,2019(1):6~12.

二、足球发展相关构成指标与足球发展关系分析

透过各变量二阶指标路径系数值发现,职业足球、足球氛围和校园足球与我国足球发展之间存在显著关联,且三者相比较之下,职业足球影响力度最大,足球氛围和校园足球影响次之。不同二阶指标对我国足球发展有着不同的行为表现。

(一) 职业足球与足球发展关系分析

我国足球发展与体育强国建设结构方程模型中(图6-1),职业足球对我国足球发展的相关值高达0.92,说明调研对象普遍认为我国足球发展在很大程度上需要依赖职业足球的带动。从世界各国足球发展看,职业足球是足球发展体系中市场化水平最高、传播范围最广、影响范围最大的板块,是一国足球发展特色鲜明的标志。对我国足球发展来说也是关键构成因素,其对青少年足球人才培养、社会足球文化培育、大众足球运动开展都有着显著联动效应。职业足球不但对一个国家的足球发展具有非常重要地位,更是体育强国核心竞争力的重要组成部分,职业足球发展水平甚至会影响一个国家体育强国建设进程[①]。

具体来看,当职业足球维度内各观测题项在同一显著水平下,对职业足球相关系数值越高,表明该题项较之其他题项,对职业足球的价值与作用越大,同时根据题项得分均值高低也能判断题项内容在现实社会中的发展水平。当观测题项对职业足球路径系数值越高、得分均值越低时,则说明该题项内容正是当前我国职业足球亟待提升、迫切需要发展之处。

在我国足球发展与体育强国建设结构方程模型中(图6-1),职业足球维度与其各观测题项关联系数值均介于0.65—0.89之间,观测题项中与职业足球关联系数值最高的是"ZGZQFZ_10-当前我国足球产业运营人才的总体数量",为0.89;其次是"ZGZQFZ_11-当前我国足球产业促进社会就业的贡献率",为0.87,说明扩大足球产业运营人才数量、提升足球产业对社会就业贡献度是扩大职业足球社会影响力、助推足球发展水平提升的主要抓手。无论是足球产业运营人才数量还是足球产业对社会就业的促进,其本质都是足球发展对"人"需求

---

① 鲍明晓.职业体育是体育强国的核心竞争力[J].南京体育学院学报(社会科学版),2011(5):4~6.

的两方面体现：一方面职业足球核心产业的运营需要一大批专业人才的努力；另一方面足球外围产业链的完善与发展又能吸引广大社会人员的参与。通过查阅现有职业足球发达国家相关研究文献资料发现，职业足球运营人才是发展职业足球的先决条件，如果一个国家没有充足的职业足球专业人才，那么其职业足球就难以得到充分发展[1][2][3][4][5]。换言之，人才是职业足球发展的第一动力；同时，在职业足球发达国家中，职业足球正以其强大的产业效应创造出大量就业岗位[6][7]，这已成为不争的事实。在西班牙，随着移民人口的增多，外来人口对西班牙民族的身份认同与当地就业产生了冲击与威胁，而西班牙职业足球的繁荣发展，不但为西班牙社会创造了大量的就业岗位，其足球文化也促进了移民人口建立西班牙社会身份认同[8]。

另一方面，"ZGZQFZ_10-当前我国足球产业运营人才的总体数量"和"ZGZQFZ_11-当前我国足球产业促进社会就业的贡献率"却是职业足球维度内得分均值最低的两个观测题项，其得分均值分别为3.79分和3.76分，反映出我国足球发展在职业足球方面的"产业运营人才的培养"和"我国足球发展促进社会就业"还存在着明显不足。伴随着四级职业联赛和各项杯赛竞赛体系的不断完善，以及足球各类衍生产品开发、足球产业市场门类与规模日益增加，现有各类足球运营人才数量已远远不能满足自身产业发展需要，成为制约我国足球发展的主要因素之一，如由于足球经纪专业人才的匮乏，导致我国足球经纪市场运作不成熟[9]。作为体育产业重要组成部分的足球产业本质上属于劳动密集型服务业[10]，其自身发展对劳动力数量有极大需求，更有研究显示，文化、体育和娱乐业的产值规模与就业人口数量呈现高度正向相关[11]。换言之，足球产业产值

---

[1] 王剑.中英职业足球后备人才培养的比较研究[D].苏州大学,2008.
[2] 陈波,王刚,王鑫磊,林晓军,陈鹏.英国职业足球联赛运营模式研究与反思[J].吉林体育学院学报,2018(4):76~79.
[3] 彭国强,舒盛芳.德国足球成功崛起的因素及启示[J].体育学刊,2015(5):40~44.
[4] 浦义俊,戴福祥,江长东.德国足球甲级联赛的历史演进与支持系统分析[J].成都体育学院学报,2016(3):66~72.
[5] 周波.论体育产业核心竞争力[D].湖南师范大学,2013.
[6] [英]史蒂芬·多布森,约翰·戈达德.足球经济[M].北京：机械工业出版社,2003.
[7] Simon Kuper, Stefan Szymanski. Soccernomics[M]. HarperSport, 2012.
[8] Ramón Llopis Goig. Spanish Football and Social Change[M]. Palgrave Macmillan UK, 2015.
[9] 贾佩慧.中国足球产业生态系统研究[D].北京体育大学,2019.
[10] 王鹏.体育产业发展的经济效益分析[J].人民论坛,2010(26):130~131.
[11] 高沐阳.中国行业产值结构与就业人口结构关系分析——基于2004—2012年中国统计数据[J].西北人口,2017(2):46~53.

增加势必会带动社会就业人口增长,表现为对社会就业产生强劲拉动作用。我国足球产值已形成非常可观的市场规模,并已然显示出其对促进社会就业的贡献①。然而,与发达国家足球产业相比,我国足球产业对促进社会就业的贡献仍有明显的差距:一方面,由于我国足球产业产值规模这一自变量与足球产业发达国家相比还有不小距离②,导致了我国足球发展对社会就业贡献率这一因变量低于足球发达国家;另一方面,由于我国足球产业仍处于初期发展阶段,自身发展不充分、市场进入壁垒较高、管理机制不完善等因素致使足球产业增加值对拉动社会就业有一定的滞后性,即足球产业就业弹性系数不高(就业人口增长率/行业产值增长率)。

综上分析,足球产业运营人才和足球产业对社会就业的促进在我国职业足球发展中扮演着重要角色,是职业足球促进足球发展的重要抓手,但两者现实发展水平较低也是不争的事实。因此,加强足球产业运营人才的培养和提升足球产业对社会就业的贡献率是从职业足球维度提升足球发展水平、扩大足球发展影响力的迫切需要。

(二)足球氛围与足球发展关系分析

我国足球发展与体育强国建设结构方程模型中(图6-1),足球氛围与我国足球发展关联系数值为0.91,略低于职业足球(0.92),反映出足球氛围同样对我国足球发展具有重要作用。足球氛围是对足球发展环境、足球文化、足球活动的总体概括,也是足球运动群众基础的体现。良好的足球氛围是我国足球健康发展的基础,也是实现我国足球可持续发展的保障。因此,大力提升我国社会足球氛围既是落实以人民为中心体育发展观的体现,更是发展好足球、促进体育强国建设的需要。

具体来看,当足球氛围维度内各观测题项在同一显著水平下,对足球氛围关联系数值越高,表明该题项较之其他题项对足球氛围的价值与作用越大,同时根据题项得分均值高低也能判断题项内容在现实社会中的发展水平。相反,当观测题项对足球氛围关联系数值越高、得分均值越低时,则说明该题项内容正是当前我国足球氛围亟须提升、迫切需要强化之处。

---

① 艾强.足球产业经济贡献与影响足球发展的经济因素[J].经济研究导刊,2017(8):36~37.
② 苏龙.对我国足球产业发展问题的探讨[J].集团经济研究,2004(11):70~71.

在我国足球发展与体育强国建设结构方程模型中,足球氛围维度与其各观测题项关联系数值介于 0.78—0.84 之间(图 6-1),观测题项中与足球氛围相关系数最高的是"ZGZQFZ_3-当前我国足球的社会文化氛围",为 0.84;其次是"ZGZQFZ_2-当前我国业余足球联赛的活跃度",为 0.83,表明推动业余足球联赛发展和培育社会足球文化是增强社会足球氛围、服务足球发展的关键。业余足球联赛是规范化、组织化的大众足球活动,其既具有足球职业联赛的竞赛组织形式,同时也附带业余足球活动所追求的娱乐、健身功能属性。可以说,业余足球联赛是连接职业足球与大众足球的桥梁和纽带,成熟而活跃的业余足球联赛不但能增强职业联赛对社会足球的辐射效应,更是打通了底层大众足球向精英职业足球上升的通道。以日本足球发展为例,职业足球联赛和业余足球联赛共同构成了日本足球联赛体系,日本这种将业余足球联赛与职业联赛无缝对接的制度安排,打通了日本足球人才的上升通道,有效激发了民众参与足球运动的积极性[1],构建出立足全社会的足球人才遴选体系促进日本职业联赛可持续发展。此外,纵览世界足球发达国家,不难发现浓厚的社会足球文化是它们具有的共同特征。素有"足球王国"之称的巴西,足球文化更是渗入其社会的骨髓之中、融入其民众灵魂深处[2],以至于世人只要谈到巴西,便会不自觉地将其与足球连在一起,足球已成为巴西最具特色的标志性文化符号。诚然,社会足球文化的培育与足球发展水平的提升是相互促进、相辅相成的,已无从考究两者之间的主从关系,但需要指出的是即便是一个国家足球竞技水平在一段时期内有所下降,其社会足球文化一旦形成,就具有延续性和稳定性,而浓厚的社会足球文化,也注定了足球竞技水平势必会反弹。透过各足球发达国家的发展历程可知,没有任何一个国家在缺少社会足球文化支撑情况下能够成为足球强国。

尽管业余足球联赛和社会足球文化对增强足球氛围、助力足球发展有着重要价值与作用,但"ZGZQFZ_2-当前我国业余足球联赛的活跃度"和"ZGZQFZ_3-当前我国足球的社会文化氛围"两项观测题项的得分均值却仅为 3.78 分和 3.77 分,反映出我国足球发展在足球氛围维度"业余足球联赛的活跃度"和"社会足球文化的培育"方面还很薄弱,不能很好地支撑我国足球发展。我国业余足球联赛发展不成熟主要体现在以下三个方面:一是业余联赛的经济基础薄弱,即

---

[1] 李丰荣,朱仁康,丁勇,陆建军.日本校园足球发展的有益经验及对中国的启示[J].南京体育学院学报,2019(9):28~33.

[2] 高荣伟.巴西:足球文化渗入其骨髓之中[J].世界文化,2018(7):56~60.

由于自身影响力小、品牌广告效应弱,难以吸引足够的社会资本以维持其自身发展;二是业余联赛运营管理不规范,即由于业余联赛筹办多由民间个人或企业发起,很少有"官方"支持,随意性大,尤其是在竞赛管理、财务管理以及裁判员选用和运动员组织上存在制度空白;三是球场冲突频发,由于业余足球联赛活动缺少外部力量监管,自身又难以形成自我约束机制,极易导致参赛双方的冲突,对业余联赛的声誉造成损害[①]。而从文化层次理论视角来看,我国社会足球文化与足球发达国家相比全方位落后,主要表现在以下三个方面:一是以足球场地设施为代表的足球物质文化是发展足球运动的物质基础和必要条件,但我国现有足球场地设施数量依然不能很好地满足广大人民群众参与足球的需求[②];二是以足球社团组织(协会)为代表的足球制度文化不能很好地履行其作为社会足球发展的主体责任[③];三是以足球身份认同为核心的足球精神文化尚没有在我国社会中普遍形成,全社会对足球文化的意识形态观念、道德风尚、教育价值等认识不充分。

仍然以西班牙为例,2013—2014 年西班牙体育统计年鉴相关数据显示,1960—2013 年期间体育联合会发展数量从 201 296 个增长至 3 394 635 个,涨幅高达 17 倍之多。尽管体育联合会数量的增加致使西班牙人参与体育运动项目的外延不断扩张,体育运动参与兴趣更为多元,但在不断增长的体育联合会数量中,足球联合会注册数量的比例始终高居榜首且遥遥领先,足球在西班牙人心目中的地位可见一斑。截至 2013 年,西班牙足球联合会会员注册比例在所有体育运动联合会中占比高达 24.6%,远超排在第二位的篮球[④](表 7-1)。在西班牙社会为数众多的足球联合会构成中,绝大部分是民间组织,凸显出草根足球强大的社会影响力。

表 7-1 2013 年西班牙各类运动联合会会员注册比例(%)

运动项目	足球	篮球	狩猎	高尔夫	登山	柔道	网球	手球	田径	空手道	捕鱼
注册会员比例	24.6	11.8	10.9	8.7	5	3.1	2.6	2.7	1.8	1.8	1.7

数据来源:the Sports Statistics Annual Directory of Spanish(CSD, 2014).

---

① 姚欣雨.业余足球联赛经营发展模式研究[J].现代营销(下旬刊),2019(5):109.
② 国家发展改革委.全国足球场地建设规划(2016—2020 年)[EB/OL].http://www.ndrc.gov.cn/zcfb/zcfbtz/201605/t20160510_801118.html.
③ 张兵.地方足球协会运行机理及改革策略[J].体育科学,2017(11):91~97.
④ CSD (2014) Anuario de estadísticas deportivas, Madrid: Consejo Superior de Deportes.

良好的草根基础促进了民间足球赛事的发展,西班牙各地每周都有联合会举办的规模性足球赛事。有学者研究结果表明,由于足球在西班牙具有高度的社会认同,西班牙足球人口几乎囊括所有群体,具有典型的国家性、全民性和民族性特征(表7-2)。同时由庞大的足球人口构成的主流社会群体,主宰着西班牙社会体育人口的变化。

表7-2 西班牙人口随机抽样反映出的足球人口特征统计学指标①②③ (%)

类别	人口统计学	足球兴趣	足球练习	电视比赛观众	球队身份认同
性别	男	71.1	29.5	58.7	78.6
	女	38.2	1.3	23.1	56.5
年龄	18—24岁	62.7	44.0	49.8	76.2
	25—34岁	57.8	24.7	44.9	69.0
	35—44岁	51.1	16.0	39.5	66.5
	45—54岁	53.3	10.0	38.1	70.9
	55—64岁	53.5	4.3	38.9	69.1
	65岁及以上	50.4	0.1	34.1	57.8
受教育水平	初等教育以下	44.7	9.1	27.4	52.4
	初等教育	59.4	4.9	39.2	66.0
	中等教育	53.2	24.2	44.1	71.9
	职业培训	55.3	16.7	44.1	70.4
	大学专科	46.9	12.5	36.6	63.3
	大学本科	46.4	15.4	37.6	65.2
社会经济地位	经理和专家	62.2	14.8	42.8	76.5
	技术员和中层职员	45.8	14.7	36.2	64.0
	小型企业主	51.4	18.2	42.6	72.5
	农民	61.3	0.1	43.7	74.2

---

① CIS (2007) Barómetro de Mayo de 2007,Madrid:Centro de Investigaciones Sociológicas.
② CIS (2010) Encuesta Nacional de Prácticas y Hábitos Deportivos en España,Madrid:Centro de Investigaciones Sociológicas.
③ CIS (2014) Barómetro de Junio de 2014,Madrid:Centro de Investigaciones Sociológicas.

(续表)

类别	人口统计学	足球兴趣	足球练习	电视比赛观众	球队身份认同
社会经济地位	办公室和服务业雇员	50.3	10.2	33.1	68.8
	技术工人	69.8	19.7	57.3	78.3
	非技术工人	57.1	20.8	46.0	66.5
	退休者和领养老金者	55.3	1.7	40.2	62.8
	失业者	48.9	23.7	43.9	65.3
	学生	63.6	44.0	47.5	74.4
	无偿家务者	38.6	0.1	21.6	53.3
活动场地大小（m^2）	少于10	55.9	18.8	39.1	66.0
	10—50	55.0	16.5	40.5	67.7
	50—100	59.2	19.0	39.1	65.9
	100—400	52.1	17.2	40.6	66.1
	400以上	50.8	19.6	44.2	67.8
平均数		54.3	18.0	40.7	66.8
样本量 n		2 473	983	8 919	2 473

资料来源：Llopis-Goig(2011a，2014a). The data of interest and identification with a team come from the Sociological Research Centre (CIS, 2007), as do the data on the television audience(CIS, 2010) and the practice of football (CIS 2014).

CIS抽样调查的数据表明，调研的样本量中超过50%的人对足球感兴趣，18%的人经常性参加足球联系，超过40%的人经常观看足球赛事，66.8%的人忠诚于某支球队。

基于前文对"ZGZQFZ_2－当前我国业余足球联赛的活跃度"和"ZGZQFZ_3－当前我国足球的社会文化氛围"两道观测题项与足球氛围路径系数值的分析，并通过与国外足球发达国家对比，认为业余足球联赛活跃度和社会足球文化氛围是衡量足球氛围最重要的指标，但两者观测题项得分均值反映出其自身发展还处于初级阶段，因此从足球氛围维度提升足球发展水平、扩大足球发展影响力的当务之急是大力扶持业余足球联赛发展和培育社会足球文化。

(三) 校园足球与足球发展关系分析

我国足球发展与体育强国建设结构方程模型中(图6-1),校园足球与我国足球发展路径系数值为0.91,与足球氛围相同,反映出校园足球对我国足球发展同样具有重要地位。校园足球不但是贯彻党中央教育方针、促进青少年体质健康的重要举措,更是夯实足球人才培养根基、提高足球发展水平和成就足球强国梦的基础工程[1]。校园足球是促进足球蓬勃发展的动力与支柱之一,一方面,校园足球源源不断输出的足球人才是职业足球可持续发展的造血库[2];另一方面,校园足球是我国社会大众足球的发展基础,是社会大众接受足球运动启蒙的主要渠道。发展校园足球不但可以为职业足球培养后备人才,还能持续为社会大众足球补充新生力量,扩大足球人口,可以说校园足球是一个国家足球事业中最为基础的部分[3],大力发展校园足球,促进足球与教育结合是我国足球崛起的关键[4]。作为现代足球的发源地,英国拥有世界第一的足球职业联赛、发达的足球市场以及雄厚的足球经济实力,但殊不知以"公学"为代表的英国校园足球才是现代足球诞生和发展的重要策源地[5],即英国足球缘起校园[6]。校园足球在英国足球发展历史过程中扮演着重要角色,其不但促进英国业余足球比赛的繁荣,更催生职业足球俱乐部的产生,引领和主导了早期英国足球的蓬勃发展。时至今日,校园足球依然是英国足球青训体系中的主力军,与社会足球俱乐部和职业俱乐部共同构筑起一个结构合理、层次多元、能够覆盖全年龄段的足球人才培养体系。

具体来看,当校园足球维度内各观测题项在同一显著水平下对校园足球的路径系数值越高,表明该题项相较其他题项而言对校园足球的价值与作用越大。同时根据题项得分均值高低,也能判断题项内容在现实社会中的发展水平。相反,当观测题项对校园足球相关系数值越高、得分均值越低时,则说明该题项内容正是当前我国校园足球亟须提升、足球发展迫切需要强化之处。

---

[1] 教育部.教育部等6部门关于加快发展青少年校园足球的实施意见[EB/OL].http://www.moe.gov.cn/srcsite/A17/moe_938/s3273/201508/t20150811_199309.html.
[2] 王栋.浅谈校园足球的发展对我国职业足球发展的启示[J].体育科技文献通报,2018(11):150~152.
[3] 张鲲,翟玉欣.职业足球、社会足球和校园足球的关系研究[J].湖北体育科技,2016(6):471~473.
[4] 李百成,郭敏.日本足球发展经验及启示[J].体育文化导刊,2018(6):94~98+124.
[5] 梁斌.19世纪英国校园足球兴衰与启示[J].体育文化导刊,2018(5):141~146.
[6] 陈洪,梁斌.英国青少年校园足球发展的演进及启示[J].体育文化导刊,2013(9):111~114.

我国足球发展与体育强国建设结构方程模型中,校园足球维度与其各观测题项相关系数值均介于 0.71—0.90 之间(图 6-1),说明该维度之下各题项对其均具有重要解释作用,其中与校园足球相关系数值最高的是"ZGZQFZ_6-当前校园足球有资质的师资数量",为 0.90;"ZGZQFZ_5-当前校园足球课程体系的科学性",为 0.88,表明校园足球师资数量与科学的校园足球课程体系是校园足球促进足球发展的关键指标。师资的主要职责在于校园足球活动的组织管理、引导以及足球运动知识的传授,其与场地、资金一道是校园足球发展的三大资源要素保障条件[1],《教育部等 6 部门关于加快发展青少年校园足球的实施意见》中更是将"加强师资建设"列为开展校园足球工作的重要保障措施[2]。国内诸多学者纷纷将师资列为校园足球工作的重要内容,他们认为师资是校园足球的第一动力,而当前师资匮乏已经成为校园足球发展的最大掣肘[3][4]。从足球发达国家校园足球发展实践来看,注重师资队伍建设对我国校园足球发展仍然具有重要经验启示。正如近年来日本校园足球蓬勃发展与优秀足球人才频出,与其庞大的专业足球师资队伍和教练员的科学化指导能力有着直接关系[5]。此外,校园足球教育价值的实现不仅需要大量校园足球师资作保障,还需要通过校园足球课程的良好执行[6]。这就需要相关部门不断深化校园足球教学改革,建立内容丰富、形式多样、因材施教的青少年校园足球教学体系,实现课程设置、教学标准、教材教法和教学资源等教学要素的有效衔接,共同推进校园足球教学质量的提升,真正发挥校园足球在增长青少年足球运动知识、增强体质健康水平、实现自我价值、促进全面发展等方面的教育功能。校园足球课程的真正目的在于帮助学生学习足球运动知识与动作技术要领,促进足球运动的推广与普及,即以业余主义为价值取向。相反,如果一味追求锦标主义、跳跃普及基础、追求竞技成绩的提高,势必会将校园足球价值与功能异化,从而偏离校园足球发展的初衷,造成校园足球在夯实足球人才基础、筑牢足球产业发展基石方面社会价值的消

---

[1] 李滨,刘兵.社会资本视域下的校园足球推进策略[J].上海体育学院学报,2018(4):31~35+61.
[2] 教育部.教育部等 6 部门关于加快发展青少年校园足球的实施意见[EB/OL].http://www.moe.gov.cn/srcsite/A17/moe_938/s3273/201508/t20150811_199309.html.
[3] 梁伟,刘新民.校园足球可持续发展的推进策略[J].体育文化导刊,2014(1):151~153.
[4] 沈建敏,应孜,高鹏飞.校园足球发展的顶层设计与底层回应[J].北京体育大学学报,2017(4):83~88.
[5] 孙一,饶刚,李春雷,梁永桥,林梦龙.日本校园足球:发展与启示[J].上海体育学院学报,2017(1):68~76.
[6] 刘雨.校园足球的教育价值及其实现途径[J].首都体育学院学报,2019(5):417~421+437.

亡。英国校园足球地位的取得正是在于其足球课程以业余主义为其价值取向，实现足球运动的普及与全社会对足球精神价值的认同①。

具备良好资质的校园足球师资数量和科学化的校园足球课程体系是获得校园足球在促进人全面发展、培育青少年正确价值观、增长青少年足球知识与技能、增进青少年体质健康水平等方面个人价值自我实现的关键，亦是实现促进体育教育改革、夯实足球人才基础、筑牢足球产业发展基石等方面社会价值的重要举措。然而，从此次调研结果来看，当前我国校园足球有资质的师资数量和校园足球课程体系的科学性并不乐观。表6-2显示，观测题项"ZGZQFZ_6-当前校园足球有资质的师资数量"和"ZGZQFZ_5-当前校园足球课程体系的科学性"得分均值分别为3.68分和3.81分，反映出"我国校园足球的师资数量"和"校园足球课程的科学性"还有待进一步提升。虽然在政府的极力倡导和大力推动下，我国校园足球开展所需的师资、场地以及资金等问题相较以往已得到明显改善，但由于我国校园足球工作的全面铺开以及师资培育的长期性，其对当前全社会庞大的足球专项师资缺口而言仍是"杯水车薪"。据一项针对华中地区某省校园足球特色学校的足球师资调查数据显示，足球专业教师仅占体育师资总量的25.16%，且占足球专业教师近一半的外聘教师都没有教师资格证，只能带队训练而无法正式授课②。有学者更是把师资缺乏列为校园足球六大问题之一③，并指出当前我国校园足球师资问题已成为制约其可持续发展的最大瓶颈④。同时，校园足球课程体系系统性、科学性不高是导致我国校园足球人才培养效率低、校园足球高投入与低收益矛盾的内在原因。早在2007年便有学者指出我国大中小学足球教学内容衔接的问题所在。时至今日，在足球教学实践中不同学段的教学内容低层次、简单重复的现象仍普遍存在，即校园足球课程教学内容在不同学龄上缺少区分度、在教学目标上缺少递进性，没有很好地体现出对学生足球运动学习基础性、发展性、提高性的要求，导致学生在不同学段足球运动水平提升的停滞，也必然造成足球教学资源的浪费⑤。此外，校园足球教材匮乏、教

---

① 暨靖宇,梁斌.业余与锦标：英国校园足球发展对我国的启示[J].体育世界(学术版),2018(9)：145~146.
② 王冬冬,王晶.特色学校开展校园足球的现状与可持续发展研究：以湖南省为例[J].体育科研,2017(2)：99~103.
③ 蔡继乐.全国青少年校园足球发展报告[N].中国教育报,2017-05-27(4).
④ 董鹏,程传银,赵富学,尚力沛.基于路线图方法的我国校园足球师资培训体系构建[J].体育文化导刊,2018(8)：136~141.
⑤ 王崇喜,孙涛.大中小学足球教学内容衔接问题研究[J].成都体育学院学报,2007(3)：107~110.

学大纲不规范、教师授课随意性等问题也使得我国校园足球课程的科学性不高①。

鉴于有资质的师资数量和课程体系的科学性对校园足球发展的重要作用与价值,结合我国校园足球师资数量和课程体系建设现状,研究认为发挥校园足球的功能价值,从而实现夯实足球发展的基础,迫切需要加大校园足球师资培养力度,加快现有师资资格认证并尽快构建科学、系统的校园足球课程体系。

三、足球发展构成指标与足球发展问题分析

通过前文分析,我国足球发展对体育强国建设具有正向促进作用,这种促进作用的强弱与足球发展水平有着直接关系,即足球发展自身存在的问题限制了其对体育强国建设促进作用的发挥。作为体育强国建设重要构成内容和主要推动力量,足球发展却面临着在体育强国建设体系中"拖后腿"的尴尬处境。从表6-2中可以看出,我国足球发展以均值3.78分居本课题各变量观测题项总得分均值的最低,未达到本课题问卷设计量表的中位数,说明我国足球发展整体水平不高,存在诸多问题亟须改善和提升,且足球发展不同维度的观测题项得分均值差异显著,职业足球、足球氛围和校园足球各维度内观测题项的得分均值分别为4.00分、3.77分和3.56分,反映出我国足球在不同外显变量上发展水平的不平衡,存在的具体问题透过量表中各观测题项的得分均值可见一斑。

(一) 国家足球队竞技能力制约足球整体发展水平提升

表6-2中观测题项"ZGZQFZ_7-我国国家足球队的竞技水平"得分均值为3.18分,这不但是足球发展变量中得分均值最低的观测题项,也是本课题所有观测题项中得分均值最低的一项,反映出社会对我国国家足球队的竞技成绩并不满意。由中国足球协会在2019年8月发布的《中国足球协会工作报告》更是指出我国足球各级国家队竞技成绩不理想,与民众期望值有着很大差距。实际上,在我国开展的诸多体育运动项目中,单从竞技体育成绩来看,足球(尤其是男子足球)还难以居亚洲一流梯队,在长期的发展历程中更鲜有取得傲人的竞技成绩。尽管当前我国体育事业正在不断转变竞技体育优先的发展战略,但不可否认,一个运动项目竞技水平的提升必定会获得极大的社会关注。就足球运动而

---

① 李云超.河南省校园足球布点学校小学足球课程建设的研究[D].河南大学,2015.

言,在中国这一特定文化环境中,国家队成绩始终是整个运动项目发展的"龙头",国家队成绩好会获得政府更大力度的支持、社会更广泛的关注、企业更多资金的投入,职业足球联赛也将随之兴旺,民众也会以参与足球运动而感到自豪;反之,若是国家队竞赛成绩平平,整个足球事业的发展信心、联赛的商业价值、管理体制的改革创新、青少年运动队建设的积极性等,一并都会受到冲击。

(二) 职业足球与足球发展问题分析

职业足球维度内各观测题项得分均值中(表6-2),"ZGZQFZ_11-当前我国足球产业促进社会就业的贡献率"以3.76分位居最低,说明我国职业足球在促进社会就业方面作用还略显薄弱,并进一步影响职业足球与足球发展的关系。足球产业属于劳动力、资本、技术密集型行业,繁荣发展的足球产业可以为社会创造大量的就业岗位[①]。但从该观测题项得分均值来看,当前我国足球产业在促进社会就业方面作用还远低于社会预期,这其中主要原因在于足球产业缺乏成熟完善的市场运行和管理体系,其所创造的产业经济价值或附加值、社会就业贡献度远不及足球发达国家[②]。此外,职业足球维度内观测题项得分均值较低的还有"ZGZQFZ_10-当前我国足球产业运营人才的总体数量"和"ZGZQFZ_13-当前我国足球发展的科技支撑力量",分别为3.79分和3.97分,反映出我国职业足球发展面临着产业运营人才不足、科技支撑不高的瓶颈,同时也折射出我国足球产业运营人才总体数量不足、足球发展科技支撑力量不强是制约职业足球与足球发展关系的重要因素。职业足球发展需以大量经营管理人员为基础,而优秀经营人才匮乏会导致足球俱乐部在资本运营、市场开发、产业管理方面存在困难[③]。与此同时,伴随着我国足球产业结构的完善与规模的扩大,足球产业运营人才客观上已越来越不能满足当下及未来我国足球产业发展的需要,且囿于足球产业高度关联性以及与金融、法律、管理、营销、经纪、会展、广告等行业的融合发展,足球产业运营发展所需的复合型人才更是极度匮乏[④]。这一现实窘境更反映出我国高质量优秀足球产业运营人才数量的稀缺,俨然成为制约足球产

---

① 丁涛,李勇.中国足球产业发展的现状、问题及对策[J].北京体育大学学报,2003(6):731~733.
② 邱晓德.论中国足球产业的泡沫经济现象与经营机制的软着陆[J].天津体育学院学报,2000(1):53~55.
③ 张立新.从足球产业现状析我国体育经济发展制约因素[J].中国市场,2005(28):110~111.
④ 李保宁.中国足球产业水平低下的原因探析[J].河南师范大学学报(自然科学版),2007(3):198~200.

业可持续发展的根本原因①。就科技对我国足球发展支撑力而言,存在以下两方面问题:一是科技在促进国家队竞技成绩提高方面应用不足,致使国家队训练、管理、竞赛工作的科学化水平不高;二是足球外围产业(足球用品制造业)生产经营中的技术创新不够,迫使足球相关用品长期被国外品牌垄断,国内相关企业竞争力不强②。

(三)足球氛围与足球发展问题分析

从足球氛围维度内各观测题项得分均值来看(表6-2),均值最低的题项是"ZGZQFZ_1-当前我国足球人口的数量和质量",为3.49分,说明我国足球人口数量不足、质量不高是影响我国足球氛围形成的核心问题,也是制约足球氛围与足球发展关系的突出矛盾。我国足球人口数量一直以来受到社会各界的广泛诟病,由于其与我国庞大的人口基数存在极不协调的占比关系,导致"人口大国缺乏足球人口"的尴尬局面③,而"中国十多亿人口,找不到11个会踢足球的"这一拷问,正是对我国足球人口严峻形势的批判。究其原因,社会足球师资匮乏、足球场地设施短缺、学成后多元化出口不足、足球人才上升渠道不通以及社会对足球产业发展重视度不够等因素,共同导致当前我国足球人口数量过低的现状④。即便是在足球人口数量不足的前提下,足球人口质量也令人堪忧,"任务摊派"式提升足球人口数量的方式不仅揠苗助长,更违背足球人口发展的客观规律⑤。与体育人口一样,足球人口规模与占比是衡量一个国家或地区足球文化发展水平的重要指标和依据⑥。从足球人口判定标准来看,足球人口数量的增加可直接提升足球活动密度,有效改善足球氛围,即足球人口的增加有助于形成社会足球文化。此外,观测题项得分均值较低的还有"ZGZQFZ_2-当前我国业余足球联赛的活跃度"和"ZGZQFZ_3-当前我国足球的社会文化氛围",其得分均值分别为3.78分和3.77分,反映出我国业余足球联赛的活跃度与社会足球文化氛围不尽如人意,同样说明业余足球联赛活跃度不强、足球社会文化氛围不浓,削弱

---

① 姚继伟.我国足球产业发展制约因素分析与对策研究[J].沈阳体育学院学报,2012(5):41~43.
② 王景波,马逢伯.新形势下我国足球发展方式转变的目标、原则及战略[J].沈阳体育学院学报,2012(2):94~96.
③ 归化球员不如扩大足球人口贮备,日本发展值得借鉴[EB/OL].新浪体育.2018-10-19.
④ 足球人口真的匮乏吗?[EB/OL].懂球帝.2018-01-28.
⑤ 看中国足球人口花式提升:60%学生注册球员,是男的就行!国足要复兴了吗?[EB/OL].网易体育.2019-1-30.
⑥ 王子朴.从社会发展高度认识足球人口[J].辽宁教育,2015(2):28~29.

了足球氛围与足球发展的关系。社会足球是足球人才培养的沃土,也是竞技足球金字塔重要的基座,而业余足球联赛是规范、引导和发展社会足球的重要手段和形式①。社会对业余足球联赛的关注度与业余足球联赛的活跃度有着显著正向影响②,在与专家访谈的过程中,某省体育局竞赛管理中心主任认为,我们尚未真正建立起覆盖全社会的、成熟而完善的业余足球联赛机制,导致我国社会业余足球联赛活跃度不高,具体有以下几方面体现:一是联赛参赛队伍不足;二是联赛管理机构缺位;三是联赛组织形式单一③。此外,足球社会文化孱弱也是造成我国业余足球联赛活跃度不高的原因④。社会足球文化是社会足球系统的重要组成部分,而社会足球文化又由足球文化宣传、足球文化艺术、足球形象工程、网络足球文化等部分组成⑤。重足球技战术的专家和足球竞技成绩结果、轻足球文化培育与宣传的发展理念,是对足球发展方式的错误认知,表面上是在锦标主义指导下的发展"捷径",实为忽视足球发展客观规律的"弯路"。大众足球文化是足球发展之魂,有了足球文化的累积与繁盛,才会迎来整个社会足球的大发展。

(四) 校园足球与足球发展问题分析

我国足球发展中得分均值最低的二阶指标当属校园足球(表 6-2),说明校园足球是我国足球除竞技实力之外发展水平最低的板块,而从校园足球维度内各观测题项得分均值来看,校园足球维度内各观测题项得分均值均未达到量表设定的中位数,其中观测题项"ZGZQFZ_6-当校园足球有资质的师资数量"和"ZGZQFZ_5-当前校园足球课程体系的科学性"得分均值分别为 3.68 分和 3.81 分,反映出我国校园足球工作在课程体系设计和师资培养上存在着不足,并制约着校园足球与足球发展的关系。具体到校园足球教育开展过程,我国校园足球课程体系建设的科学性还存在一些突出问题,诸如部分校园足球学校开展以"足球操"为主要形式的校园足球活动,其在一定程度上对中小学生足球知识普及起着积极作用,但是在校园足球上升为国家战略背景下的今天,"足球操"是否能有

---

① 刘玮.南京市业余足球联赛开展现状及发展对策的研究[D].北京体育大学,2014.
② 刘迪.北京市业余足球联赛发展现状及对策研究[J].运动,2015(7):42+99.
③ 沈雁平,汪洋,何亚梅.合肥市业余足球运动发展现状分析[J].宿州学院学报,2017(3):95~97.
④ 让草根足球长成绿洲,社会足球还得接地气[EB/OL].人民日报,2017-12-20.
⑤ 曹晓东,蒋荣.系统论视角下南非世界杯对中国足球发展的引力[J].南京体育学院学报(社会科学版),2010(5):29~33.

效培育足球人才引起了社会的质疑①。当今校园足球教学课程体系中,传统文化与现代文化的碰撞,致使校园足球教育活动出现课程"育人"功能、教师课程观念以及课程文化创新性等方面的缺失,透露出当今校园足球课程文化体系的建设存在诸多问题②。足球教师是校园足球开展教学、训练、比赛的重要人力资源③,在校园足球迅猛发展的当下,一系列工作稳步推进,已逐渐形成新气象,但有资质的校园足球师资匮乏,已成为制约校园足球运动可持续发展的重要瓶颈④。在本课题深度访谈的过程中,上海市五角场小学(足球特色学校)体育教研组组长也谈到我国校园足球开展过程中面临的困难已不再是硬件(足球场地设施)不足,而是软件(师资)匮乏。若要在2025年实现5万所校园足球特色学校的发展目标,那么社会则将面临10万名足球专业师资的人才缺口⑤。

第二节 我国足球组织建设在足球发展与体育强国建设关系中的作用讨论与分析

一、足球组织建设在足球发展与体育强国建设关系中的中介效应

图6-4显示,我国足球发展与足球组织建设之间路径系数为0.98($P<0.001$),显示出我国足球发展对足球组织建设有着显著正向促进作用,即假设H2得到验证;同时,足球组织建设与体育强国建设之间路径系数为0.75($P<0.001$),显示出足球组织建设对体育强国建设有着显著正向促进作用,即假设H4得到验证。同时,根据Hayes编制的SPSS宏中的模型4得到足球组织建设在我国足球发展促进体育强国建设过程中具有显著的中介作用,其中介效应为0.497(表6-11),即我国足球发展通过足球组织建设促进体育强国建设的假设

---

① 骆明林,刘泽霖,龙子翅."校园足球"背景下的"足球操"[J].体育科技文献通报,2019(9):100~102.
② 邓贤树,张春合.我国校园足球课程文化的缺失与回归[J].体育文化导刊,2018(7):107~111+6.
③ 张磊.开展校园足球,师资从哪里来[J].中国教师,2015(6):65~69.
④ 董鹏,程传银,赵富学,尚力沛.基于路线图方法的我国校园足球师资培训体系构建[J].体育文化导刊,2018(8):136~141.
⑤ 陈波,张孝禄,刘海东,李建辉,庞之东.国家战略视野下校园足球师资培养研究[J].成都师范学院学报,2017(9):5~8.

H2、H4 得到验证。

足球组织建设影响下我国足球发展与体育强国建设结构方程模型中(图6-4),足球组织建设中介效应的实现分为两个阶段:一是我国足球发展对足球组织建设的促进作用(即假设H2);二是足球组织建设对体育强国建设的推动作用(即假设H4)。

二、足球发展与足球组织建设的关系分析

从现实发展角度来看,我国足球发展对足球组织建设的推动作用主要体现在以下两个方面:一是足球发展广度的延伸促进了足球组织种类、数量的扩充,如伴随着职业足球发展需要,职业足球俱乐部、职业足球联盟应运而生,再如随着足球产业体系的完善,足球经纪、足球培训等市场经营性足球组织相继出现;二是足球发展深度的提升,对足球组织自身能力提出了更高的要求,推动了足球组织结构、运行机制的变革,如当前为破解我国足球发展困境对我国足球协会管理机制进行的一系列改革。从学理角度分析,足球组织建设是开展任一足球活动的首要任务与必然要求,是实现既定活动目标的机构保障,也是方便过程管理的需要,大到中国足球协会,小到基层社区足球社团,都是为实现既定目标的需要而存在的。足球组织建设目的在于服务足球发展,足球发展则必须推动足球组织建设,足球组织建设与足球发展在某种程度上已实现了统一,这也是两者之间路径系数高达0.98的现实反映。

三、足球组织建设与体育强国建设的关系分析

作为足球文化制度层面的足球组织是推动我国足球运动社会化、市场化、职业化突破发展的制度保障,也是实现足球运动自身规范化、标准化、常态化发展的逻辑起点。足球组织建设对体育强国建设的效应机制源自以下两个方面:一是源自足球运动在我国体育序列中的重要地位与功能价值;二是源自足球项目自身敢为人先的自我改革魄力。以足球组织建设为代表的足球文化发展已成为引领我国体育事业发展的排头兵和全面推进体育强国建设的先锋,其自身发展经验和成果为其他运动项目的改革发展提供了参照标准,也为体育强国建设的路径选择提供了可能。回顾国外体育强国发展历程发现,足球在其体育发展体系中都发挥着重要作用和价值,足球组织建设更是在体育强国建设过程中处于关键"抓手"地位,如英国将足球发展不同领域内的足球组织建设作为大众体育、

学校体育、职业体育的主要发展策略,通过足球带动效应促进体育各领域全面发展和各领域体育项目集体进步。

四、足球组织建设相关指标与足球组织建设关系分析

透过二阶指标与足球组织建设相关系数值发现,足球组织影响力和足球组织能力都与足球组织建设有着密切关系,各自与足球组织建设之间相关系数值的差异反映出足球组织影响力与足球组织能力对足球组织建设有着不同的贡献。

(一)足球组织影响力与足球组织建设关系分析

足球组织建设影响下的我国足球发展与体育强国建设结构方程模型(图6-4)中,足球组织影响力与足球组织建设的路径系数值为0.98,说明足球组织建设在我国足球发展对体育强国建设促进作用过程中的中介效应在很大程度上依赖足球组织影响力的发挥。足球组织影响力是足球组织建设的主要目标,其主要由两个方面决定:一是各类足球组织数量,如足球社会组织、职业足球俱乐部、足球经纪公司、足球培训公司等;二是足球组织自身功能发挥,如足球协会协调足球赛事的能力、职业足球俱乐部的文化感染力等。

具体来看,当足球组织影响力维度内各观测题项在同一显著水平下,与足球组织影响力相关系数值越高,表明该题项较之其他题项对足球组织影响力的价值与作用越大,同时根据题项得分均值高低也能判断题项内容在现实社会中的发展水平。相反,当观测题项对足球组织影响力路径系数值越高、得分均值越低时,则说明该题项内容正是当前我国足球组织影响力亟须提升、足球组织建设迫切需要强化之处。

足球组织建设作用下我国足球发展与体育强国建设结构方程模型中足球组织影响力维度各观测题项相关系数值均介于0.83—0.87之间(图6-4),观测题项中与足球组织影响力相关系数值最高的"ZQZZJS_8-当前我国足球组织(协会)协调各类足球赛事的能力""ZQZZJS_9-当前我国职业足球组织(俱乐部)的文化感染力""ZQZZJS_11-当前我国能够承担政府服务购买的足球社会组织数量"均为0.87,说明增强足球组织(协会)协调各类足球赛事能力、扩大职业足球组织(俱乐部)的文化感染力和增加能够承担政府服务购买的足球社会组织数量是提升足球组织影响力的关键。但结合表6-2发现,"ZQZZJS_8-当前我国足球组织(协会)协调各类足球赛事的能力""ZQZZJS_9-当前我国职业足球组织

(俱乐部)的文化感染力""ZQZZJS_11-当前我国能够承担政府服务购买的足球社会组织数量"的得分均值分别为3.96分、3.90分和3.82分,说明当前我国足球组织(协会)协调各类赛事的能力、职业足球组织(俱乐部)的文化感染力和能够承担政府服务购买的足球社会组织数量等方面存在明显不足。这其中存在的原因主要有以下几点:一是伴随着我国足球职业化、市场化改革的不断深入,各类竞赛需要对足球组织(协会)提出了更高要求,足球组织(协会)协调各类足球赛事的能力亟须通过深化改革来提升;二是当前我国职业足球俱乐部在建设发展过程中普遍过分追求竞技成绩、市场经济效益,而忽视了文化功能与价值的培育;三是政府购买是发挥市场机制作用把由政府提供的公共服务事项内容,按照一定的程序交付具备条件的社会力量承担,并由政府根据服务数量和质量向其支付的过程,而由于我国足球市场主体发展的不充分、不均衡,尤其是在可供政府购买其服务的足球社会组织数量及产品(服务)不足,使得我国政府在足球领域的服务供给不足。

通过以上对足球组织影响力维度内观测题项路径系数值与得分均值的分析和对比,本课题认为,增强足球组织(协会)协调各类足球赛事能力、扩大职业足球组织(俱乐部)的文化感染力和增加能够承担政府服务购买的足球社会组织数量是提升足球组织影响力助力足球组织建设的关键。同时,结合"ZQZZJS_8-当前我国足球组织(协会)协调各类足球赛事的能力""ZQZZJS_9-当前我国职业足球组织(俱乐部)的文化感染力""ZQZZJS_11-当前我国能够承担政府服务购买的足球社会组织数量"观测题项得分均值,得出当前我国足球组织建设在提升足球组织影响力上的迫切任务,应是深化改革提升足球组织(协会)协调足球赛事能力,加强职业足球俱乐部文化培育、注重职业俱乐部文化输出,致力于足球市场主体发展与供给能力的培育。

(二)足球组织能力与足球组织建设关系分析

足球组织建设中介变量影响下的我国足球发展与体育强国建设结构方程模型(图6-4)中,二阶指标足球组织能力与足球组织建设的路径系数值为0.91,同样显示出其与足球组织建设的密切关系,是足球组织建设作为中介变量承接、传导我国足球发展对体育强国建设促进作用不可或缺的一部分。足球组织能力维度由"ZQZZJS_1-当前我国政府扶持足球组织建设的政策数量"和"ZQZZJS_6-当前成立中国职业足球联盟的可行性与必要性"两个观测题项组成。从足球组织能力的具体内涵可知,足球组织能力反映了足球组织建设所需要的支撑条件或足球组织影响力发挥的外部环境。

具体来看,当足球组织能力维度各观测题项在同一显著水平下时,对足球组织能力相关系数值越高,表明该题项较之其他题项,对足球组织能力的价值与作用也就越大,同时根据题项得分均值高低也能判断题项内容在现实社会中的发展水平。相反,当观测题项对足球组织能力路径系数值越高、得分均值越低时,则说明该题项内容正是当前我国足球组织能力亟须提升、足球组织建设迫切需要强化之处。

足球组织建设作用下我国足球发展与体育强国建设结构方程模型(图6-4)的足球组织能力维度中,观测题项"ZQZZJS_1-当前我国政府扶持足球组织建设的政策数量""ZQZZJS_6-当前成立中国职业足球联盟的可行性与必要性"与足球组织能力相关系数分别为0.87和0.64,说明两者相比之下,政府扶持足球组织建设的政策对我国足球组织建设在足球组织能力提升方面有着更为重要的作用。近年来随着我国体育事业改革发展尤其是足球事业推行的一系列改革措施,使得足球组织无论是在数量、行业覆盖范围还是自身能力等方面都有了显著提升,但与足球发达国家相比,我国足球组织建设还处于发展初期,而任何事物的发展初期,政策扶持都是十分必要的且发挥着关键的社会导向作用。更有学者指出,当前我国体育社会组织还受到政策落地不够的影响和制约[1]。

结合表6-2发现,观测题项"ZQZZJS_1-当前我国政府扶持足球组织建设的政策数量"的得分均值为4.20分,表明我国政府在扶持足球组织建设政策出台方面已有所建树,显示出政府对支持足球组织建设的决心。如国务院在《关于加快发展体育产业促进体育消费的若干意见》中提出:"推行政社分开、政企分开、管办分离,加快推进体育行业协会与行政机关脱钩,将适合由体育社会组织提供的公共服务和解决的事项,交由体育社会组织承担。""培育发展多形式、多层次体育协会和中介组织。""引导支持体育社会组织等社会力量举办群众性体育赛事活动。""有条件的地方可设立体育发展专项资金,对符合条件的企业、社会组织给予项目补助、贷款贴息和奖励。""提供体育服务的社会组织,经认定取得非营利组织企业所得税免税优惠资格的,依法享受相关优惠政策。"[2]国务院

---

[1] 裴立新.新时代中国体育社会组织发展研究[J].体育文化导刊,2019(3):17~22.
[2] 国务院.关于加快发展体育产业促进体育消费的若干意见[EB/OL]. http://www.gov.cn/zhengce/content/2014-10/20/content_9152.htm.

办公厅发布的《关于改革社会组织管理制度促进社会组织健康有序发展的意见》从降低准入门槛、积极扶持发展、增强服务功能三个方面来大力培育发展社区社会组织,并从支持社会组织提供公共服务、完善财政税收支持政策、完善人才政策、发挥社会组织积极作用等方面来构建扶持社会组织发展的政策体系①。《中国足球协会调整改革方案》强调"破除制约中国足球发展的体制机制障碍,创新中国足球管理体制,逐步形成依法自治、民主协商、行业自律的组织框架"的重要意义②。《中国足球中长期发展规划(2016—2050年)》更是明确提出"足球领域的社会组织,经认定取得非营利组织企业所得税免税优惠资格的,依法享受相关优惠政策"③。《关于促进全民健身和体育消费推动体育产业高质量发展的意见》提出以"重点扶持一批运行良好、积极作为的基层体育组织"来推动体育社会组织发展的策略④。这些政策的出台在一定程度上初步形成了我国足球组织建设的政策保障体系,对我国各类足球社会组织建立、发展起着积极的推动、引导作用,但在现实发展中相关扶持政策成效并不显著,究其原因在于指导性政策的强制性不足,足球组织建设的扶持政策难以落地。

综上,政府对足球组织建设的政策扶持对我国足球组织能力提升、足球组织建设有着积极引导、有效促进的作用,尽管我国已出台一系列政策来促进足球组织建设,但相关扶持政策的落地还需要各有关部门的协力推进,共同促进足球组织建设的健康发展。

五、足球组织建设构成指标与足球组织建设问题分析

如前文所述,足球组织是我国足球运动发展的重要载体,足球组织建设是影响我国足球发展对体育强国建设效应的重要中介。然而,鉴于我国体育事业长期以来在计划经济体制下的发展惯性以及相较于其他社会系统而言体育改革的滞后性,足球社会化、足球组织建设注定是一个长期而缓慢的过程。在本次调研中,足球组织建设整体得分均值为4.12分(表6-3),反映出足球组织建设不能

---

① 中共中央办公厅,国务院办公厅.关于改革社会组织管理制度促进社会组织健康有序发展的意见[EB/OL]. https://baike.sogou.com/v168241048.htm?fromTitle.
② 国务院足球改革发展部际联席会议办公室.中国足球协会调整改革方案[EB/OL]. http://www.chinanews.com/ty/2015/08-17/7472386.shtml.
③ 国家发展改革委.中国足球中长期发展规划(2016—2050年)[EB/OL]. http://www.ndrc.gov.cn/zcfb/zcfbtz/201604/t20160411_797782.html.
④ 国务院办公厅.关于促进全民健身和体育消费推动体育产业高质量发展的意见[EB/OL]. http://www.gov.cn/gongbao/content/2019/content_5433722.htm.

很好地服务我国的足球发展,也是制约我国足球发展推动体育强国建设的主要原因之一。在足球组织建设二阶指标中,足球组织影响力和足球组织能力各维度内观测题项的得分均值分别为3.90分和4.33分(表6-2),表明与足球组织能力相比,足球组织影响力面临着更大的发展问题,而足球组织影响力和足球组织能力存在的具体问题透过量表中各观测题项的得分均值可见一斑。

(一)足球组织影响力与足球组织建设问题分析

从足球组织影响力维度各观测题项得分均值来看,该维度总得分均值为3.90分(表6-2),未达到本课题7级量表的中位数,表明足球组织影响力在我国足球组织建设中尚没有充分发挥其应有的辐射作用。其中,观测题项得分均值最低的为"ZQZZJS_10-当前我国职业足球组织(俱乐部)承担的社会责任现状"和"ZQZZJS_11-当前我国能够承担政府服务购买的足球社会组织数量",两者得分均值均为3.82分,反映出我国职业足球俱乐部承担社会责任不够,能够承担政府服务购买的足球社会组织数量不足,在一定程度上制约着足球组织影响力与足球组织建设之间的关系。职业足球俱乐部在本质上是市场经济体制下的法人治理结构组织,但其又具有不同于普通企业的特殊性,主要表现在其除以赛事为中心构建起的商品服务体系、遵循市场经济规律活动开展相关竞赛活动之外,所展现出的以传播、营造良好的足球文化氛围和促进我国足球发展水平为主要目的的社会责任。但近些年随着大量社会资本的介入,职业足球市场得到繁荣发展,与此同时,我国社会足球文化、足球竞技水平并未得到相应发展,诸如假球、球场冲突、球迷骚乱、运动员个人作风问题等产生的不良社会影响时有发生,这不仅损害了俱乐部自身利益,更是对中国足球社会形象造成了不可挽回的影响。职业足球相较于其他市场业态,很大程度上具有一定的公益性,足球产业开发社会责任也应具有正当性与合理性[1],自觉维护社会公共利益,积极履行社会责任,是保障职业足球俱乐部可持续发展的必要条件[2]。此外,随着社会对足球相关产品消费的不断增加以及我国公共体育服务建设的需要,政府向社会购买体育服务逐渐成为政府实施体育治理的主要制度安排和治理途径[3]。但就足球

---

[1] 汪锋.利益相关者视角下足球产业开发的社会责任[J].山东体育科技,2019(3):7~12.
[2] 沈建华.我国足球职业俱乐部市场化进程中存在的问题及策略的研究[J].上海师范大学学报(自然科学版),2009(6):551~560.
[3] 沈克印,陈银桥,杨毅然.政府向体育社会组织购买公共体育服务:逻辑、困境及治理策略[J].体育成人教育学刊,2016(1):39~43+49+2.

产业市场而言，由于自身产业体系不完善、市场发展不成熟，诸如青少年校园足球服务代理方的市场发展存在区域性不平衡[①]等市场主体供给问题，加之政府购买足球服务的特殊要求以及足球社会组织规模普遍偏小等因素，使得能够承担政府购买足球服务的相关社会组织数量明显不足。

（二）足球组织能力与足球组织建设问题分析

足球组织能力维度总得分均值为4.33分，其观测题项"ZQZZJS_1-当前我国政府扶持足球组织建设的政策数量"和"ZQZZJS_6-当前成立中国职业足球联盟的可行性与必要性"得分均值分别为4.20分和4.46分。尽管各级政府已先后出台了一系列政策措施来满足体育社团组织的建设需要，但现有政策也存在着监督管理多、扶持培育少的不合理制度安排，且政策滞后是制约足球社团组织健康发展、发挥作用的重要因素。自我国足球职业改革以来，对成立职业足球联盟必要性和可行性的讨论从未停息，遗憾的是时至今日，作为一种制度装置与有效机制支撑职业足球不断发展壮大的职业足球联盟尚未建立。观测题项"ZQZZJS_6-当前成立中国职业足球联盟的可行性与必要性"的得分均值是足球组织建设量表设计中得分均值最高的一项，表明在当前我国职业足球环境下，已具备成立中国职业足球联盟的条件，且社会对成立职业足球联盟具有极高的呼声。

第三节　足球身份认同在足球发展与体育强国建设关系中的作用讨论与分析

一、足球身份认同在足球发展与体育强国建设关系中的中介效应

图6-5中，我国足球发展与足球身份认同之间路径系数为0.64（$P<0.001$），显示出我国足球发展对足球身份认同有着显著正向促进作用，即假设H5得到验证；同时，足球身份认同与体育强国建设之间的路径系数为0.84（$P<0.001$），显示出足球身份认同对体育强国建设有着显著正向促进作用，即假设H7得到

[①] 吴丽芳,杨献南,赵刚.委托代理视阈下政府购买青少年校园足球服务的制约因素与对策[J].首都体育学院学报,2019(4):327~331.

验证。且足球身份认同在我国足球发展促进体育强国建设过程中具有显著的中介效应(0.166),即我国足球发展通过足球身份认同促进体育强国建设的假设H5、H7得到验证。

足球发展离不开足球文化环境和足球文化氛围的支撑[①],而足球身份认同正是足球文化环境和足球文化氛围在社会个体的微观表现,是形成社会足球文化的基础。社会个体通过足球身份认同构筑起以足球为核心的文化圈层,树立共同的文化观念与信仰,从而通过不同群体中个体足球身份认同的集聚与统一实现足球身份认同的弥合效应,促进社会不同文化通过足球身份认同加以汇聚、融合。足球身份认同的内在表现是对足球文化价值观的认知,现有文献表明,足球身份认同是对足球价值由外及内的固定化认知[②],是建立在个体对足球文化感知与对足球组织归属的基础上的。如果说这个世界上有什么东西可以让人们在短时间内情绪颠覆,让人们跨越国界建立起美好友谊,也可能会让人们立即成为敌对双方并且不需要任何语言表达,那就是足球身份认同。足球身份认同的外在表现,主要是个体接受足球价值观来指导其社会行为,即对足球价值的行为遵从,并以足球身份认同为"支点"强化其对体育身份认同,培育民众体育参与意识,从而为体育强国建设夯实基础。如英国足球文化中的绅士风度就是足球身份认同外化的具体体现,同时英国社区足球俱乐部在开展足球启蒙教育、激发孩子对足球运动兴趣的过程中,将体育育人价值融入人的成长过程中,为个体终身体育发展打下坚实基础。

足球身份认同作用下我国足球发展与体育强国建设结构方程模型中(图6-5),足球身份认同中介效应的实现同样分两个部分:一是我国足球发展对足球身份认同的促进作用(假设H5);二是足球身份认同对体育强国建设的推动作用(假设H7)。

二、足球发展与足球身份认同的关系

足球发展对足球身份认同的强化是全方位的,即随着足球发展水平提升,社会足球身份认同也逐渐增强。具体表现在职业足球联赛的发展为建立民众足球身份认同营造了良好外部环境和诱导氛围;社会足球氛围的增强为实现民众足

---

① 金瑞静.集体身份认同视域下中英足球球迷文化的比较研究[J].体育与科学,2015(2):68~74.
② 马松红."一个可能的世界"——阿玛蒂亚·森论身份认同与暴力的消解[J].甘肃理论学刊,2017(6):82~87.

球身份认同创造了内部动力；校园足球的广泛开展对青少年足球文化习得、动作技能学习、参与足球兴趣的培养起着重要启蒙作用，是新生代建立足球身份认同的主要途径。此外，足球组织为其组织成员的足球身份认同强化提供了制度性保障，并在组织目标统一性约束与规范下实现了对个体足球身份认同的初步统一与聚合。

三、足球身份认同与体育强国建设的关系

社会足球身份认同的普遍实现为推进体育强国建设扫清了社会认知障碍，体育强国建设不但会获得社会各界的广泛支持，更能吸引更多社会力量和资本参与其中。足球身份认同影响下我国足球发展与体育强国建设结构方程模型中（图6-5），体育强国建设二阶指标中相关系数值最高的为国民体育素养，达到0.95，其次是强国建设保障体系和竞技体育实力，分别为0.90和0.85，说明足球身份认同作用下，体育强国建设下的三个二阶指标均对体育强国建设产生重要的显著作用。而其三者比较而言，国民体育素养相对于其他两个二阶指标而言影响最大，其次是强国建设保障体系。造成以上现象的原因主要包括以下几个方面：一是足球身份认同对提升我国国民体育锻炼意识、转变我国国民对体育健康促进价值的认识、强化体育在育人过程中的作用和理念有着中积极作用。足球身份认同所散发出强烈的创造意识、进取精神和表现欲望，对于促进终身体育思想、体育锻炼意识的形成有着重要催化作用。二是足球身份认同在全社会范围内形成的足球文化可强化社会对体育道德规范的认同与遵从，提升体育治理水平，从而进一步巩固和完善体育强国建设的保障体系。三是足球身份认同蕴含着强烈的民族情感以及对国家利益、形象的高度关注，其所表现出社会对提升足球竞技体育实力的诉求正为增强竞技体育投入、举办大型国际体育赛事疏通社会认知阻碍，同时又提供了强大的精神支持。当然，这种积极作用属于精神层面的"软"支持，不能直接促进竞技体育实力的提升，故其对竞技体育实力的促进作用最弱。

四、足球身份认同相关构成指标与足球身份认同关系分析

图6-5中，透过足球身份认同二阶指标与足球身份认同相关系数值发现，个体认同行为和足球价值认同都对足球身份认同有着重要的作用，相关系数数值大小反映出个体认同行为与足球价值认同对足球身份认同的贡献有着不同表现。

(一) 个体认同行为与足球身份认同关系分析

足球身份认同作用下我国足球发展与体育强国建设结构方程模型(图6-5)中,个体认同行为与足球身份认同相关系数值为0.67,显示出其与足球身份认同的密切关系,是足球身份认同作为中介变量承接、传导我国足球发展对体育强国建设促进作用中不可或缺的一部分。

具体来看,当个体认同行为维度内各观测题项在同一显著水平下时,对个体认同行为路径系数值越高,表明该题项较之其他题项,对个体认同行为的价值与作用越大,同时根据题项得分均值高低也能判断题项内容在现实社会中的发展水平。相反,当观测题项对个体认同行为路径系数值越高,得分均值越低时,则说明该题项内容正是当前个体认同行为亟须提升、足球身份认同迫切需要强化之处。

足球身份认同作用下我国足球发展与体育强国建设结构方程模型中(图6-5),个体认同行为维度内各观测题项相关系数值均介于0.78—0.93之间,其中与个体认同行为相关系数值最高的是"ZQSFRT_6-我喜欢谈论足球主题的相关内容",为0.93,其次是"ZQSFRT_7-我喜欢与同样有足球兴趣的人交朋友",为0.91,说明积极参与足球话题的相关谈论和结交具有足球兴趣爱好的人对足球身份认同在个体足球身份认同的形成和强化过程中有着重要作用。这主要表现在以下几个方面:一是足球相关主题内容的谈论活动对参与者足球基本知识的掌握和足球时事资讯的接收都有一定要求;二是参与谈论活动更有助于参与者足球基本知识的扩充和足球时事资讯的全面了解。此外,同与喜欢足球的人结交,其本身就是足球身份认同的外在行为表现,而在相互交往过程中又促进了彼此足球身份认同的强化,同时随着结交更多具有足球爱好的个体,趣缘关系网便会不断形成并发展壮大,形成了足球社团的前身——趣缘群体,需要特别指出的是由于足球运动自身的集体项目特征属性,足球更易于形成趣缘群体。

以上分析可知,参与足球话题的相关谈论和结交同样具有足球兴趣爱好的人是建立并强化个体足球身份认同的重要渠道,但观测题项"ZQSFRT_6-我喜欢谈论足球主题的相关内容"和"ZQSFRT_7-我喜欢与同样有足球兴趣的人交朋友"的得分均值并不高,分别为3.80分和3.96分,反映出社会民众参与足球话题谈论的积极性和结交同样具有足球爱好人群的意愿不高,导致社会整体足球氛围不够,这也一定程度上解释了观测题项"ZGZQFZ_3-当前我国足球的社会文化氛围"得分均值仅为3.77分的具体缘由。

结合对"ZQSFRT_6-我喜欢谈论足球主题的相关内容"和"ZQSFRT_7-我喜欢与同样有足球兴趣的人交朋友"与个体认同行为之间相关系数值分析以及各自得分均值的解读,可以发现,当前建立个体足球身份认同、强化足球身份认同在我国足球发展促进体育强国建设过程中具有显著的中介效应,由此迫切需要在全社会组织开展多形式的足球话题讨论活动,通过线上、线下两种渠道积极引导民众参与其中,并在全社会倡导以球会友、增进情谊的足球参与理念。

(二)足球价值认同与足球身份认同关系分析

足球身份认同建设影响下我国足球发展与体育强国建设结构方程模型(图6-5)中,足球价值认同与足球身份认同之间相关系数值为0.82,说明足球身份认同中介效用的发挥在很大程度上需要依赖足球价值认同来实现。从本课题足球价值认同的具体内涵可知,足球价值认同能够代表人们对足球运动所具有强大象征意义的认同,以至于足球演变为个人乃至一个民族或国家的信仰,这与体育强国建设所蕴含的民众爱国主义和民族主义的寄托血脉相通。足球运动象征价值可以让社会在短时间内情绪颠覆,如我国足球队竞技成绩的升降早已成为国人情感的爆发点和情绪的晴雨表[1]。足球从来都不是一场简单的比赛,国际足球赛场角逐的背后无不暗含着两国政治、经济、文化、宗教、民族力量的支持[2],它既可以让人们跨越国界建立起美好友谊,也可能会让人们马上成为对敌。甚至国家或民族间每一次足球比赛的胜利都象征着战场上的胜利,满足了人们在历史长河中积淀下来的民族复兴心理[3]。

具体来看,当足球价值认同维度内各观测题项在同一显著水平下时,与足球价值认同相关系数值越高,表明该题项较之其他题项,对个体认同行为的价值与作用越大,同时根据题项得分均值高低也能判断题项内容在现实社会中的发展水平。相反,当观测题项对足球价值认同相关系数值越高、得分均值越低时,则说明该题项内容正是当前足球价值认同亟须提升、足球身份认同迫切需要强化之处。

足球身份认同作用下我国足球发展与体育强国建设结构方程模型中(图6-5),足球价值认同维度内各观测题项相关系数值均在0.64—0.91之间,

---

[1] 武成硕,陈晴,宋广成.评《中国足球运动百余年发展史》[J].文学教育,2018(5):158~159.
[2] 富兰克林·弗尔.足球解读世界[M].北京:当代中国出版社,2006.
[3] 卢元镇.体育社会学[M].北京:高等教育出版社,2010:12.

观测题项中与足球价值认同关联系数值最高的是"ZQSFRT_14-我认为足球是一项具有仪式感的运动",为 0.91,其次是"ZQSFRT_15-我认为足球运动蕴含着丰富的人生哲理",为 0.89,说明涵化足球运动的仪式感和挖掘足球运动所蕴含的人生哲理是强化足球运动象征意义、促进足球价值认同的关键。足球运动仪式感在不同领域有着不同的作用与价值,以职业足球为例,一个成熟而又发达的职业联赛,无论是在冠军奖杯设计、比赛队服定制还是赛程规制的安排上,必定处处彰显着足球的仪式感,职业足球中的这种仪式感不但强化了运动员、教练员的荣誉感,激励其不断取得更好成绩,更有助于预防假球、赌球、球迷骚乱等球场不良行为的发生①。当然,足球仪式感不仅仅存在于国家队和职业联赛中,也存在于校园的球场上。例如校园足球联赛规范化的赛程安排、庄重有序的颁奖仪式,都会激发青少年运动员拼搏争胜的顽强信念,对于培养校园足球联赛的看台文化更是大有裨益②。

足球竞技的魅力不仅在于输赢难测,也在于它所蕴含的丰富的人生哲理。足球赛场如同人生舞台,它时而让人激动、让人欣喜,时而令人沮丧、令人伤心,赛场形势的反复无常犹如变幻莫测的人生旅途,人们永远猜不准下一刻会发生什么。正是由于足球所蕴含的深刻人生哲理,其魅力与价值才得以无限放大,足球的社会影响力也才得以充分发挥。

对照表 6-2 可以发现,"ZQSFRT_14-我认为足球是一项具有仪式感的运动"和"ZQSFRT_15-我认为足球运动蕴含着丰富的人生哲理"的得分均值分别为 4.58 分和 4.56 分,说明社会对足球运动仪式感属性和足球所蕴含的人生哲理有一定认识。但从足球现实发展来看,中超联赛在细节和仪式感设定方面与 CBA 联赛有着较大的差距,况且人们往往过分关注足球比赛的输赢,而忽略足球赛场上所展现的拼搏向上的人生哲理。因此,丰富各级各类足球竞赛仪式感、引导健康足球竞技理念是强化足球价值认同与发挥足球身份认同在我国足球发展促进体育强国建设过程中作用的现实需要。

五、足球身份认同构成指标与足球身份认同问题分析

如果说足球组织建设是足球文化系统内的制度建设(技术层次),那么强化

---

① 腾讯网.中国足球需要更多仪式感[EB/OL].https://new.qq.com/omn/20190222/20190222A19UZS.html.
② 新华社新媒体.足球的"仪式感"在哪里?[EB/OL].https://baijiahao.baidu.com/s?id=1634426346056316527&wfr=spider&for=pc.

足球身份认同就是足球文化体系中必不可少的精神建设(心理层次)。就足球身份认同而言,可分为两个维度的测量:一是个体自我对足球的主观态度与行为取向,即个体认同行为;二是人们对足球运动"外部"价值的认识水平,即足球价值认同。而足球身份认同总体得分均值为4.14分(表6-3),反映出足球身份认同也面临着亟待解决的现实发展问题,足球身份认同存在的具体问题透过量表中各观测题项的得分均值可见一斑。

(一) 个体认同行为与足球身份认同问题分析

表6-2中,个体认同行为维度总得分均值为3.81分,未达到本课题量表设计的中位数,表明个体认同行为在足球身份认同中还留有较大提升空间。具体来看,观测题项得分均值最低的是"ZQSFRT_9-我曾经或目前归属特定的球迷组织并参加相关球迷组织活动",为3.43分,说明尽管当前我国拥有庞大的球迷群体数量,但其中多为分散、非组织化管理,球迷组织文化薄弱,个体行为泛滥[1],这无疑会弱化个体认同行为与足球身份认同之间的关系。从传统意义上看,球迷组织应是由基层球迷群体自下而上、自发组建的社会团体组织,但事实上我国足球球迷组织多由职业足球俱乐部参与或主导自上而下组建[2],尽管此举可有效弥补球迷群体对球迷组织管理的能力缺陷,但客观上会造成球迷组织数量难以覆盖球迷群体的弊端。

此外,得分均值较低的观测题项还有"ZQSFRT_10-我熟知自己喜欢的足球俱乐部队徽、队服、队歌等标识",为3.52分,说明对喜欢的足球俱乐部队徽、队服、队歌的认知程度是球迷群体自我认同乃至群体身份标识的基本判定标准,也是球迷产生自我区分、群体效应以及球迷文化形成的基础与依据[3]。而此次调查结果显示,我国球迷群体对自己喜欢的足球俱乐部队徽、队服、队歌认知水平不足,一则反映足球这项运动没有在体育院校学生中得到普及与推广,二则也能反映出我国足球发展中没有重点培养足球运动的忠诚度,导致个体认同行为与足球身份认同关系的不稳定。忠诚度是球迷与职业足球共同发展的基础,球迷的忠诚度直接影响着比赛现场上座率以及对俱乐部相关纪念品的消费行为

---

[1] 孙科.生态·场域·习性——第二届中国足球文化与校园足球发展论坛研讨对话录[J].体育学研究,2018(4):82~94.
[2] 刘丹,刘兵.职业足球俱乐部特许商品的冲动性消费研究[J].上海体育学院学报,2016(4):32~36.
[3] 金瑞静.集体身份认同视域下中英足球球迷文化的比较研究[J].体育与科学,2015(2):68~74.

(球迷作为职业足球产业的消费终端,球迷忠诚度高低一定程度上反映我国职业足球产业市场的活跃程度),并间接影响着球迷自身的观赛满意度①。

在西班牙,职业足球赛事具有极高的上座率,赛事门票销售量远高于其他体育运动项目和休闲表演活动(如话剧、音乐会、博览会等)。据统计,西班牙有41%的成年人会购票观看体育赛事,其中54.9%的人会购买球票现场观看职业足球赛事②(表7-3)。

表7-3 西班牙体育类门票销售情况

体育项目	足球	篮球	赛车	网球	田径	其他
百分比(%)	54.9	15.4	8.0	7.5	3.9	10.3

数据来源:the May 2007 Barometers of the Sociological Research Centre (CIS, 2007, respectively)。

由此可见,广泛个体集中式的对足球认同的行为,深刻地影响着西班牙足球占据着体育运动的主流位置。

(二) 足球价值认同与足球身份认同问题分析

表6-2中,足球价值认同维度总得分均值为4.47分,明显高于个体认同行为,说明社会对足球价值认同度较高。从足球价值认同维度各观测题项得分均值来看,在足球价值认同维度观测题项得分均值最低的是"ZQSFRT_12-我十分关注中国国家足球队的比赛",为4.03分,明显低于同维度内其他观测题项的得分均值。说明民众对国家足球队比赛的观赛积极性不高,影响了社会足球价值认同整体水平提升,也成为足球价值认同与足球身份认同关系的薄弱环节。足球价值认同维度内其他观测题项得分均值明显高于"ZQSFRT_12-我十分关注中国国家足球队的比赛"的4.03分,介于4.56—4.70分之间,说明我国足球价值认同维度内容体系的发展水平出现了不均衡问题。而通过对比足球价值认同维度内各观测题项的内涵与得分均值,发现观测题项得分均值高的都是表现个体内心态度认知的观测题项,如观测题项"ZQSFRT_14-我认为足球是一项具有仪式感的运动"(4.58分)和"ZQSFRT_15-我认为足球运动蕴含着丰富的人生哲理"(4.56分),而反映个体外在行为选择倾向的观测题项得分均值较低,如

---

① 毛志晨,符家庆,孙建波.职业足球球迷忠诚度的建模测量实证研究——以2010赛季中超北京、上海、南京三个赛区为例[J].体育成人教育学刊,2011(6):59~60.
② CIS (2007) Barómetro de Mayo de 2007 (Madrid: Centro de Investigaciones Sociológicas).

观测题项"ZQSFRT_12-我十分关注中国国家足球队的比赛"(4.03 分)。这说明我国社会在足球价值认同上存在"想得多,做得少"的问题,即仅仅是对足球价值认知水平的提升,而没有将对足球价值认同与行为遵从相结合,当然"ZQSFRT_12-我十分关注中国国家足球队的比赛"与"ZQSFRT_13-当我观看中国国家足球队比赛时,国家和民族感情会油然而生"得分均值悬殊除以上原因外,还与当前我国国家足球队的竞技成绩不理想有着直接关系。

第四节 足球组织建设和足球身份认同在我国足球发展与体育强国建设关系中作用的讨论与分析

一、双中介变量作用下的我国足球发展与体育强国建设直接效应分析

前文中逐一分析了足球组织建设或足球身份认同单独对我国足球发展与体育强国建设关系的中介效应,结果表明,无论是足球组织建设还是足球身份认同,在单方面作用于我国足球发展与体育强国建设关系过程中都发挥着重要的中介效应。而当足球组织建设和足球身份认同同时作用于我国足球发展与体育强国建设关系时,我国足球发展直接影响体育强国建设的路径系数 P 值大于 0.05,表明我国足球发展在足球组织建设和足球身份认同双中介变量作用下,其对体育强国建设直接促进作用并不显著(即直接作用下得到支持的假设 H1,在中介变量作用下没有得到支持)。在足球组织建设和足球身份认同共同作用下假设 H1 未能得到支持,恰恰说明足球组织发展与足球身份认同两大中介变量在我国足球发展与体育强国建设之间完全承担了一种"必然承载"的作用路径。也就是说,依照本课题研究,足球组织建设和足球身份认同两条中介途径的确能够在我国足球发展影响体育强国建设中发挥积极的作用。

在我国足球发展历程中,忽视各类足球组织建设,不但有违足球运动发展的客观规律,更会限制足球对外影响力的扩散。如我国足球发展的领导与管理组织机构——各级足球协会改革的滞后已不能很好地满足我国足球在新形势下改革发展的需要,这就要加大改革创新力度、建立新型的足球协会管理机制;再如,基层足球组织社团数量不足,不能很好地引导我国业余足球联赛的开展以及服

务民众参与足球运动的需求。此外,我国足球发展长期以来重视竞技成绩提升而忽视足球文化价值培育的片面发展理念,致使社会足球文化厚度不够、民众对足球运动身份认同感不强,这些都在一定程度上导致民众自发参与足球运动的热情和积极性不高。

二、足球组织建设和足球身份认同在我国足球发展与体育强国建设关系中的中介效应分析

(一)足球组织建设与足球身份认同中介效应差异分析

足球组织建设和足球身份认同的中介效应为我国足球发展促进体育强国建设构建了两条不同的发展路径。虽然足球组织建设和足球身份认同对我国足球发展与体育强国建设关系的构建都有着不可或缺的作用与价值,但通过对比模型中不同中介路径系数可知(表7-4),足球组织建设对于我国足球发展引领体育强国建设的作用要高于足球身份认同的作用,且对比两者之间的中介效应值大小,整体来看足球组织建设的中介效应值大于足球身份认同的中介效应值。

从表7-4中可以发现,双中介变量同时介入时,在同样显著水平下,我国足球发展与足球组织建设路径系数高于我国足球发展与足球身份认同路径系数,而该两者的路径系数对各自的中介效应值均产生重要作用。

表7-4 各变量间的标准化路径系数

假设路径			标准化路径系数
我国足球发展	------>	足球组织建设	0.98
足球组织建设	------>	体育强国建设	0.54
我国足球发展	------>	足球身份认同	0.43
足球身份认同	------>	体育强国建设	0.46
我国足球发展[a]	------>	体育强国建设	0.53
我国足球发展[b]	------>	体育强国建设	0.20

注:a 代表足球组织建设作用下的我国足球发展对体育强国建设的路径系数;
　　b 代表足球身份认同作用下的我国足球发展对体育强国建设的路径系数。

(二)足球组织建设对实现体育强国建设的重要性

足球组织建设是我国足球发展促进体育强国建设过程中的首要中介变量,

具有关键作用与地位。即在推动我国足球发展对体育强国建设正向促进作用的过程中，强化足球组织建设要比强化足球身份认同更为迫切和重要，没有足球组织建设的突破，足球发展对体育强国建设的效应就难有大的提升。足球组织是制度安排的具体体现，也是落实足球发展顶层设计的执行者，更是各类足球活动开展经验固化的外在表现。纵观英国足球历史发展经验，其各级各类足球组织已形成覆盖全年龄段的足球组织机构体系，为英国足球的繁荣发展提供物质基础和机制保障，更成为落实英国足球顶层设计的坚定执行者。而在日本，足球主要由日本足球协会管理，同时文部省下设体育、青少年局负责青少年足球运动的发展，此外大量民间足球俱乐部的兴起反映出日本社会对足球运动发展的重视，并成为活跃民间足球运动的动力之源。日本足协和文部省对足球发展的密切配合与科学分工，加之民间足球组织的有益补充，共同为日本足球发展构筑起完善而严密的组织架构体系。可以说，日本足球的成功是通过加强组织建设并在厘清各类足球组织职能与定位基础上，让各类足球组织高效运转，以足球组织功能有效发挥、促进足球身份认同来实现的。反观我国足球发展，即使近些年不断完善对足球发展的顶层设计，但无论是在职业足球、校园足球还是大众足球领域与国家高投入相比仍然难以取得与之相匹配的发展成就，主要在于当前足球发展各类规划设想与发展蓝图都面临着缺少实施主体（足球组织）的尴尬局面，这也在一定程度上揭示了当前我国足球发展面临的困境，与各类足球组织建设数量不足和足球组织自身定位模糊、功能错位有着很大的关系。

（三）足球身份认同对实现体育强国建设的积极意义

足球身份认同在我国足球发展促进体育强国建设过程中扮演着次要中介变量角色。足球身份认同在一定程度上需要依附足球组织来实现，对社会个体而言，加入足球组织不但是其个体足球认同的具体行为表现，而且能通过对足球组织的身份认同进一步强化其足球身份认同。第一，个体足球认同是自发行为。个体足球认同行为是足球认同行为的初级阶段，在该阶段的个体足球认同具有偶然性、短暂性或不确定性。第二，随着个体加入相关足球组织，足球组织内部的文化、制度以及相关足球活动又使得个体足球认同朝着稳定性、常态化状态迁移。组织内成员通过组织这一行为载体与制度安排将足球身份认同进行制度化，组织内成员要受到组织相关制度、文化的约束，即足球组织内部成员的个体足球身份认同要强于游离在组织之外的个体足球身份认同。第三，足球组织发展理念以及对足球价值的实践,促进了组织内部成员对足球价值认同的实现,可以说足球组织价值理念是足球组织内部成员个体身份认同的规模效应或集中体现,具有松散个体足球身份认同所没有的价值与功能。由此可见,足球组织这一制度安排促进了足球身份认同从低级、松散的个体足球认同向着高级、稳定的足球价值认同转变,而足球组织对内部成员足球身份认同的强化,又会反作用于足球组织建设,即借助内部成员对足球身份认同的统一归属,强化组织内部凝聚力,进而促进足球组织不断发展壮大。

个体足球认同是足球身份认同的起点,在足球身份认同培育过程中,足球组织的作用更多的是对现有个体足球认同进行发展,却很少依靠自身组织来培育个体足球认同,即足球组织内部成员很少有"不喜欢"足球运动的社会人员参与或者不存在足球运动"零基础"的成员。个体足球认同进一步培育与发展的任务更多的是由足球组织来承担:第一,在职业足球领域,通过职业联赛水平的不断提升来吸引民众观赛参与,进而在全社会培育一大批职业足球赛事的球迷,再将对足球观赛的间接参与转变为参与足球运动的直接参与,形成个体足球身份认同;第二,通过足球产业对足球物质产品或服务产品的销售,让消费者对足球运动、足球文化产生近距离感知,从而强化了民众对足球运动的启蒙认知;第三,在足球氛围领域,国家队竞技水平提升可有效吸引人们对足球运动的关注,业余足球联赛活跃又促进了社会足球文化的形成,人们身处在浓厚的社会足球氛围中,将不可避免地受到足球文化的熏陶;第四,在校园足球领域,通过校园足球的广泛开展,为我国广大中小学生带来足球运动知识启蒙教育、激发青少年参与足球运动的兴趣。

足球组织建设和足球身份认同对我国足球发展与体育强国建设关系的中介效应的不同,主要在于两者与我国足球发展关系之间的不同,即足球组织建设和足球身份认同与我国足球发展之间的作用范式有着明显的差异。具体表现在足球组织建设是我国足球发展的工具性制度安排,我国足球发展离不开足球组织建设,足球组织建设在一定程度上反映出我国足球发展水平,两者在传导机制上是直接对接的;而足球身份认同更多的是我国足球发展的结果性社会现象,足球身份认同与我国足球发展的关系是间接的,即我国足球发展对足球身份认同的形成是非直接性的。我国足球发展与足球组织建设和足球身份认同之间的这种直接和间接的关系,从根本上决定了足球组织建设和足球身份认同在我国足球发展与体育强国建设关系中作用发挥的差异性。

三、我国足球组织建设和足球身份认同与国外足球发达国家的差距分析

从以上对足球发展与体育强国建设之间的关系所作的系统而全面的研究分析中可以得知,足球发展对体育强国建设在理论上具有显著正向的促进作用。但在现实中,作为世界第一运动的足球发展对我国体育事业的促进作用并不明显,这一方面在于我国足球自身发展水平较低,难以形成强大的社会影响力;另一方面在于作为足球发展与体育强国建设关系之间起中介作用的足球组织建设和足球身份认同水平与足球发达国家存在着巨大差距。

就足球组织建设而言,这种差距主要表现在以下两个方面:

一方面,各类足球组织数量滞后于足球自身发展,致使我国足球对外影响力滞后于足球改革发展成果,即我国足球组织无论是在数量上还是影响力上都与当前对足球发展的投入和足球发展取得的成绩不匹配。从足球组织数量来看,无论是企业法人制的经营性足球组织(职业足球俱乐部、足球经纪企业、足球培训企业),还是政府事业性与社会公益性的非营利性足球组织(各级足球协会、球迷组织),对当下我国足球发展目标和足球人口而言都远远不够,这从根本上决定了足球组织影响力的广度有限。

另一方面,伴随着足球改革发展不断深入,现有的足球组织功能,即足球组织能力日渐无法满足足球发展需要。足球组织能力是足球组织建设的所求之处,反映足球组织自身功能的发挥程度,足球组织能力强弱一定程度上决定了足球组织建设水平的高低。由于社会对足球组织功能、组织性质与组织定位认识上的不准确、不全面或是在足球组织建设实践过程中对足球组织结构性发展的偏颇,导致了诸如职业足球俱乐部社会责任意识薄弱、足球协会服务与管理功能错位以及基层足球社团组织官民二重性等现实困境,致使我国足球组织的功能没有真正地发挥出来,这就使得我国足球组织影响力的深度不够。

就足球身份认同而言,这种差距同样表现在两个方面:

一是足球个体认同行为水平低且不稳定,这是培养足球运动"忠诚"参与群体过程中首先要解决的问题,也是构建浓厚社会足球文化的基础。个体足球身份认同解决的是从数量上扩充足球人口乃至体育人口,从而在全社会形成广泛的群众体育参与意识。实际上,足球除了作为一项运动之外,还寄托着社会对道德秩序重建的期望,一支球队组建、训练、比赛以及与外界关联共同解决问题的过程被看作是规则体系、荣誉守则、团队纪律和互助感的具体化演绎,这种道德

秩序深刻地影响着像西班牙这类足球强国的社会教育体系。根据西班牙职业足球联盟在 2003 年进行的一项调查，58%的适龄子女的父母会考虑将足球作为孩子最喜欢的运动项目，远远超过篮球的 12%；不仅如此，69%的受访者认为足球有助于青少年的发展，而 66%的人将其定义为最适合年轻人的娱乐项目之一[①]。在西班牙社会中，人们普遍认为足球有助于个人的发展。足球运动也是父母培养其子女的体育项目首选，成为一名职业足球运动员，更是很多西班牙男孩的梦想。足球梦想隐喻公众对道德规范和集体项目的认同，这本身也是一种社会理想的传递。

二是当前我国社会对足球价值认同存在一定偏差，表现在过分关注国家队竞技成绩的社会价值，而对足球背后所代表的民族精神、足球竞赛仪式文化及足球运动自身的精神价值、蕴含的人生哲理等认识不到位、践行不足。英国首相丘吉尔曾经用殖民地和文化建设做过一个对比，意思是拥有一个莎士比亚的分量远重于殖民地的抢占，因为文化是内化到灵魂和精神层面的，而殖民地仅仅就是一块土地而已[②]。在丘吉尔看来，文化的力量是一个国家可以历久弥坚的财富。对于此观点，习近平总书记也曾指出：一个国家、一个民族的强盛，总是以文化兴盛为支撑的，中华民族伟大复兴需要以中华文化发展繁荣为条件。足球价值认同的是在方向上对足球价值乃至体育价值科学、全面的引领，从而为体育强国建设构建良性的社会舆论环境。

第五节　研究假设检验结果汇总

通过逐一分析不同条件下我国足球发展与体育强国建设的关系，结果显示在本课题所提出的 7 项关于我国足球发展与体育强国建设关系的假设中有 6 项假设在验证过程中获得明确支持。而我国足球发展对体育强国建设的直接作用在不同条件下有不同的表现：一是无中介变量介入时，我国足球发展对体育强国建设具有显著正向促进作用，即假设 H1 得到支持；二是当足球组织建设和足球身份认同双中介共同介入时，我国足球发展与体育强国建设之间的

---

① LFP (2003) Estudio de opinión sobre los clubes de fútbol, Madrid: Liga de Fútbol Profesional.
② 唐晋等.大国崛起[M].北京：人民出版社，2006.

路径系数则几近"消失",即不能支持我国足球发展对体育强国建设的促进作用（表7-5）。

表7-5 足球发展、足球组织建设、足球身份认同与体育强国建设总模型验证结果

假设	假设内容	验证结果
H1	我国足球发展对体育强国建设具有积极的正向促进作用	不支持*
H2	我国足球发展能够对足球组织建设产生积极的正向作用	支持
H3	足球组织建设在我国足球发展和体育强国建设之间起到积极的正向影响	支持
H4	足球组织建设对体育强国建设产生积极的正向作用	支持
H5	我国足球组织发展能够对足球身份认同产生积极的正向作用	支持
H6	足球身份认同在我国足球发展和体育强国建设之间起到积极有力的推动作用	支持
H7	足球身份认同对体育强国建设产生积极的正向影响	支持

*在双中介变量作用下,我国足球发展对体育强国建设的直接作用"消失",即假设H1不再得到支持。说明足球组织建设与足球身份认同在我国足球发展影响体育强国建设中起到完全中介的作用。

第八章
足球发展与体育强国建设研究结论、局限与展望

第一节 研究结论

（1）足球发展与体育强国建设存在发展目标的统一性和内涵的关联性，在学理上，足球发展的逻辑规律对体育强国建设具有较强的先导性，因此，这为发展以足球为代表的三大球运动能够积极有效提升体育强国建设提供了前提与依据，也为本研究破解足球发展促进体育强国建设提供了重要的命题。

（2）本研究认为探寻足球发展与体育强国建设的因果关系是新时期体育强国建设的重要命题。建构足球发展与体育强国建设的理论模型并进行论证，可以为足球发展影响体育强国建设探寻理论依据。通过尝试解释我国足球发展影响体育强国建设的内在机理，为体育强国建设视角下更好地推动我国足球发展提供路径依据。

（3）英国、西班牙、德国、日本等世界足球强国的发展历程证明，足球运动足以跨越政治、宗教和民族的界限，成为国家体育发展的标签和旗帜。作为一种传播工具，足球运动彰显着民族和国家的精神内涵；作为一种衡量工具，足球运动代表着国家体育影响力的核心指标；作为一种锻炼形式，足球运动承载着健康育人的教育使命；作为一种经济手段，足球运动提供着国家体育产业发展的不竭动力。可以说，足球运动所体现的集体性、智慧性、文化性与创造性往往就是一个国家和民族发展的生态价值观，鲜明且深刻。

（4）在我国足球发展与体育强国建设的文献梳理中发现，以组织机构设置和职能运行为代表的组织建设问题、以个体认同行为和足球价值认同为代表的

足球身份认同问题、以校园足球精准定位和职业足球规范化运行为代表的足球发展问题在很大程度上制约着足球运动应然价值的彰显。因此，在我国足球发展助推体育强国建设的路径构建中，将组织建设和身份认同作为足球发展影响体育强国建设来的维度来观测，不仅具有理论必要性，而且具有实践必要性。

（5）研究建构了我国足球发展影响体育强国建设的理论模型，并通过访谈、调查等方法进行实践验证，证明足球发展的确是体育强国建设的重要原因，得到了数据的假设支持。课题在对测量指标区分度、量表设计信效度、各变量二阶指标关联性、模型内部适配度等数据分析，检验了我国足球发展与体育强国建设的理论结构模型，即我国足球发展与体育强国建设的直接关系模型、足球组织建设作用下的我国足球发展与体育强国建设关系模型、足球身份认同作用下的我国足球发展与体育强国建设关系模型以及足球组织建设和足球身份认同共同作用下的我国足球发展与体育强国建设关系模型。此外，学历控制变量对以上所有模型具有显著影响，性别控制变量仅对有足球身份认同作用下的关系模型具有显著影响。

（6）通过大面积调查和专业校园足球教练员的进一步验证表明，尽管足球发展对体育强国建设具有直接和显性的作用关系，但这种关系在融入足球组织建设和足球身份认同两个中介变量后，几乎被上述两个变量所取代，这也说明足球发展影响体育强国建设的关系作用并非简单，是需要通过强化足球组织建设和提升足球身份认同来实现的，而对足球组织建设和足球身份认同的理论认知与实践不足，才是造成当前足球发展无法带动体育强国建设的关键干扰因素。

（7）足球组织建设在足球发展推动体育强国建设中扮演关键角色，是足球发展影响体育强国建设的重要抓手。在探寻足球发展的理论基础中，不难发现组织建设是管理的灵魂、是生产力的基础，提出把足球组织建设作为足球发展与体育强国建设关系模型的中介变量，不仅具有理论支撑性，也出于实践认知。研究验证了足球组织建设在足球发展与体育强国建设关系模型中所起到的重要中介作用，说明足球组织建设对强化足球发展与体育强国建设关系、推动足球发展和体育强国的发展路径是正确的。研究还通过对数据的分析得出足球组织（协会）协调各类足球赛事的能力、职业足球组织（俱乐部）的文化感染力、能够承担政府服务购买的足球社会组织数量、政府扶持足球组织建设的政策数量、成立中国职业足球联盟是当前我国足球组织建设的重点。

（8）足球身份认同在足球发展影响体育强国建设关系中起着非常重要的作

用,在足球发展影响体育强国建设中发挥着积极的效应。本课题在理论阐释的基础上,把足球身份认同作为足球发展与体育强国建设关系模型的中介变量,验证了足球身份认同在足球发展与体育强国建设关系上所发挥的作用。说明足球身份认同对强化我国足球发展与体育强国建设关系、推动我国足球发展和体育强国建设方面有着不可或缺的作用。研究还通过数据分析发现,谈论足球主题相关内容、与同样有足球兴趣的人交朋友、加强足球运动仪式感建设、发掘足球运动蕴含的人生哲理是强化足球身份认同的关键,需要加以充分重视。

(9)足球组织建设相较于足球身份认同来说,在我国足球发展与体育强国建设中扮演着更加积极重要的作用。这也说明,国外文献所提及的足球组织建设对形成足球身份认同具有直接的导向作用,需要引起重视。组织建设对身份认同有着涵化作用,从理论视角来看,没有足球组织建设的支撑,足球身份认同难以实现。事实上,没有足球组织建设,足球身份认同就缺少了依附的主体。尽管本课题数据分析并没能支撑足球组织建设作为足球身份认同的前因变量关系,但不能否认足球组织建设这种前提性的理论存在。事实上,研究调查也间接证明了因为组织建设存在大量问题造成了社会大众足球身份认同不高这样一个后果。足球组织建设与足球身份认同在足球发展与体育强国建设关系模型中的中介效应差异,也启示我们在足球发展治理过程中,要以强化足球组织建设为首要任务。

第二节 研 究 局 限

习近平总书记提出要把"三大球"搞上去,推动体育强国建设,这也促使我们从国家战略的角度研究这一充满挑战的课题。尽管在实践领域,很多人都认识到,足球作为世界第一运动,对一个国家的形象、强国特征都是显性的表达,但具体要去论证这样的课题,难度确实很大。如果仅停留在文字的表述,没有强大的理论支撑,是很难完成这样的,同时如果没有定量的分析,又如何能够知晓足球发展影响体育强国建设的程度?因此课题组采用了建模的方式开展研究,但是在建模的过程中,如何从我国足球发展的问题中发现变量、建构理论路径、挖掘变量的理论支撑,最后归结到对体育强国建设的影响,同样是困难重重。

虽然课题组最终选择了通过建模来论证足球发展影响体育强国建设,但在整个研究过程中,仍有一些局限性难以避免:一是课题组成员的构成虽然具有一定的学历层次,但对足球相关的社会学、管理学、心理学、传播学等学科理论知识的储存不足,造成了课题调研问题的精准性不够,同时对维度和构成指标的理论探讨与结果分析也难以做到更加深刻,甚至还会存在一些自相矛盾的地方。课题组在课题执行的过程也尝试增加了一些跨学科的成员,总体来说,一些研究的理性限制还没有破解。二是课题组在两轮调查和一轮验证性调查的过程中,吸收了很多专家学者的建议,但学者背景构成的合理性、问卷发放对象对问题判断的理解性仍然值得商榷。课题组在第一轮专家问卷发放调查的过程中,共调查了体育学相关领域专家200余人,这些专家主要包含体育学领域中的教授、副教授以及具有体育学博士学位的教师。课题组也对参与指标论证的专家做了足球融入度检验,反映出的结果是超过了60%,总体融入度较好,但客观来说,对专家的识别还可以更深入,以使指标的形成更加科学与严谨。三是在大面积的调查中,获取的有效问卷超过1 500份,但对足球有相当程度了解的体育学科学生仅占50%,部分学生对足球的理解是不够的,考虑到这部分学生都是体育学科的本科生与研究生,为了客观公正地考量,课题组还是保留了这些有效问卷,但这部分问卷对建模的科学性肯定是有影响的,尽管在模型结果数据假设得到部分支持以后,在专家的建议下,又对专业的校园足球教练员再次进行调查,以期对数据结果进一步验证,减少研究数据的失真,在某种程度上,专家提示的这种验证性调查还是非常有必要的。

上述种种因素,都对本课题的研究产生了一定的局限性,当然,科学研究都是在局限性中突破的,这也为后续研究突破这些局限性提供了很好的支撑。

第三节 研究展望

足球发展在中国有着非常高的呼声,是因为足球这项运动与体育强国建设、与中华民族的伟大复兴有着非常紧密的联系。我国虽先后对足球发展做出过战略布置,但足球发展始终在低位徘徊。这种徘徊不仅表现出我国足球的竞技水平不高,也反映在我国的足球人口比例与其他国家相比,实在差距甚远。这就直接给我们提出了一个问题,我们为什么要发展足球?

的确,足球内涵表达出的民族性、仪式性、价值性、集体性、进取性和约束性等特征与内容是依托长期文化熏陶而形成的广泛社会认同,它需要教育、需要体验、需要发现、需要研究,因此在未来的研究展望上,课题组将力求从教育层面和组织建设层面进行更为深入的研究,尤其对教育者如何积极融入足球、如何读好足球故事、如何塑造足球环境、如何科学传播足球价值等方面进行更为全面的思考。实际上,这些内容是对本研究足球组织建设和促进足球身份认同关键指标的延伸,也是对这两个维度研究延伸的序曲,课题组有信心进一步深度挖掘。

参 考 文 献

[1] 路丽梅,王群会,江培英.新编汉语辞海[M].北京:光明日报出版社,2012.

[2] Bromberger, C. (2000) 'El fútbol como visión del mundo y como ritual', in M.A. Roque (ed.), Nueva antropología de las sociedades mediterráneas (Barcelona: Icaria). 2000.

[3] Bahamonde, A. (2011) 'La escalada del deporte en España en los orígenes de la sociedad de masas, 1900—1936', in X. Pujadas (ed.), Atletas y ciudadanos. Historia social del deporte en España 1870—2010 (Madrid: Alianza Editorial).

[4] Domínguez, A. (2011) 'La práctica de la modernidad: orígenes y consolidación de la cultura deportiva en España, 1870—1914', in X. Pujadas (ed.), Atletas yciudadanos. Historia social del deporte en España 1870—2010 (Madrid: Alianza Editorial).

[5] Verdú, V. (1980) El fútbol: Mitos, ritos y símbolos (Madrid: Alianza Editorial).

[6] Mark Groves, 'Resisting the globalization, standardization and rationalization of football: my journey to Bilbao', Soccer and Society 12(2)(2011).

[7] 路云亭.表演的异化——足球的观剧本性[M].上海人民出版社,2018.

[8] 王鸿年.足球技术动作的分析[J].山东师范学院学报(人文科学版),1958(1).

[9] 刘光标.谈谈青少年足球训练工作中的两个结合[J].中国体育科技,1975(18).

[10] 冯绍桢,张沛棠,邓沛玲,等.足球训练对女子少年身体形态和机能的影响[J].广州体育学院学报,1981(1).

[11] 陈新民.足球射门技术的教练法[J].福建师范学院学报(哲学社会科学版),

1959(A1).

[12] 麻雪田.从第二届全运会足球比赛技术统计材料看如何解决射门问题[J].北京体育学院学报,1966(1).

[13] 张路.从攻防矛盾谈我国足球的当前任务和发展方向[J].四川体育科学学报,1986(1).

[14] 吴骏.足球运动员速度耐力的训练[J].上海体育学院学报,1960(3).

[15] 乔金.一种新的足球训练器械[J].体育科研,1981(7).

[16] 王唯真.足球在巴西[J].世界知识,1962(7).

[17] 瞿煜忠.从第十一届世界杯足球赛看足球运动的发展[J].上海体育科技资料,1979(5).

[18] 巴兹拉夫·伊埃杰克,林朝权,杨更生.捷克足球全攻型的打法[J].体育科研,1981(10).

[19] 周荣根,瞿煜忠,徐金山.荷兰足球教练杨·突尼森的训练方法(下)[J].体育科研,1981(7).

[20] 艾伦·韦德.英国足球协会足球教学指南(续)[J].江苏体育科技,1981(4).

[21] 乔金根.西德的足球运动[J].体育科研,1981(7).

[22] 史康成.瑞士提高足球运动水平的几项措施[J].江苏体育科技,1983(6).

[23] 刘国江.我国足球事业发展的必由之路[J].中国体育科技,1980(17).

[24] 都祖德.新的趋势 新的挑战——试论世界新技术革命与我国足球的开发[J].中国体育科技,1988(4).

[25] 王健民,张千里.中国足球的出路在哪里?[J].辽宁体育,1990(Z1).

[26] 胡晓阳.足球训练墙标志门区域计分法新探[J].成都体育学院学报,1992(4).

[27] 安铁山,张路,吕文元,等.全国少年儿童足球训练与竞赛体制改革的研究[J].体育科学,1992(6).

[28] 陶骏定,张忠,黄剑.足球教学中技术顺序的研究[J].上海体育学院学报,1993(2).

[29] 王方,蔡向阳,杨刚.我国优秀女子足球运动员体能状况分析与评价[J].中国体育科技,1994(11).

[30] 魏伯恩.对我国足球改革的思考[J].解放军体育学院学报,2003(1).

[31] 黄坚雄.对中国足球10年改革的理性思考[J].体育科研,2005(1).

[32] 孙革.建国以来我国足球运动改革发展的回顾与反思[J].运动,2009(4).

[33] 寇冠,刘涛.我国足球职业化进程中的"制度移植"问题探究[J].山东体育科技,2014(6).

[34] 周国均,王长銮.足球"黑哨"问题之法律透析及其治理[J].北京体育大学学报,2005(4).

[35] 朱荣.我国足球赌球现象社会学分析[J].体育文化导刊,2010(9).

[36] 蔡向阳,邓达之.中国发行足球彩票的若干思考[J].武汉体育学院学报,2002(1).

[37] 郑家鲲,沈建华,徐金山,陈效科.中国足球职业化与法治化若干问题的研究[J].上海体育学院学报,2004(1).

[38] 郑萌.中国足球发展改革与举国体制创新思维[J].天津体育学院学报,2009(5).

[39] 谭新莉,程彭阳子.全球视角下足球礼仪文化的传播与发展[J].西安体育学院学报,2011(2).

[40] 龚波,董众鸣.西方文明视域下现代足球的内涵及对后发国家的启示[J].上海体育学院学报,2012(1).

[41] 杨兰生.我国足球运动发展的思考[J].西北师范大学学报(自然科学版),2003(1).

[42] 万昌智.制约中国足球发展的瓶颈及其对策[J].山西大学学报(哲学社会科学版),2005(6).

[43] 赵升.对我国足球运动发展现状及新思路的探讨[J].吉林体育学院学报,2009(4).

[44] 秦旸,刘志云,张娜.技术表象与思维创新:《全国青少年校园足球教学指南(试行)》编写的核心问题解读[J].北京体育大学学报,2017(6).

[45] 蒋中伟,刘露,艾志远,王大鹏.基于善治理论的我国校园足球治理机制研究[J].沈阳体育学院学报,2019(3).

[46] 张磊.社会支持对青少年足球活动参与和体质健康影响的研究[J].首都体育学院学报,2019(1).

[47] 梁伟.公司治理结构优化下的中国足球超级联赛管办分离研究——基于对公司自治与政府规制的理解[J].中国体育科技,2015(1).

[48] 张新英,张瑞林.我国职业足球俱乐部公司治理研究——以广州恒大淘宝足球俱乐部股份有限公司为例[J].上海体育学院学报,2017(6).

[49] 张振中.甘肃省大众足球的开展现状与调查研究：以兰州市校园足球和业余足球联赛为例[D].兰州理工大学,2012.

[50] 王清哲.对中学业余足球运动基础战术训练的意见[J].辽宁体育科技,1982(6).

[51] 刘义生.从省"幼苗杯"足球赛看我省业余足球训练[J].江苏体育科技,1985(6).

[52] 胡成志.试论业余足球运动员的速度训练[J].安徽体育科技,1999(3).

[53] 哈鸿权,赵弓,刘秉成,张一兵.足球训练与儿童少年膝关节损伤[J].天津体育学院学报,2000(4).

[54] 王君,刘先进,刘夫力.足球重点城市青少儿业余足球训练现状调查与分析[J].广州体育学院学报,2001(4).

[55] 崔晓阳.郑州市草根足球的开展现状与对策研究[D].河南师范大学,2014.

[56] 彭训文.中国足球需要自己的"拉玛西亚"[N].人民日报（海外版）,2016-04 22(12).

[57] 徐家林,浦少刚.10年来我国草根足球发展困境与展望[J].河北体育学院学报,2014(2).

[58] 孙科,易剑东.中国"草根足球"面面观[J].体育学刊,2016(2).

[59] 赵升,周毅.广州市大众普及系列小型足球赛的现状调查及对策研究[J].中国体育科技,2005(2).

[60] 王京转.青岛市业余足球赛现状与情况分析[J].体育世界（学术版）,2012(6).

[61] 张智敏,张育存.山西省业余足球联赛开展情况调查与分析——以大同市为例[J].中国体育教练员,2018(1).

[62] 赵升,张廷安.我国城市群众足球赛组织途径及策略探讨[J].北京体育大学学报,2013(1).

[63] 王壮.群众业余足球俱乐部发展状况调查分析——以忻州市水建丽宝足球俱乐部为例[J].体育科技文献通报,2018(7).

[64] 孙政,帅鹏飞,王艳琼.南京市青少年业余足球俱乐部运营风险管理研究[J].当代体育科技,2019(1).

[65] 孙业久.上海市青少年业余足球俱乐部发展现状和对策研究[J].当代体育科技,2019(8).

[66] 斯力格,张英成,刘和春.沈阳、大连地区业余足球运动开展情况的比较研究[J].辽宁体育科技,1996(3).

[67] 殷恒婵.青少年业余足球运动员运动倾向性5因素结构模型初探[J].体育科学,1997(5).

[68] 杨世东.南京市青少年业余足球培训市场调查[J].体育文化导刊,2017(2).

[69] 刘米娜."足球梦"与"中国梦"——《体育与科学》学术工作坊"足球改革与社会变革"论坛综述[J].体育与科学,2015(4).

[70] 沈建敏,应孜,高鹏飞.校园足球发展的顶层设计与底层回应[J].北京体育大学学报,2017(4).

[71] 毛振明,刘天彪,臧留红.论"新校园足球"的顶层设计[J].武汉体育学院学报,2015(3).

[72] 毛振明,刘天彪.再论"新校园足球"的顶层设计——从德国青少年足球运动员的培养看中国的校园足球[J].武汉体育学院学报,2015(6).

[73] 毛振明,席连正,刘天彪,李海燕.对校园足球的"八路突破"的理解与深入——论"新校园足球"的顶层设计之三[J].武汉体育学院学报,2015(11).

[74] 毛振明,刘天彪,李海燕.校园足球实施一年来的成绩、经验与问题——论"新校园足球"的顶层设计之四[J].武汉体育学院学报,2016(3).

[75] 钟勇,毛振明,潘建芬.论"新校园足球"的顶层设计(5)——以"一校一品"和"1+X"为灵魂的新校园足球课程教学模式[J].武汉体育学院学报,2018(1).

[76] 王长权,毛振明,席连正."新校园足球"的顶层设计(6)——论校园足球的机制创新和制度建设[J].武汉体育学院学报,2018(11).

[77] 席连正,毛振明,吴晓曦.论"新校园足球"的顶层设计(7)——论校园足球的十大成功标志和实现关键[J].武汉体育学院学报,2019(3).

[78] 刘海元,冯爱民.对全国青少年校园足球特色学校建设若干问题的思考[J].体育学刊,2019(2).

[79] 赵治治,高峰,孙亮,张磊,纪智慧.我国青少年校园足球特色学校的建设:概念、特征与反思[J].首都体育学院学报,2018(3).

[80] 黄晓灵,夏慈忠,黄菁.不同行政区校园足球开展的对比研究——以川渝小学为例[J].成都体育学院学报,2018(5).

[81] 骆秉全,庞博.北京市校园足球竞赛体系运行现状研究[J].首都体育学院学

报,2019(2).

[82] 邱林,王家宏.国家治理现代化进程中校园足球体制革新的价值导向与现实路径[J].上海体育学院学报,2018(4).

[83] 张渊,张廷安.我国校园足球政策执行推进策略研究[J].体育文化导刊,2018(5).

[84] 戴狄夫,金育强.我国校园足球政策执行的利益辨识与制度规引[J].武汉体育学院学报,2018(10).

[85] 周兴生,谭嘉辉.我国校园足球绩效评价指标体系及构建[J].西安体育学院学报,2017(3).

[86] 谭嘉辉,陈平,部义峰,等.全面风险管理视角下我国校园足球绩效评价和治理对策研究[J].北京体育大学学报,2018(9).

[87] 李玲,方程,黄谦.校园足球活动评价指标体系的构建与应用:以陕西省为例[J].首都体育学院学报,2019(1).

[88] 梁斌.19世纪英国校园足球兴衰与启示[J].体育文化导刊,2018(5).

[89] 李志荣,杨世东.英、德、法、日四国校园足球后备人才培养特点分析[J].体育文化导刊,2018(1).

[90] 喻和文,刘东锋,谢松林.职业足球俱乐部青训与校园足球合作探析[J].体育文化导刊,2019(2).

[91] 喻和文,刘东锋.职业足球俱乐部与足球特色学校合作长效机制探究——基于社会交易理论的视角[J].沈阳体育学院学报,2019(1).

[92] 李滨,刘兵.社会资本视域下的校园足球推进策略[J].上海体育学院学报,2018(4).

[93] 宋守训,张人民,魏协森,倪国英,叶国治.关于我国实行职业足球俱乐部的可行性与经验总结[J].中国体育科技,1992(9).

[94] 陈林祥.对我国职业足球俱乐部发展的初步研究[J].武汉体育学院学报,1995(1).

[95] 戴晨.中国职业足球俱乐部法人治理结构存在问题的探讨[J].体育文史,2000(3).

[96] 袁野,魏亮.对职业足球俱乐部球员转会投资效应的分析[J].广州体育学院学报,2000(4).

[97] 贾文彤,郝永朝.欧洲职业足球中的法律制度对我国职业足球法制建设的

启示[J].天津体育学院学报,2004(3).

[98] 梁进,因·亨利.英国职业足球近10年发展述评——经济视角[J].天津体育学院学报,2004(1).

[99] 马志和,顾晨光,高学民.中国足球协会管理体制的制度创新[J].武汉体育学院学报,2006(10).

[100] 石磊,贾文彤.影响欧美职业体育法制的相关因素研究[J].成都体育学院学报,2009(8).

[101] 廉建军.中国足球职业化改革的文化学反思——清末"洋务运动"失败的启示[J].天津体育学院学报,2011(6).

[102] 刘苏,张林.制度创新:中国足球职业化改革的新制度经济学分析[J].成都体育学院学报,2013(3).

[103] 孙科.中国足球改革诠释——对《中国足球改革发展总体方案》的思考[J].体育与科学,2015(3).

[104] 张兵,仇军.管办分离后中国职业足球改革的路径选择与机制依赖[J].体育科学,2016(10).

[105] 梁斌.企业社会责任理论下的职业足球俱乐部社会公共服务研究[J].体育科学,2013(6).

[106] 崔鲁祥.中国足球职业联赛利益相关者的利益冲突及治理策略[J].沈阳体育学院学报,2011(5).

[107] 陈亚中,钟秉枢,郑晓鸿,陈文倩,王博.现阶段中国职业足球俱乐部地域化特征与问题探析[J].成都体育学院学报,2017(3).

[108] 陈元欣,黄昌瑞,王健.职业体育俱乐部参与体育场(馆)运营研究[J].体育科学,2017(8).

[109] 张宏杰,倪刚,冯维胜.我国职业足球俱乐部建立现代企业管理制度的研究[J].体育科学,2006(4).

[110] 张红华.法治视野下的职业足球管理体制改革[J].天津体育学院学报,2010(4).

[111] 周驰,龚波.西方职业足球管理体制研究[J].武汉体育学院学报,2012(4).

[112] 吴恒祥.职业足球运动员的职业意识初探[J].上海体育学院学报,1995(S1).

[113] 龚波.我国职业足球运动员体能训练研究[J].体育科学,2005(10).

[114] 郑家鲲,沈建华.影响我国职业足球运动员职业道德的因素及对策[J].上海体育学院学报,2006(2).

[115] 刘兵,沈佳,郑鹭宾.中国职业足球运动员利益保障调查分析[J].中国体育科技,2007(6).

[116] 汪玮琳.职业足球运动员运动损伤的危险因素分析[J].西安体育学院学报,2008(4).

[117] 朱文英.职业足球运动员转会的法律适用[J].体育科学,2014(1).

[118] 曹景川,高鑫,张大为.法治视域下中国职业足球运动员伦理道德问题规制[J].上海体育学院学报,2017(6).

[119] 舒成利,周小杰.从利益相关者管理理论看我国职业足球产业的发展[J].成都体育学院学报,2006(3).

[120] 崔鲁祥.中国足球职业联赛利益相关者的利益冲突及治理策略[J].沈阳体育学院学报,2011(5).

[121] 徐波,岳贤峰,马冰,徐旭.职业足球俱乐部会员与非会员球迷主场比赛消费忠诚度比较[J].天津体育学院学报,2007(5).

[122] 马淑琼,陈锡尧,刘雷.中超职业足球俱乐部球迷认同及其购买行为分析[J].体育文化导刊,2014(3).

[123] 刘飞,龚波.欧洲5大职业足球联赛竞争平衡研究[J].中国体育科技,2017(4).

[124] 李伟,陆作生,吴义华.强竞争平衡:我国职业足球发展的逻辑起点[J].沈阳体育学院学报,2018(3).

[125] 陈玉忠.体育强国概念的缘起、演进与未来走向[J].天津体育学院学报,2010(2).

[126] 熊斗寅.世界体育强国浅析[J].四川体育科学学报,1985(4).

[127] 广鉴.世界体育强国简介[J].上海体育学院学报,1986(4).

[128] 陈齐,于涌.论金牌大国不等于体育强国[J].山西师大体育学院学报,2008(1).

[129] 阮永福,李峰.对中国是"体育强国"提法的质疑[J].合肥工业大学学报(社会科学版),2006(5).

[130] 田麦久."竞技体育强国"论析[J].北京体育大学学报,2008(11).

[131] 徐本力.体育强国、竞技体育强国、大众体育强国内涵的诠释与评析[J].天

津体育学院学报,2009(2).

[132] 黄莉.从体育强国内涵探究体育综合实力构成[J].上海体育学院学报,2010(4).

[133] 汲智勇.关于体育强国认识的演变历程与发展策略研究[J].体育与科学,2010(5).

[134] 林立,李付伟,吴丽晶.试论体育强国与体育本质的契合[J].中国体育科技,2010(1).

[135] 杨辉.体育强国的内涵、本质与基本特征[J].山东体育学院学报,2012(6).

[136] 鲍明晓.体育助力"五大建设"[J].上海体育学院学报,2018(1).

[137] 陈华.体育强国内涵的再审视[J].广州体育学院学报,2014(2).

[138] 王智慧.迈向体育强国进程中两个重要问题的战略定位与思考[J].北京体育大学学报,2011(2).

[139] 鲁飞,李小刚.对迈向竞技体育强国进程中几个重要问题的探析[J].武汉体育学院学报,2009(12).

[140] 田麦久,孙大光,田雨普,等.中国体育:体育强国的辨析与建设——中国科协新观点新学说学术沙龙观点摘编[J].体育文化导刊,2009(8).

[141] 刘一民,赵溢洋,刘翔.关于体育强国战略若干问题的思考[J].中国体育科技,2010(1).

[142] 尹维增,张德利,陈有忠.体育强国梦构建背景下我国竞技体育发展方式转变研究[J].沈阳体育学院学报,2015(1).

[143] 张春利,叶心明.新时代背景下加快建设体育强国的动力与路径——基于党的十九大报告的诠析与思考[J].南京体育学院学报(社会科学版),2017(5).

[144] 赵勇.新时代中国体育产业发展战略路径和对策措施研究[J].体育文化导刊,2018(3).

[145] 朱伟,徐卫华.从十九大报告解读体育强国视角下全民健身事业发展策略[J].广州体育学院学报,2018(4).

[146] 张德胜,张钢花,李峰.体育外交在我国强国建设中的作用及实践路径[J].上海体育学院学报,2018(1).

[147] 田雨普.努力实现由体育大国向体育强国的迈进[J].体育科学,2009(3).

[148] 辜德宏,谢明,刘云朝."体育强国"辨义及相关问题探讨[J].西安体育学院

学报,2010(5).

[149] 孙德朝.体育强国视域下体育综合实力要素构成及其量化分析[J].南京体育学院学报(社会科学版),2012(2).

[150] 黄莉.体育强国的理论框架与顶层设计——从"十九大"报告中的国家大战略思考体育发展战略[J].北京体育大学学报,2018(1).

[151] 鲍明晓,邱雪,吴卅,赵铁龙.关于加快推进体育强国建设的几个基本理论问题——基于党的十九大报告提出体育发展全局的战略性问题[J].北京体育大学学报,2018(2).

[152] 熊斗寅.世界体育强国浅析[J].四川体育科学学报,1985(4).

[153] 肖焕禹,邵雪梅.体育强国内涵的阐释[J].体育科研,2009(4).

[154] 黄莉.体育强国与软实力建设的思考[J].运动,2010(1).

[155] 周爱光."体育大国"与"体育强国"的内涵探析[J].体育学刊,2009(11).

[156] 刘波,郭振,苗争鸣.振兴足球与建设体育强国的关系[J].体育学刊,2016(4).

[157] 体育教学编辑部.校园足球实现中华民族伟大复兴的中国梦与中国体育强国梦[J].体育教学,2015(3).

[158] 刘兵,郑志强.足球运动对欧洲国家体育发展的影响力分析[J].武汉体育学院学报,2019(1).

[159] 黄莉.体育强国的理论框架与顶层设计——从"十九大"报告中的国家大战略思考体育发展战略[J].北京体育大学学报,2018(1).

[160] Jenkins R. Social identity. (ed.) by R. Wuthnow[M], London: Routledge Press, 1996.

[161] Deaux K. Reconstructing social identity. Personality and Social Psychology Bulletin, 1993(19).

[162] 邹英.新生代农民工自我身份认同困境的社会学分析——以长春市为例[D].长春:吉林大学,2007.

[163] 张淑华,李海莹,刘芳.身份认同研究综述[J].心理研究,2012(1).

[164] Canal, J. Historia contemporánea de España (Volumen II: 1931—2017)[M]. Madrid: TAURUS, 2017.

[165] Kuper, Sraga. Fútbol contra el enemigo[M]. Barcelona: Contraediciones, 2016.

[166] Alan Tomlinson, Christopher Young. German football: history, culture,

society[M]. Routledge,2006.

[167] Franks T, Capacity building and institutional development: reflections on water[J].Public Administration and Development,1999(1).

[168] Ben Cairns, M. Harris, and P. Young, Building the Capacity of the Voluntary Nonprofit Sector: Challenges of Theory and Practice[J]. Intl Journal of Public Administration,2005(28).

[169] 王名,李长文.中国NGO能力建设:现状、问题及对策[J].中国非营利评论,2012(2).

[170] 雷鸿聚.组织能力的构成要素及其提升要点[J].领导科学,2019(6).

[171] 王智,杨莹莹.治理现代化进程中的新社会组织能力建设[J].社会主义研究,2017(5).

[172] 李德民.非正式组织和非权力性影响力[J].中国行政管理,1997(9).

[173] 陈国华,许晓峰,高姊婷.足球运动全球化进程的再思考[J].体育学刊,2018(6).

[174] Tamir B. The world through soccer: the culturalimpact of a global sport [M]. Lanham: Rowman and Littlefield,2014.

[175] 富兰克林·福尔,张一峰.足球与全球化世界[J].国外社会科学文摘,2004(4).

[176] Richard. Football: a sociology of the global game [M]. Oxford: Blackwell Ltd,2000:2.

[177] Wymer, Norman. Sport in England[M].London: George G. Harrap Co. Ltd,1949:19.

[178] Brailsford D. Sport,time and society[M]. London: Routledge,1991.

[179] 车旭升,金春光,姜允哲.从阶级与社会控制视角解读英国足球演进历程[J].体育科学,2013(5).

[180] Mangan J A. Pleasure, profit, proselytism [M].London: Frank Cass,1988.

[181] 谭刚.英国足球文化的特征[J].南京体育学院学报(社会科学版),2011(4).

[182] 崔珣丽,田慧.英国足球与英国文化[J].中国体育科技,2010(4).

[183] 钱乘旦,陈晓律.英国文化模式溯源[M].上海:上海社会科学院出版

社,2003.

[184] 诺贝特·魏斯著,方厚升译.足球俱乐部黑皮书[M].上海:文汇出版社,2004.

[185] 王胜,张勇,梁斌.英国球迷群体认同多元化发展研究[J].广州体育学院学报,2016(4).

[186] 金瑞静.集体身份认同视域下中英足球球迷文化的比较研究[J].体育与科学,2015(2).

[187] Cohen, A. The Symbolic Construction of Community[M]. London & New York: Ellis Horword Limited and Tavistock Publications Limited, 1985.

[188] 浦义俊,戴福祥.借鉴与反思:英格兰足球历史演进、改革转型及其启示[J].西安体育学院学报,2017(1).

[189] 陈洪,马瑛,梁斌,张国君,孙辉."国家在场"视角下英国竞技体育治理实践研究[J].体育科学,2019(6).

[190] 董红刚.关系与合约:英格兰足球联赛的两种治理机制[J].武汉体育学院学报,2014(5).

[191] Bortolotti Bernardo, Valentina Milella. Privatization in Western Europe [A]. Roland Gerard.

[192] Privatization: Successed and failures[C]. New York: Columbia University Press, 2008.

[193] 杨铄,郑芳,丛湖平.欧洲国家职业足球产业政策研究——以英国、德国、西班牙、意大利为例[J].体育科学,2014(5).

[194] 杨志亭,孙建华.英国足球的历史传承与产业化[J].外国问题研究,2013(4).

[195] 陆森召,冯维嘉.英超联赛经营管理模式的现状数据分析[J].体育与科学,2019(2).

[196] 陈洪,梁斌.英国青少年校园足球发展的演进及启示[J].体育文化导刊,2013(9).

[197] 王子朴.英国足球的两大基石:社区足球和足球学院[J].体育教学,2016(9).

[198] 朱静,薛红卫,方维.论英国足球文化的媒介表征——以体育纪录片《山脚

下》为例[J].电视研究,2018(12).

[199] Wilkinson, H. The Football Association "Charter for Quality"[J]. British Journal of Physical Education, 1998(4).

[200] 尤佳,李卫东.青少年足球发展的顶层设计与国际经验——基于英国足球青训学院分类系统的实证研究[J].武汉体育学院学报,2018(6).

[201] 吴东.英超联盟公司组织结构设计的研究[D].北京:北京体育大学,2008.

[202] Manoli A E. Promoting Corporate Social Responsibility in the Football Industry[J].Journal of Promotion Management, 2015(3).

[203] 宋冰,耿瑞楠,张廷安,龚波,刘光同.欧足联与英超联盟社会责任治理的比较及对我国的启示[J].天津体育学院学报,2017,32(4).

[204] 廖菡,孙科.西班牙足球文化形成的历史考察[J].体育学研究,2019(2).

[205] 周冰.西班牙体育的崛起及其启示[J].体育文化导刊,2012(3).

[206] 浦义俊.西班牙足球发展回顾及崛起因素探骊[J].体育科研,2017(2).

[207] Club World Ranking 2017: Real Madrid Number 1[EB/OL]. https://iffhs.de/club-world-ranking-2017/.

[208] Alejandro Quiroga. Narratives of success and portraits of misery: Football, national identities, and economic crisis in Spain (2008—2012)[J]. Romance Quarterly, 2017(3).

[209] 赵军.西班牙足球发展研究[J].南京体育学院学报(自然科学版),2013(1).

[210] 杨晓光.西班牙体育演进的逻辑基础、治理机制及对我国的镜鉴[J].体育与科学,2018(1).

[211] Ramón Llopis Goig. Spanish Football and Social Change[M]. Palgrave Macmillan UK, 2015.

[212] 周冰.论西班牙体育崛起对我国竞技体育发展的启示[J].南京体育学院学报(社会科学版),2011(6).

[213] 李卫东.欧美青少年体育组织管理特征与发展趋势研究[J].体育文化导刊,2013(6).

[214] 彭玉娟,蒋志红.西班牙竞技体育后备人才培养特点分析[J].体育科研,2016(6).

[215] 华金·盖林,沙培培.教育·体育·人文:西班牙"拉马西亚模式"的启示

[J].首都体育学院学报,2012(5).

[216] 张宏俊.西班牙"拉玛西亚"足球青训培养体系解析[J].浙江体育科学,2014(1).

[217] 王莹.中国与西班牙青少年足球培训体系的比较分析[J].吉林体育学院学报,2016(6).

[218] 程公,王珏清.对2012年欧洲杯西班牙等八强球队技战术指标分析暨研判世界足球发展第四次革命[J].沈阳体育学院学报,2012(5).

[219] 黄正柏.德意志民族思想文化与纳粹主义的兴起[J].历史教学问题,1998(5).

[220] 赵伟.21世纪德国足球改革之路[J].辽宁体育科技,2014(6).

[221] 俞宏光.德国足球发展研究[J].体育文化导刊,2013(1).

[222] 浦义俊,戴福祥,江长东.德国足球甲级联赛的历史演进与支持系统分析[J].成都体育学院学报,2016(3).

[223] 彭国强,舒盛芳.德国足球成功崛起的因素及启示[J].体育学刊,2015(5).

[224] 托马斯·霍尔基.德国的体育与媒介:德国足球与体育媒介的里程碑和基本事实(英文)[J].成都体育学院学报,2016(2).

[225] 马阳,马库斯·库切特.德国足球治理及其启示[J].体育学刊,2018(1).

[226] 赵军.德国职业足球发展研究[J].河北体育学院学报,2014(1).

[227] 彭国强,舒盛芳.德国足球崛起的历程及特征[J].成都体育学院学报,2015(1).

[228] 王勤海,李帅.德国职业足球"50+1"政策探析及对我国的启示[J].河北体育学院学报,2017(1).

[229] Thomas Adam. The intercultural transfer of football: the contexts of Germany and Argentina[J]. Sport in Society,2017(10).

[230] 马阳.德国电视媒体促进德国足球发展的举措及其启示[J].体育学刊,2012(6).

[231] 刘斌,杨成伟,李梓嘉.基于政策执行视角的德国足球发展审视及启示[J].沈阳体育学院学报,2017(2).

[232] Henk Erik Meier. Solidarity and market power in German soccer: the regulation of collective selling[J]. Football Studies,2003(2).

[233] 侯志涛,姚乐辉,黄竹杭.德国青少年足球培养的经验与借鉴[J].北京体育

大学学报,2018(9).

[234] 孙克诚,何志林,董众鸣.国外足球强国后备人才培养路径与启示[J].南京体育学院学报,2011(5).

[235] 侯志涛,陈效科.中德青少年足球培养比较分析[J].体育文化导刊,2014(8).

[236] 周建伟,陈效科.德国足球后备人才培养研究[J].体育文化导刊,2017(11).

[237] 孙克诚,董众鸣.我国足球后备人才多元化培养路径现状及对策[J].上海体育学院学报,2011(3).

[238] 李杰.从德国足球的成功经验探讨构建中国青少年足球人才的培养体系[J].中国学校体育(高等教育),2017(4).

[239] 张伟.中日足球后备人才培养体制的比较研究[J].安徽体育科技,2008(6).

[240] 张旭嘉,龚波.日本足球成功经验对中国足球发展的启示[J].体育文化导刊,2013(8).

[241] 李百成,郭敏.日本足球发展经验及启示[J].体育文化导刊,2018(6).

[242] 山本英作,後藤光将.坪井玄道によるアソシエーションフットボールの日本的解釈:『戸外遊戯法』及び『改正戸外遊戯法』における記述の比較検討から[J].スポーツ史研究,2003(16).

[243] 郭振,乔凤杰,李声民.日本大学足球发展历程及其启示[J].体育学刊,2017(1).

[244] 王长琦.论日本校园足球成功运作范式及其对中国的启示[J].南京体育学院学报(社会科学版),2017(5).

[245] 刘同记,叶颜.日本U15足球运动员培养机制研究[J].体育与科学,2012(1).

[246] 孙一,饶刚,李春雷,梁永桥,林梦龙.日本校园足球:发展与启示[J].上海体育学院学报,2017(1).

[247] 谭刚.日本青少年足球发展策略对中国足球发展的启示[J].南京体育学院学报(社会科学版),2012(1).

[248] 张明,孙科,李改,张振强.日本足球教练员培养经验及启示[J].体育文化导刊,2018(12).

[249] 徐金山,陈效科.对日本青少年足球发展进程的研究[J].中国体育科技,2002(5).

[250] 乔媛媛,汤夏,蒋宁,王晓晨.日本足球"明治维新"历程、特征及启示[J].广州体育学院学报,2018(2).

[251] 钟文正.日本足球职业化改革成功的文化学剖析——兼论对中国足球职业化改革的启示[J].首都体育学院学报,2010(3).

[252] 李云广,张廷安.日本职业足球发展战略[J].北京体育大学学报,2015(1).

[253] 杜丛新.日本职业足球发展及对中国的启示[J].武汉体育学院学报,2013(2).

[254] 陈文倩.日本职业足球地域化研究[J].体育文化导刊,2017(5).

[255] John Horne, Wolfram Manzenreiter. Football, komyuniti and the Japanese ideological soccer apparatus[J]. Soccer & Society, 2008(9).

[256] 孙健,陈效科.从教育视角审视我国青少年足球人才培养的问题及出路[J].北京体育大学学报,2018(11).

[257] 春潮,贾爱萍.制约我国成为竞技体育强国的瓶颈问题[J].体育与科学,2011(4).

[258] 马德浩.英国、美国、俄罗斯竞技体育管理体制演进趋势及其启示[J].天津体育学院学报,2018(6).

[259] 王智慧.体育强国战略背景下体育文化实力的维度解析与提升路径研究[J].体育与科学,2011(4).

[260] 马肇国,刘晓蕾.英、美、日三国居民体育消费现状及对我国的启示[J].南京体育学院学报(社会科学版),2017(3).

[261] 党挺.发达国家体育产业发展的扩散效应及启示[J].上海体育学院学报,2017(3).

[262] 张虹.德国、英国、荷兰群众体育发展比较研究[J].山东体育科技,2017(1).

[263] 叶小瑜,李海.德、澳、英三国政府培育体育社会组织的特征及启示[J].体育文化导刊,2018(9).

[264] 任波.中日体育产业结构比较研究[J].体育文化导刊,2018(4).

[265] 党挺.国外体育产业融合发展分析及启示[J].体育文化导刊,2017(3).

[266] 余守文,王经纬.中、美两国体育产业财税政策比较研究[J].体育科学,2017(10).

[267] 任波,夏成前.中国体育产业竞争力与经济发展关系的理论与实证研究[J].上海体育学院学报,2016(3).

[268] 陈莉.美国小学体育对我国小学体育改革的启示[J].体育学刊,2018(6).

[269] 殷荣宾,蔡赓,季浏.中英美日基础教育运动技能课程内容比较[J].体育学

刊,2018(3).

[270] 彭国强,舒盛芳.日俄体育战略嬗变的经验与启示[J].西安体育学院学报,2016(3).

[271] 俞皓天,汪晓赞.中美基础教育课外体育活动的比较研究[J].武汉体育学院学报,2019(4).

[272] 王登峰.攻坚克难 开创校园足球繁荣发展新局面——在全国青少年校园足球行政管理人员和校长培训班上的讲话[J].中国学校体育,2015(4).

[273] 喻坚.发展青少年校园足球的真义[J].体育学刊,2016(6).

[274] 梁伟,刘新民.校园足球可持续发展系统的构建与解析[J].西安体育学院学报,2015(3).

[275] 柳鸣毅,丁煌.基于路线图方法的我国青少年校园足球治理体系研究[J].武汉体育学院学报,2017(1).

[276] 王建洲.体育强国视阈下青少年校园足球发展战略研究[J].广州体育学院学报,2018(5).

[277] 许佳.社会变迁视角下足球价值解构研究[J].广州体育学院学报,2019(2).

[278] 臧家利.我国足球价值的解构与建构[J].体育与科学,2015(3).

[279] 普春旺,白银龙,刘宾."谁是球王"中国足球民间争霸赛研究[J].体育文化导刊,2016(1).

[280] 刘波.德国体育政策的演进及启示[J].上海体育学院学报,2014(1).

[281] 郑原.顶层设计——中国足球改革发展的必然选择[J].理论月刊,2011(4).

[282] 朱博,布特.中国职业足球市场泡沫监管制度构建[J].浙江体育科学,2018(5).

[283] 杨献南,于振峰,李笋南.英格兰职业足球转会制度的变迁及对我国的启示[J].哈尔滨体育学院学报,2019(2).

[284] 谭斌,于巍巍.从体育产业价值链分析足球协会改制对足球产业发展的影响[J].广州体育学院学报,2017(2).

[285] 张婷,丁文,张平.组织学习理论视域下中国足球产业升级与产权配置优化——从AC米兰、国际米兰国际并购事件说开来[J].山东体育学院学报,2018(3).

[286] 黄文武.足球赛事营销策略及市场商机发掘[J].中国商贸,2009(19).

[287] 浦义俊.我国足球商业赛发展分析[J].体育文化导刊,2014(5).

[288] 葛逸旺,李兵.足球只是一场游戏吗?——基于断点回归设计研究世界杯对国际贸易的影响[J].经济评论,2019(1).

[289] 张震铄.全球化推动足球产业化分析[J].体育文化导刊,2013(10).

[290] 黄迎新,仝泽宇.球星卡:我国足球产业发展的"蓝海"[J].体育文化导刊,2018(8).

[291] 李中文,马剑."筑梦足球2014"之一:人才短缺,难成大事[N].人民日报,2014-12-8.

[292] 彭召方,袁玲,国伟,范安辉,李佐惠.我国校园足球可持续发展的新问题解读[J].体育文化导刊,2017(7).

[293] 刘海元.我国青少年校园足球改革发展情况及对当前主要问题的思考[J].首都体育学院学报,2018(3).

[294] 孙科.心态·体制·形式——中国校园足球改革障碍及其突破策略访谈录[J].体育学研究,2018(1).

[295] 龚波,陶然成,董众鸣.当前我国校园足球若干重人问题探讨[J].上海体育学院学报,2017(1).

[296] 邹月辉,张馨心.中国足球超级联赛转播权开发的问题与对策[J].首都体育学院学报,2018(6).

[297] 叶金育.体育产业税收优惠的财税法反思[J].武汉体育学院学报,2016(3).

[298] 赵毅.意大利法镜鉴下的体育赞助合同——恒大亚冠违约案引发的思考[J].体育与科学,2016(2).

[299] 陈陆隆.我国足球产业发展面临的困境与突破研究[J].经济研究导刊,2018(1).

[300] 赵毅.足球法:论域与问题[J].广西大学学报(哲学社会科学版),2018(4).

[301] 梁斌,陈洪,李恩荆.集体认同传承与商业利润最大化矛盾下的英国足球球迷研究[J].成都体育学院学报,2014(3).

[302] 张德,吴志明.组织行为学[M].大连:东北财经大学出版社,2016.

[303] 李海峰,张莹.管理学:原理与务实[M].北京:人民邮电出版社,2010.

[304] Tajfel H. Differentiation Between Social Groups: Studies in the Social Psychology of intergroup Relations [M]. London: Academic Press,1978.

[305] Jean-Claude Deschamps and Thierry Devo s. 1998. Regarding the

Relationship Between Social Identity and Personal Identity[A]. In Stephen Worche l, J. Francisco Morales, DarioPaez and Jean-Claude Deschamps (eds). Social Identity[C]. London: SAGE Publications.

[306] 赵志裕,温静,谭俭邦.社会认同的基本心理历程——香港回归中国的研究范例[J].社会学研究,2005(5).

[307] Ellemers, N., Kortekaas, P., Ouwerkerk, J. W.. Self-categorisation, Commitment to the Group and Group Self-esteem as Related but Distinct Aspects of Social Identity[J]. European Journal of Social Psychology, 1999(2~3).

[308] 符金宇.日本足球史[M].北京:新华出版社.2017.

[309] 张冉、任浩.行业协会组织边界与组织能力模型构建——基于价值网络的分析[J].重庆工商大学学报(西部论坛),2007(4).

[310] 爱德华·赛义德.东方学[M].王宇根,译.北京:生活·读书·新知三联书店,1999.

[311] 喻颖.启蒙·伦理·性别:20世纪"革命文学"身份认同的三个维度[J].理论月刊,2019(7).

[312] 宋冰,张廷安,龚波.职业体育俱乐部社会责任研究热点与展望[J].沈阳体育学院学报,2016(3).

[313] 吴新叶.城市治理中的社会组织:政府购买与能力建设[J].上海行政学院学报,2018(5).

[314] 彭新武.当代组织观的变革及其问题[J].中国人民大学学报,2019(4).

[315] 林崇德,杨治良,黄希庭.心理学大辞典(下卷)[M].上海:上海教育出版社,2003.

[316] 耿紫珍,刘新梅,杨晨辉.战略导向、外部知识获取对组织创造力的影响[J].南开管理评论,2012(4).

[317] Hayes, A.F. PROCESS: A Versatile Computational Tool for Observed Variable Mediation, Moderation, and Conditional Process Modeling. Retrieved from http://www. Afhayes.com/public/process 2012.

[318] Bryn Law. Zombie Nation Awakes — Welsh Football's Odyssey to Euro 2016: The Diary of a Reporter Supporter[M]. St. David's Press. 2015.

[319] 游松辉,张馨,刘兵.西班牙足球发展特征与启示[J].体育文化导刊,2019(8).

[320] Ramón LlopisGoig. Spanish Football and Social Change[J]. Football Research in An Enlarged Europe,2015(1).

[321] 鲍明晓.职业体育是体育强国的核心竞争力[J].南京体育学院学报(社会科学版),2011(5).

[322] 王剑.中英职业足球后备人才培养的比较研究[D].苏州:苏州大学,2008.

[323] 陈波,王刚,王鑫磊,等.英国职业足球联赛运营模式研究与反思[J].吉林体育学院学报,2018(4).

[324] 周波.论体育产业核心竞争力[D].长沙:湖南师范大学,2013.

[325] 史蒂芬·多布森,约翰·戈达德.足球经济[M].北京:机械工业出版社,2003.

[326] Simon Kuper, Stefan Szymanski. Soccernomics[M]. HarperSport,2012.

[327] 贾佩慧.中国足球产业生态系统研究[D].北京:北京体育大学,2019.

[328] 王鹏.体育产业发展的经济效益分析[J].人民论坛,2010(26).

[329] 高沐阳.中国行业产值结构与就业人口结构关系分析——基于2004—2012年中国统计数据[J].西北人口,2017(2).

[330] 艾强.足球产业经济贡献与影响足球发展的经济因素[J].经济研究导刊,2017(8).

[331] 苏龙.对我国足球产业发展问题的探讨[J].集团经济研究,2004(11).

[332] 李丰荣,朱仁康,丁勇,陆建军.日本校园足球发展的有益经验及对中国的启示[J].南京体育学院学报,2019(9).

[333] 高荣伟.巴西:足球文化渗入其骨髓之中[J].世界文化,2018(7).

[334] 姚欣雨.业余足球联赛经营发展模式研究[J].现代营销(下旬刊),2019(5).

[335] 国家发展改革委.全国足球场地建设规划(2016—2020年)[EB/OL]. http://www.ndrc.gov.cn/zcfb/zcfbtz/201605/t20160510_801118.html.

[336] 张兵.地方足球协会运行机理及改革策略[J].体育科学,2017(11).

[337] 教育部.教育部等6部门关于加快发展青少年校园足球的实施意见[EB/OL]. http://www.moe.gov.cn/srcsite/A17/moe_938/s3273/201508/t20150811_199309.html.

[338] 王栋.浅谈校园足球的发展对我国职业足球发展的启示[J].体育科技文献通报,2018(11).

[339] 张鲲,翟玉欣.职业足球、社会足球和校园足球的关系研究[J].湖北体育科技,2016(6).

[340] 梁伟,刘新民.校园足球可持续发展的推进策略[J].体育文化导刊,2014(1).

[341] 刘雨.校园足球的教育价值及其实现途径[J].首都体育学院学报,2019(5).

[342] 暨靖宇,梁斌.业余与锦标:英国校园足球发展对我国的启示[J].体育世界(学术版),2018(9).

[343] 王冬冬,王晶.特色学校开展校园足球的现状与可持续发展研究:以湖南省为例[J].体育科研,2017(2).

[344] 蔡继乐.全国青少年校园足球发展报告[N].中国教育报,2017-05-27(4).

[345] 董鹏,程传银,赵富学,尚力沛.基于路线图方法的我国校园足球师资培训体系构建[J].体育文化导刊,2018(8).

[346] 王崇喜,孙涛.大中小学足球教学内容衔接问题研究[J].成都体育学院学报,2007(3).

[347] 李云超.河南省校园足球布点学校小学足球课程建设的研究[D].郑州:河南大学,2015.

[348] 丁涛,李勇.中国足球产业发展的现状、问题及对策[J].北京体育大学学报,2003(6).

[349] 邱晓德.论中国足球产业的泡沫经济现象与经营机制的软着陆[J].天津体育学院学报,2000(1).

[350] 张立新.从足球产业现状析我国体育经济发展制约因素[J].中国市场,2005(28).

[351] 李保宁.中国足球产业水平低下的原因探析[J].河南师范大学学报(自然科学版),2007(3).

[352] 姚继伟.我国足球产业发展制约因素分析与对策研究[J].沈阳体育学院学报,2012(5).

[353] 王景波,马逢伯.新形势下我国足球发展方式转变的目标、原则及战略[J].沈阳体育学院学报,2012(2).

[354] 归化球员不如扩大足球人口贮备,日本发展值得借鉴[EB/OL].新浪体育.2018-10-19.

[355] 懂球帝.足球人口真的匮乏吗?[EB/OL].2018-01-28.

[356] 看中国足球人口花式提升:60%学生注册球员,是男的就行!国足要复

兴了吗？[EB/OL].网易体育.2019-1-30.

[357] 王子朴.从社会发展高度认识足球人口[J].辽宁教育,2015(2).

[358] 刘玮.南京市业余足球联赛开展现状及发展对策的研究[D].北京:北京体育大学,2014.

[359] 刘迪.北京市业余足球联赛发展现状及对策研究[J].运动,2015(7).

[360] 沈雁平,汪洋,何亚梅.合肥市业余足球运动发展现状分析[J].宿州学院学报,2017(3).

[361] 让草根足球长成绿洲,社会足球还得接地气[EB/OL].人民日报.2017-12-20.

[362] 曹晓东,蒋荣.系统论视角下南非世界杯对中国足球发展的引力[J].南京体育学院学报(社会科学版),2010(5).

[363] 骆明林,刘泽霖,龙子翅."校园足球"背景下的"足球操"[J].体育科技文献通报,2019(9).

[364] 邓贤树,张春合.我国校园足球课程文化的缺失与回归[J].体育文化导刊,2018(7).

[365] 张磊.开展校园足球,师资从哪里来[J].中国教师,2015(6).

[366] 陈波,张孝禄,刘海东,等.国家战略视野下校园足球师资培养研究[J].成都师范学院学报,2017(9).

[367] 裴立新.新时代中国体育社会组织发展研究[J].体育文化导刊,2019(3).

[368] 国务院.关于加快发展体育产业促进体育消费的若干意见[EB/OL].http://www.gov.cn/zhengce/content/2014-10/20/content_9152.htm.

[369] 中共中央办公厅,国务院办公厅.关于改革社会组织管理制度促进社会组织健康有序发展的意见.

[370] 国务院足球改革发展部际联席会议办公室.中国足球协会调整改革方案[EB/OL].http://www.chinanews.com/ty/2015/08-17/7472386.shtml.

[371] 国家发展改革委.中国足球中长期发展规划(2016—2050年)[EB/OL].http://www.ndrc.gov.cn/zcfb/zcfbtz/201604/t20160411_797782.html.

[372] 国务院办公厅.关于促进全民健身和体育消费推动体育产业高质量发展的意见[EB/OL].http://www.gov.cn/gongbao/content/2019/content_5433722.htm.

[373] 汪锋.利益相关者视角下足球产业开发的社会责任[J].山东体育科技,

2019(3).

[374] 沈建华.我国足球职业俱乐部市场化进程中存在的问题及策略的研究[J].上海师范大学学报(自然科学版),2009(6).

[375] 沈克印,陈银桥,杨毅然.政府向体育社会组织购买公共体育服务:逻辑、困境及治理策略[J].体育成人教育学刊,2016(1).

[376] 吴丽芳,杨献南,赵刚.委托代理视阈下政府购买青少年校园足球服务的制约因素与对策[J].首都体育学院学报,2019(4).

[377] 马松红."一个可能的世界"——阿玛蒂亚·森论身份认同与暴力的消解[J].甘肃理论学刊,2017(6).

[378] 陈晴,中国足球运动百余年发展史[M].武汉:华中科技大学出版社,2017.

[379] 富兰克林·弗尔,《足球解读世界》[M].北京:当代中国出版社,2006.

[380] 卢元镇,体育社会学[M].北京:高等教育出版社,2010.

[381] 腾讯网.中国足球需要更多仪式感[EB/OL].https://new.qq.com/omn/20190222/20190222A19UZS.html.

[382] 新华社新媒体.足球的"仪式感"在哪里?[EB/OL].https://baijiahao.baidu.com/s?id=1634426346056316527&wfr=spider&for=pc.

[383] 孙科.生态·场域·习性——第二届中国足球文化与校园足球发展论坛研讨对话录[J].体育学研究,2018(4).

[384] 毛志晨,符家庆,孙建波.职业足球球迷忠诚度的建模测量实证研究——以2010赛季中超北京、上海、南京三个赛区为例[J].体育成人教育学刊,2011(6).

后　　记

在《足球发展与体育强国建设》专著完成之际,足球发展如何提升体育强国效应的命题依然久久在脑海中盘旋。从一个运动项目入手,解决一个民族的体育振兴问题,这既是社会大变局中中国足球从式微重新走向振兴的论证,同时更希望通过足球的振兴找到中华民族伟大复兴的发展路径。

对足球的思考,一定要放在当代中国改革发展创新的大背景下去考量,学者们要经常问自己:"我是谁?""我为什么要研究足球?""总书记为什么把足球与强国紧密联系在一起?""总书记为什么会用实际行动去支持足球?""足球内含的中华民族精神是什么?""足球发展与国家命运之间的必然联系又是什么?"这些问题,都要在足球、社会和民族的协同发展中寻找答案。

本专著的撰写来自集体的智慧,著作者之一的王江宇老师是常年工作在校园足球第一线的管理者和实践者,是教育部聘请的校园足球运营专家,多次获得教育部的嘉奖。著作中很多内容与分析都来自他一线的体会。在撰写过程中我的博士生刘青凤、张人为、姚利松等人在资料收集、文献综述、数据分析等方面付出了艰辛的努力,著作的成功付印凝聚着他们的汗水,也为他们的博士学习生涯增添了一抹亮丽的色彩。

在本专著的撰写过程中,课题组团队阅读了大量的国内外文献,汲取了众多学者关于足球发展的养分,没有巨人的肩膀,著作写成是不可想象的;同时在阅读和引用文献的过程中,对很多文献的引用一定会存在许多不到位的地方,还请各位作者能够理解与宽容,因为我们的目标是一致的,都是为了中国足球健康发展而共鸣。

谨望本书能够为足球发展的决策者、足球发展的实践者以及高校以足球为研究对象的师生提供一本值得借鉴的文献书籍,哪怕有一点点的赞同与收获,我们团队都会倍感自豪。

上海大学是一所充满体育氛围的校园,钱伟长老校长对体育的热爱源自祖国的需要和人生的追求,他对自己在清华求学时的体育老师马约翰先生倍加推崇,因为马约翰先生在钱老的成长轨迹中深刻印画出"我们离伟大只差一个体育老师"的清晰脉络。

最后感谢上海大学出版社编审傅玉芳女士,她一丝不苟的编辑工作将成为我们创作团队致力进取的人生坐标。同时要感谢上海大学出版社社长戴骏豪先生,戴社长对体育充满人文关怀,是致力于体育传播的文化使者。

刘兵

2021 年 12 月 6 日于泗塘河畔